新日本語文法選書4

モダリティ

宮崎和人
安達太郎
野田春美
高梨信乃

くろしお出版　2002

目 次

目次 i
執筆分担・凡例 iv
はしがき v

序章　モダリティの概念 1
　　1.　はじめに 1
　　2.　モダリティの規定をめぐって 1
　　3.　本書の立場 7
　　4.　形態論的カテゴリーとしてのムード 8
　　5.　モダリティの体系と本書の構成 14

第1部　実行のモダリティ 17

第1章　意志・勧誘のモダリティ 18
　　1.　はじめに 18
　　2.　「しよう」における機能の移行 19
　　3.　「しよう」の疑問化 31
　　4.　「する」の伝達的機能 37
　　5.　第1章のまとめ 40

第2章　命令・依頼のモダリティ 42
　　1.　はじめに 42

2. この章の範囲 43
　　　3. 〈命令〉を表す文 46
　　　4. 〈依頼〉を表す文 61
　　　5. 〈禁止〉を表す文 73
　　　6. 第2章のまとめ 77

第2部　叙述のモダリティ 79

第3章　評価のモダリティ 80
　　　1. はじめに 80
　　　2. 評価のモダリティの全体像 81
　　　3. 評価的複合形式の全体に関わる問題 85
　　　4. 個々の評価的複合形式の基本的意味と二次的意味 96
　　　5. そのほかの形式　―「べきだ」を例に― 118
　　　6. 第3章のまとめ 120

第4章　認識のモダリティ 121
　　　1. はじめに 121
　　　2. 形態論的カテゴリーとしての認識のムード 122
　　　3. 認識のムードと疑問文 136
　　　4. 認識のモダリティの諸形式 142
　　　5. 思考動詞による認識表現 164
　　　6. 第4章のまとめ 171

第3部　疑問のモダリティ 173

第5章　質問と疑い 174
　　　1. はじめに 174
　　　2. 〈質問〉の性質 175
　　　3. 〈疑い〉の文の機能と用法 182
　　　4. 〈疑い〉の文による〈詠嘆〉と〈感嘆〉 198

  5.　第 5 章のまとめ 202

第 6 章　確認要求 203

  1.　はじめに 203
  2.　否定疑問と確認要求 204
  3.　〈事実性の傾き〉を有する形式 213
  4.　〈当然性の傾き〉を有する形式 220
  5.　第 6 章のまとめ 226

第 4 部　テクスト・談話とモダリティ 229

第 7 章　説明のモダリティ 230

  1.　はじめに 230
  2.　考察の対象 231
  3.　「のだ」「わけだ」の比較のための視点 239
  4.　「のだ」と「わけだ」の比較 243
  5.　「のだ」と「わけだ」の比較の周辺 255
  6.　第 7 章のまとめ 259

第 8 章　終助詞の機能 261

  1.　はじめに 261
  2.　終助詞の概観 262
  3.　〈伝達〉の終助詞「よ」「ぞ」「ぜ」「わ」「さ」 265
  4.　〈同意〉〈確認〉の終助詞「ね（え）」「な（あ）」 277
  5.　第 8 章のまとめ 288

 あとがき 289
 例文採集資料 291
 参考文献 298
 索引 309

執筆分担

宮崎和人　　序章・第4章・第6章
安達太郎　　第1章・第2章・第5章
野田春美　　第7章・第8章
高梨信乃　　第3章

凡　例

例文が不自然に感じられるときは＊を，多少不自然に感じられるという場合にはその不自然さの程度に応じて？，？？を付した。なお，文脈の中での使用の不適切性を強調したい場合には＃を付す場合もある。

形式の対比のために，実例の中に交替形を入れる場合には，カタカナでこれを示した。

例文に発話状況を補う必要がある場合には，［　］でこれを示した。

はしがき

　近年，外国人に対する日本語教育が高まりを見せ，また，言語学や日本語以外の個別言語学を専攻とする研究者の間にも，日本語の研究に関心を持ったり，日本語との対照研究を行ったりする人達が増えてきている。さらに，自然言語処理など言語研究プロパーでない人達からの日本語文法に対する発言・研究も増えつつある。その結果，分析・記述のための新しい理論や枠組みの呈示が試みられるとともに，具体的な文法現象への細かい観察が，多方面にわたって現れ蓄積され始めた。理論や枠組みは，文法事実に対する豊富な分析・記述により支えられることによって，その妥当性を高め，逆に，具体的な個々の観察は，組織的・体系的に位置付けられ把握されることによって，よりその精度を高めることになる。

　このような状況の中にあって，従来の日本語文法研究は，受け継ぐ所少なしとはしないものの，やはり，一つの転換期を迎えている，と言わなければならない。そういった認識のもとに『新日本語文法選書』を刊行する。

　文法研究の生命は，まずもって，文法事実の豊かな掘り起こしにある。広範な文法事実が捉えられていなければならない。さらに，より良い文法分析・文法記述であるためには，掘り起こされた豊かな文法事実が，きめ細かくかつ明示的で一貫性を持ったあり方で分析・記述されていることが要請される。分析・記述の明示性・一貫性を高める努力は，精度と包括性のより高い分析・記述理論の開発を促し招来することになろう。

　説明されなければならない事柄がなるたけ明示的で一貫性を持って説明してある，きめの細かい文法分析・文法記述の書として，『新日本語文法選書』を世に送る。『新日本語文法選書』は，良質の記述文法の書を目指している。

　本選書の特徴の一つとして，一巻全体を一人，ないしはごく少数の人間が緊密に協力しあいながら記述するといったことが挙げられる。これは，本選書が単なる概説書ではなく，一つの研究書であることを目指していることによる。各人が興味を持って研究している最前線を，なるたけ分かりやすい形

で提供してもらおうというのが，本選書である。

　本選書は，その巻数，さほど多くはないというものの，日本語文法として分析・記述すべき主要なトピックを含んでいるものとして編むように心がけた。

　上掲の文章は，選書の第一回配本（1996年秋），第二回配本（1997年春）の折りに記したものである。少しばかり時間が経過し，学問を取り巻く状況も変わりつつあるが，理念は基本的に変わっていない。上述したような姿勢での研究も着実に増えつつある。2000年の冬，日本語文法学会が誕生した。ただ，日本語研究を含む人文科学を取り巻く環境は厳しさを増してきた。研究を行いその成果を世に問うことがだんだん難しい状況になりつつある。そうであればこそ，基礎的な研究成果を世に問う本選書のような刊行物の出版の意味は，決して小さくない。

　基本的に一人ないしはごく少人数で執筆する本選書の他の巻から比すれば，四人による執筆という本巻は，少し異例かもしれない。ただ，四人がそれぞれ得意とする所を分担し，密接に連携を取りながら，本書は成った。形態論的なレベルでのカテゴリと意味・機能的なレベルでのカテゴリを，それぞれ，ムードとモダリティとして分かち，基本叙法を担う実行系のモダリティ・叙述系のモダリティを取り出し，疑問系を設定し，さらに，叙述系・疑問系で問題になる説明のモダリティを取り上げ，終助詞について観察を施し，本書は緊密な一書として成った。

　本書ならびに本選書が，新しい日本語文法研究にささやかな一石を投ずることができれば，編者ならびに執筆者これに過ぎたる喜びはない。

2002年早春
仁田義雄

序章

モダリティの概念

1. はじめに

　本書は，文の叙法性＝モダリティ(modality)の表現手段(形式)と意味組織の関係を体系的に記述することを目的として書かれたものである。その目的を達成するためには，まず，モダリティという概念についての規定から始めなければならないが，これは容易ではない。たとえば，英語の研究においては，must, may, can などのいわゆる法助動詞(modal auxiliary)の表す意味をモダリティと規定するのが一般的である。だが，今日の日本語研究においては，モダリティの概念規定についての統一的な見解は存在せず，どのような立場に立つにせよ，それが絶対的に正当であるとすることはできないというのが現状であろう。

　このような状況においては，本書におけるモダリティの規定も，暫定的なものにならざるをえないわけであるが，規定の妥当性は，結局，それに基づく記述がどれだけ明示性や一貫性，包括性をもちうるかということによって評価されるよりないであろう。この章では，まず従来の研究における代表的なモダリティの規定を概観したうえで，本書の立場を示し，それに基づいて，モダリティの中核たるムードの体系について記述する。

2. モダリティの規定をめぐって

2.1 命題の対立概念としてのモダリティ

　文の意味が大きく客観的な側面と主観的な側面の2側面からなるという

考え方は，たとえば，海外では，O. Jespersen のムードの規定や，C. Bally の 'dictum' と 'modus'，C. Fillmore の 'proposition' と 'modality'，日本でも，時枝誠記の「詞」と「辞」や，金田一春彦の「客観的」と「主観的」，渡辺実の「素材」と「叙述・陳述」，森重敏の「対象的」と「作用的」，三上章や寺村秀夫の「コト」と「ムード」など，多くの研究者に共有されており，これは，言語活動の基本的な単位として話し手によって構築される文の本質的な特徴であると言ってよいだろう。

そして，今日もっとも支持を得ていると思われる，次のようなモダリティの規定も，そうした考え方に立脚していると見られる。

（1） 文は，客観的な事柄内容である「命題」と話し手の発話時現在の心的態度（命題に対する捉え方や伝達態度）である「モダリティ」からなり，モダリティが命題を包み込むような形で階層構造化されている。

この規定に基づいて，（2）のような文は，「明日（は）雨が降る」という命題部分と「きっと」「だろうね」というモダリティ部分から構成されていると分析される。また，原則として，すべての文は命題とモダリティからなるので，（3）のような文にも，「断定」や「述べ立て」という無標的（unmarked）なモダリティが存在すると考える。

（2） きっと，明日は雨が降るだろうね。

（3） 昨日は雨が降った。

このような，モダリティを命題の対立概念として話し手の心的態度と規定する立場に立つ研究者の代表として，中右実，仁田義雄，益岡隆志らがいる。このうち，仁田と益岡の考え方には，多くの共通性が認められるが，中右は，この2者とは少し違った発想をもつ。

中右は，話し手の心的態度が発話時点＝瞬間的現在時のものでなければならないということを強調し，どの文法形式や語彙がこの規定に適っているかの洗い出しを徹底して行うという手法をとる。その結果，助動詞や終助詞，副詞のほか，動詞「思う」（の単純現在時制形式），取り立て助詞，接続詞，

メタ言語的表現など，多様な語彙・文法範疇の表現がリストアップされている。中右の主眼は，形式と文法的意味の対応関係としてモダリティを組織化するということよりも，あくまでも文の意味の一側面としてモダリティを見るということにあり，意味論的な指向性の強いモダリティ論と特徴づけられるだろう。中右実(1994)では，モダリティの下位類型を次のように考えている。

（4）モダリティ
- Sモダリティ（命題態度） ── 真偽判断のモダリティ・判断保留のモダリティ・是非判断のモダリティ・価値判断のモダリティ・拘束判断のモダリティ
- Dモダリティ（発話態度） ── 談話(テクスト)形成のモダリティ・発話様態のモダリティ・情報取り立てのモダリティ・対人関係のモダリティ・感嘆表出・慣行儀礼のモダリティ

　文の意味が命題とモダリティからなるとする立場に立てば，必然的に命題以外はすべてモダリティだということになり，質やレベルの異なるさまざまな要素を抱え込むことになる。そこで，この立場の研究者の見解の相違は，モダリティの下位類化・階層化をどのように行うかということに現れることになる。仁田・益岡のモダリティ論も，中右とほぼ同様の意味的な規定から出発しているが，下位類化・階層化の方法は，中右とはかなり違ったものになっている。仁田義雄(1991b：6刷補注による改訂版)によるモダリティの体系化の概略を（5）に[1]，益岡隆志(2000b)が取り上げているモダリティの種類(カテゴリー)を（6）に示す[2]。

---

[1] なお，仁田(1991b)の初版1刷では，文は「言表事態」と「言表態度」からなり，「言表態度」は「モダリティ」と「丁寧さ」に分かれるとしている。
[2] 益岡のモダリティ論の全体像については，益岡隆志(1991)を参照されたい。益岡(2000b)は，それに少しばかり修正を加えつつ概説したものである。

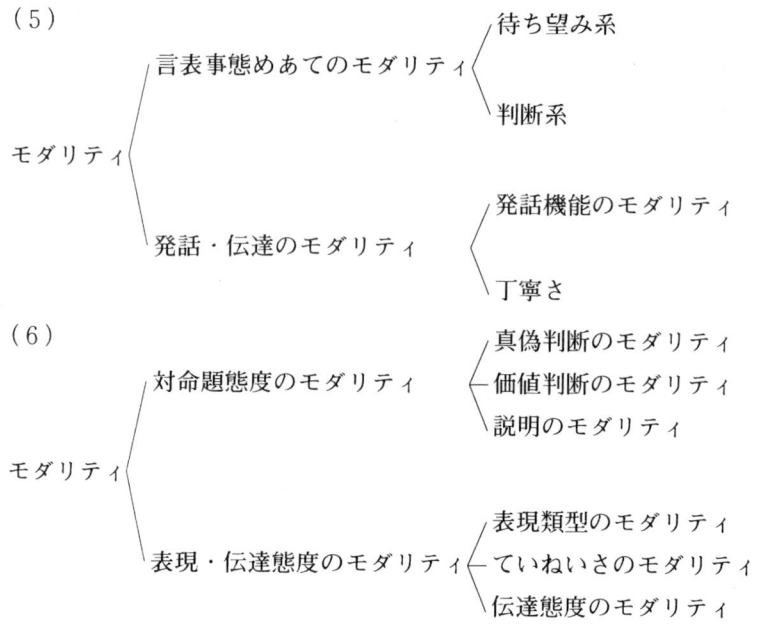

（4）と（5）（6）を見比べればわかるように，中右に比べ，仁田・益岡は，モダリティの下位類をかなり絞り込んでいる。中右が発話時現在の話し手の心的態度という意味上の規定に適うものを表現形式の範疇に関わらず網羅しようとしているのに対して，仁田・益岡は，ある程度限られた文法形式によって文法的意味が表し分けられている部分をカテゴライズしている。中右のモダリティ論が純粋に意味論的であったのに対して，この2者は，文法カテゴリーを意識したモダリティ論，すなわち，モダリティのうち，比較的文法化の進んだ部分に焦点を当てたモダリティ論と言えよう[3]。

また，3者は，モダリティをまず大きく2分類する点で共通しているが[4]，

---

[3] ただし，益岡（1991）では，「みとめ方のモダリティ」や「テンスのモダリティ」という類型を認めており，この時点では，モダリティをみとめ方やテンスと同じレベルの概念として認めていなかったことになる。また，益岡（1991）には，「取り立てのモダリティ」も含まれていたが，益岡（2000b）では，その位置づけを保留している。
[4] こうした発想の源流は，芳賀綏（1954）による陳述の2分類（「述定的陳述」と「伝達的陳述」）に溯ることができる。

詳しく見れば，中右の「Dモダリティ」と仁田・益岡の「発話・伝達のモダリティ」「表現・伝達態度のモダリティ」の間には，質的な相違がある。仁田が「発話・伝達のモダリティ」と称するのは，「働きかけ」「表出」「述べ立て」「問いかけ」といった文の伝達的なタイプであるが，一方，中右の「Dモダリティ」は，文のテクスト構成機能や対人関係機能の総体であり，文の類型のような概念を中右はモダリティとは見做していない。仁田・益岡が「命令」や「依頼」を「発話・伝達のモダリティ」「表現・伝達態度のモダリティ」の側に位置づけるのに対して，中右は，これらを，「Dモダリティ」ではなく「Sモダリティ」，つまり，命題に対する態度（拘束判断のモダリティ）と位置づけているのである。

　もっとも，(5)と(6)を比べればわかるように，仁田と益岡のモダリティ観にも，いくらか違いがある。仁田はすべての文が「言表事態めあてのモダリティ」と「発話・伝達のモダリティ」の双方をもつとしているのに対して，益岡は「対命題態度のモダリティ」が関与しない文の存在を認めている。たとえば，命令や意志を表す文について，仁田は「待ち望み」という「言表事態めあてのモダリティ」の存在を仮定しているが，益岡は「表現・伝達態度のモダリティ」のみからなると考えている。また，益岡が「価値判断のモダリティ」（「ことだ，べきだ，なければならない」等），「伝達態度のモダリティ」（「よ，ね」等）としているものを，仁田は「副次的モダリティ」と呼び[5]，益岡の「説明のモダリティ」（「のだ」「わけだ」）を，仁田は「判断系」の下位類に収めている。

2.2　文の対象的な内容と現実とのかかわり方

　奥田靖雄は，モダリティを次のように規定する（奥田靖雄（1985b:pp.44-45））。

　　（7）《モダリティ》とは，はなし手の立場からとりむすばれる，文の

---

[5]　なお，仁田（1991b）への補訂である仁田（1999b）では，「判断系」の下位類として「評価類」を認め，そこに「なければならない」等を位置づけている。

対象的な内容と現実とのかかわり方であって，はなし手の現実にたいする関係のし方がそこに表現されている。

そして，確認，意欲，決心，期待，命令，願い，忠告，許可，禁止，問いかけなどのモーダルな意味がモダリティの階層的な構造の基底をなし，対象的な内容とモーダルな意味とは，文の意味的な内容において，内容と形式という形で1つに結びつく，2つの側面であるとしている。つまり，文を2つの部分に分割することを意図しているのではなく，むしろ，対象的な内容とモーダルな意味の相互作用の結果として文の意味的な内容が成立していることを強調する。

話し手の立場から取り結ばれるにせよ，モダリティを対象的な内容と現実との関係とする奥田の規定[6]は，モダリティを心的態度（命題に対する捉え方や伝達態度）そのものとする規定とは明らかに異なっている。

奥田は，また，文は，そのもっとも本質的な特徴であるモーダルな意味に沿って，次のように分類されるとしている（奥田（1985b:p.47)。

(8)　　　　　　　　　1) ものがたり文　narrative
　　　Ⅰ のべたてる文　2) まちのぞみ文　optative
　　　　　　　　　　　3) さそいかけ文　hortative
　　　Ⅱ たずねる文

2.3　叙法論としてのモダリティ論

主観・客観二分論的なモダリティ論と対立するものとして，山田孝雄の述語論を継承しつつ，叙法論の視点から，述定形式の全体組織の中にモダリティを位置づけようとする立場があり，尾上圭介，野村剛史，大鹿薫久らがそうした考え方に立っている。ここでは，尾上圭介（2001）の規定を引用する。

(9)　日本語の述定形式は，その事態の成立，存在を積極的に承認するか，ただ単に事態表象を言語的に組み立てるだけ（事態構成）であ

---

[6] これは，ロシア言語学における伝統的な考え方でもある。

るかという第一の観点と，それが話し手にとっての現実世界(過去のことで今はそこにないという場合も含めて)に属する事態を語るか，非現実界の事態を語るかという第二の観点と，この二つによって四つの象限に区分される。(p.460)

言語学上の本来の「モダリティ」という概念は言表態度や"主観性"一般のことではなく，専用の述定形式をもって非現実の事態を語るときにそこに生ずる意味ということである。(p.485)

この立場に立てば，当然，終助詞や文の種類は，モダリティとは質の異なるものであるということになり，テンス・アスペクトなどの述語の他の側面とモダリティとの関係を考えながら，叙法の組織として，それらを統一的に理解していくという方法がとられることになる。

3. 本書の立場

以上，モダリティの規定をめぐって代表的であると思われる3つの立場を紹介したが，ここで，本書の立場を示すことにしたい。

本書では，次のような規定を採用することにする。

(10) モダリティとは，言語活動の基本単位としての文の述べ方についての話し手の態度を表し分ける，文レベルの機能・意味的カテゴリーである。

この規定によれば，モダリティとは，文の伝達的なタイプと密接に関係する概念であるということになる。話し手が言語活動の基本単位としての文を作り出す際には，何よりもまず，その文の述べ方，たとえば，意志を表明するのか，聞き手に行為を要求するのか，事実として確認されたことを伝達するのか，というようなことを選択しなければならない。文の伝達的なタイプとは，そうした文のモーダルな意味を類型化したものであり，モダリティとは，モーダルな意味とそれを表現する文法形式の関係の体系である。

みとめ方(いわゆる肯定・否定)やアスペクト，テンスという文法カテゴリーの存立が「書く―書かない」「書く―書いている」「書く―書いた」のよ

うな文法的な語形の対立に支えられていることがはっきりしているのに対して、モダリティを少数の語形の対立関係として記述することは不可能であるように思われるが、モダリティにも、みとめ方やアスペクト、テンスのように、語形の対立に支えられていると見做せる部分がないわけではない。たとえば、「書こう」や「書け」は、「書く」という動詞を語形変化(活用)させたものだが、このような文を終止させる活用形の選択は、まさに、(10)に規定した意味でのモダリティの表し分けに関係していると見てよいだろう。モダリティが機能・意味的カテゴリーであるとしても、その中心部分は、みとめ方やアスペクト、テンスと同じく、語形の対立関係によって構成されていると考えられるのである。

　そこで、本書では、アスペクトやテンスの研究対象が、単語レベルの形態論的カテゴリーとしてのアスペクト・テンスを中心としつつも、文レベルの機能・意味的カテゴリーとしてのアスペクチュアリティやテンポラリティに及ぶことと並行的に、単語レベルの形態論的カテゴリーとしてのムード(mood：叙法)と文レベルの機能・意味的カテゴリーとしてのモダリティ(modality：叙法性)を区別したうえで、ムードをモダリティの表現手段の中核に位置づける立場をとる。

4. 形態論的カテゴリーとしてのムード

　ここでは、文法的＝形態論的カテゴリーであるムードを、述語の語形変化(いわゆる活用)による〈基本叙法〉とその形態論的展開によって形作られた語形相互のパラディグマティックな対立関係として記述する。

4.1　動詞の活用体系と〈基本叙法〉

　文法的な意味は、基本的には、単語の文法的な語形(文法形式)に担われる。たとえば、「書かない」という形は、動詞［書く］の否定形式として、肯定形式の「書く」と対立しつつ、「みとめ方」という文法カテゴリーを構成している。このように、文法的な意味の点で対立する語形を統一するの

が，狭い意味での文法カテゴリーである。ムードも文法カテゴリーの1つであり，いくつかの文法的な語形の対立関係として存在している。

さて，動詞は，さまざまな文法的な語形をもちうる単語であるが，動詞の語形変化のうち，もっとも基本的・中心的なのは，いわゆる「活用」である[7]。モダリティの中核であるムードの語形は，活用という動詞の語形変化の体系の中に組み込まれて存在する。

動詞の活用形は，「切れ続き」の観点から，次のように分類される。

(11)
切れ続き	語　形
中止	書き，書いて
連体	書く，書いた
条件	書けば，書いたら，書いても，書いたって
終止	書こう，書け，書く，書いた

ムードは，このうちの終止形の語形の対立関係として存在している。ただし，終止形の対立には，テンスも絡んでいる。「書く」（非過去）と「書いた」（過去）の対立であるが，これはテンスのみの対立で，ムード的には対立しないので，結局，ムードの語形の対立関係は，次のように把握される。

(12)
切れ続き	ムード	テンス	語形
終止	意志	―	書こう
終止	命令	―	書け
終止	叙述	非過去	書く
終止	叙述	過去	書いた

動詞を文を終止する述語として用いるには，この3つのムードのうちの1つを選ぶことが義務的である[8]。このように，活用といった義務的な表現

---

[7] 動詞の文法的な語形は，活用以外の方法によっても作られる。「書かれる」や「書かない」は接辞を，「書いている」は補助的な単語を使った例である。なお，すぐ後で述べるように，「書こう」「書いた」は動詞に助動詞がついたものではなく，活用形の1つと考える。つまり，ここでは，いわゆる学校文法とは異なる考え方をとっている。学校文法の活用表からは，ムードやテンスといった文法カテゴリーを取り出すことができないからである。

[8] もっとも，日常的な話しことばでは，中止形の「書いて」，条件形の「書いたら」も，〈依頼〉や〈勧め〉を表す，終止形相当の語形としてしばしば使用されている。

手段によって表し分けられる，〈意志〉〈命令〉〈叙述〉は，形態論的カテゴリーとしてのムードの中でも，もっとも基本的・中心的な位置を占めることから，ここでは，これらを〈基本叙法〉と呼ぶことにしたい[9]。

〈基本叙法〉がこのように分化する原理が，話し手がどのような態度でその文を述べるかということに基づいていることは，疑いえないだろう。本書がモダリティを(10)のように規定するのは，その中核たる〈基本叙法〉の，このような基本的性質を根拠としている。

さて，〈基本叙法〉の対立は，興味深いことに，人称性の対立（主語の人称制限）と連動している。すなわち，〈意志〉は1人称者を，〈命令〉は2人称者を，それぞれ主語にとるのに対して，〈叙述〉には主語の人称制限がない[10]。

(13) ｛僕は／＊君は／＊彼は｝もう少しここに<u>いよう</u>。

(14) ｛＊僕は／君は／＊彼は｝ここに<u>いろ</u>。

(15) ｛僕は／君は／彼は｝昨日もここに<u>いた</u>。

また，〈基本叙法〉の対立は，伝達性の対立でもある。〈意志〉〈命令〉には，聞き手めあて性の有無があらかじめ指定されている。〈意志〉の文は，基本的に聞き手めあて性をもたないので，思考内容として「～と思う」の引用文に埋め込むことができるが，逆に，聞き手めあて性を明示化する終助詞「よ」とは共起しない。〈命令〉の文は，それ自体が聞き手めあて性をもつので，思考内容としては成り立たず，逆に，終助詞「よ」の共起は可能となる。そして，〈叙述〉の文は，この点に関して中立的である。

---

[9] 「基本叙法」という用語は，森山卓郎(2000)や工藤浩(2000)にも見られる。ただし，これらの規定は，本書とは異なる。森山は，最終文末の述語形態の選択を基本叙法と呼び，「しよう，しろ，する，した」のほか，「だろう」を基本叙法に含めている。また，工藤は，叙法性のもっとも基本的なものは，発話時のもの，話し手のものという2つの特徴をもつものであるとし，森山が取り上げているもののほか，「してくれ，(だ)そうだ，か」なども基本叙法の形式としている。

[10] ただし，場合によっては，「｛＊私／＊君／子供｝が運動場で<u>遊んでいる</u>」のように，むしろ1人称，2人称に制限が生じることがある。詳しくは，仁田義雄(1991b)を参照されたい。

(16)　僕もそろそろ帰ろう{と思う／*よ}。

(17)　君ももう帰れ{*と思う／よ}。

(18)　彼はもうすぐ帰る{と思う／よ}。

　これらは重要な事実なのだが，人称性や伝達性以外の性質にも視野を広げるなら，〈基本叙法〉は，3項対立というより，2段階の2項対立と見た方がよいと思われるような根拠もいくつか見つかる。

　まず言えることは，テンスの対立の有無である。〈意志〉〈命令〉は，これから起こることしか問題にできないために，テンスの対立がなく，時間的意味の具体化には，「明日」や「来週」などの時間副詞が用いられる。これに対して，たとえば，「書く」という形を選べば〈叙述〉と〈非過去＝未来〉を，「書いた」という形を選べば〈叙述〉と〈過去〉を選んだことになる。つまり，〈叙述〉のムード語形を選ぶということとテンス語形を選ぶということとは同時的である。

　次に言えることは，品詞性や語彙的意味の関与の有無である。〈叙述〉が述語となる単語の品詞性や語彙的意味の制約がないのに対して，〈意志〉〈命令〉は，意志によって制御可能な動作を表す動詞にしか分化しない。

(19)　*僕はこれから驚こう。

(20)　*君はさっさと困れ。

　さらに，当該文に主題を置く，置かないといった構文上の対立をもつのは，〈叙述〉のみが有する特徴である。また，〈意志〉〈命令〉は，それ自体に人称性が潜在しているので，情報的には行為者（1人称者・2人称者）を明示する必要はない。明示するのは特別な場合であり，「は」で示すと対比的な意味に，「が」で示すと排他的な意味になる。

(21)　僕{は／が}行こう。（ハ：対比／ガ：排他）

(22)　君{は／が}行け。（ハ：対比／ガ：排他）

(23)　太郎{は／が}公園にいた。（ハ：有題／ガ：無題）

　また，〈叙述〉では，「だろう」の有無によって，事実として確認された事柄であるか，推量された内容であるか，といったことを表し分けることがで

きるのに対して、〈意志〉〈命令〉では、こうした認識的な意味の表し分けがない。「のだ」の有無によって、記述する文として述べるか、説明する文として述べるか、ということを表し分けられるのも、〈叙述〉のみに与えられた特徴である。

以上のような事実から、〈基本叙法〉は、三者三様と言うよりは、次のような2段階の2項対立をなすと考えられる。

(24)
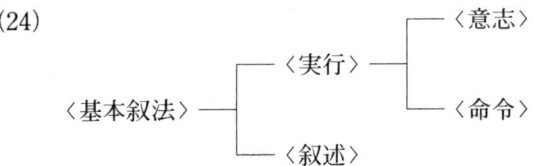

モダリティの中核たる〈基本叙法〉がこのような体系をもつということは、モダリティの体系記述においても、まずは、〈実行〉系と〈叙述〉系の対立が軸となるということを示唆している。

4.2 ムード体系

〈基本叙法〉は、モーダルな意味の分化の出発点であり、もっとも基本的なものであるが、これだけで、文の述べ方の表し分け方を充足できるわけでは、もちろんない。モーダルな意味の具体化・細分化には、さまざまな文法的・語彙的表現手段を駆使する必要がある。そうした〈基本叙法〉からモダリティへの表現手段・表現内容の拡大の第一歩として、〈基本叙法〉の各形式は、活用以外の形態論的な手段によって作られる、〈否定〉〈疑問〉〈推量〉の有標形式（marked form）と、次の表のような対立関係を取り結ぶ。

(25)

叙法	無標形	否定	疑問	推量
命令	書け	書くな	—	—
意志	書こう	書くまい	書こうか	—
叙述	書く／書いた	書かない／書かなかった	書くか／書いたか	書くだろう／書いただろう

ここで注目されるのは、疑問形をもつという点で、〈意志〉と〈叙述〉に共通性が認められるということである。〈意志〉は、〈実行〉系の叙法として、

〈命令〉と類似する性質を有しながら、また一方で、〈広義判断〉系の叙法として、〈叙述〉と類似する点を有すると考えられる。その事柄の真偽を検討するのが〈叙述〉における判断だとすれば、〈意志〉における判断とは、その行為を実行すべきか否かを検討するということであろう。ただし、〈意志〉の疑問形と類似した性質をもつのは、〈叙述〉の中でも、〈推量〉の疑問形である[11]。すなわち、〈意志〉の疑問形と〈推量〉の疑問形とは、それぞれ、上述のような意味での話し手の判断の未成立段階(迷い・疑いの段階)を捉え、成立段階(決意・判定の段階)を捉える非疑問形との間に判断形成のプロセスの表し分けを成立させている。

(26)

	判断未成立	判断成立
意志	書こうか	書こう
推量	書くだろうか	書くだろう

では、〈否定〉〈疑問〉〈推量〉が相互に組み合わさった場合を視野に入れた、ムード語形のパラダイム(ムード体系)を(27)に示しておこう。表中、ゴシック体で示したのは、〈基本叙法〉の語形である。また、1つの欄に2つの形が存在する場合は、上段に示したのが標準的な形である。なお、丁寧体の表は割愛する。

(27)

		肯定		否定	
		非疑問	疑問	非疑問	疑問
命令		**書け**	—	書くな	—
意志		**書こう**	書こうか	書くまい	書くまいか
叙述	確認	**書く**	書くか	書かない	書かないか
		書いた	書いたか	書かなかった	書かなかったか
	推量	書くだろう	書くだろうか	書かないだろう	書かないだろうか
		書こう	書こうか	書くまい	書くまいか
		書いただろう	書いただろうか	書かなかっただろう	書かなかっただろうか
		書いたろう	書いたろうか	書かなかったろう	書かなかったろうか

みとめ方やテンス自体は、ムードから独立したカテゴリーであるが、ムードの語形を網羅し、各語形の位置づけや関係性を明示するためには、このよ

---

[11] これは、言うまでもなく、この2つの形式が「〜む」という形から分化してできたという歴史的な経緯と関係がある。

うな語形変化のパラダイムを考える必要がある。

5. モダリティの体系と本書の構成

　以上に述べたのは，モダリティの形態論的側面＝ムードについてであった。ムードからモダリティへのモーダルな意味の具体化・細分化を記述するにあたっては，表現手段としては不均質な種々の形式を，表現内容に即してカテゴライズし，機能・意味的な観点から体系化していく作業が必要になる。そこで，この節では，本書の構成のアウトラインを説明する形をとりながら，モダリティの体系についての概略を述べたい。

　本書では，まず，〈基本叙法〉の分化のあり方が示唆しているように，日本語のモダリティ体系の基本軸となるのは，〈実行〉と〈叙述〉の対立であるという見方をとる。そして，〈実行〉と〈叙述〉のそれぞれに，どのようなモダリティのサブカテゴリーが成立しているのかを，機能・意味的な観点から記述することにする。第1部を〈実行〉のモダリティの記述に，第2部を〈叙述〉のモダリティの記述にあてる。さらに，〈基本叙法〉レベルでは登場しないものの，機能・意味的なレベルでは，〈実行〉と〈叙述〉に加えて，〈疑問〉のモダリティを取り上げる必要があると考え，第3部をその記述にあてる。また，〈叙述〉と〈疑問〉において分化する〈説明〉と，〈実行〉〈叙述〉〈疑問〉のすべてとの関係が問題になる終助詞の機能については，テクスト・談話レベルで機能するモダリティとして，第4部で記述する。

　〈実行〉のモダリティの中核をなすのは，〈基本叙法〉の〈意志〉と〈命令〉であるが，実行の主体に2人称者を引き込むことによって，〈意志〉から〈勧誘〉が派生し[12]，受益表現が〈命令〉と結びついて，〈依頼〉へと展開する。

---

[12] 〈勧誘〉は，〈意志〉と同一の語形式（「書こう」）をとるので，〈基本叙法〉レベルに組み込むということも考えられるが，〈勧誘〉には否定形式が欠けており，また，〈意志〉から〈勧誘〉への派生は，「だろう」における〈推量〉から〈確認要求〉への派生と平行する現象と捉えられるので，本書では，〈意志〉のみを〈基本叙法〉とすることとした。

また,〈叙述〉のモダリティは,命題内容に対する評価的な捉え方を示しながらの叙述である〈評価〉と,命題内容に対する認識的な捉え方を示しながらの叙述である〈認識〉からなる。そして,〈疑問〉は,聞き手に対する情報要求性の有無で対立する〈質問〉と〈疑い〉,話し手の示した情報について聞き手に確認を求める〈確認要求〉に分かれる。すなわち,本書では,(28)のような枠組みを想定して記述を行うことにする(かっこ内の数字は,対応する章の番号を示す)。

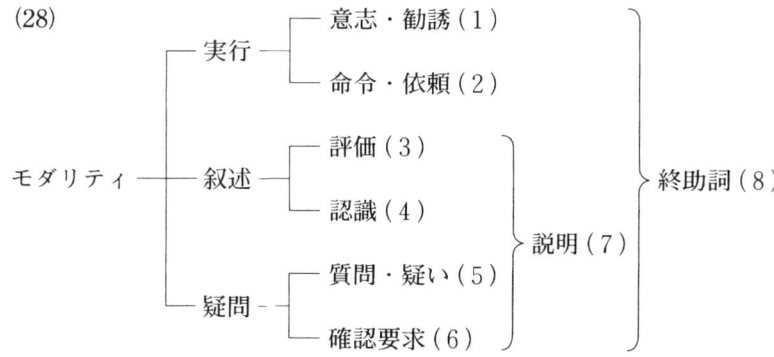

なお,この枠組みは,多分に記述の便宜を考慮したものであって,モダリティの体系についての,我々の最終的な考え方を提示したものではない。たとえば,〈希望〉や〈願望〉は,〈実行〉と〈叙述〉の両方に関係すると思われるが,本書では,その位置づけを保留した。〈詠嘆〉や〈感嘆〉のような情意性の卓越したタイプも,〈疑問〉の一部で触れたにすぎない。さらに,〈丁寧さ〉や〈取り立て〉をモダリティとすべきかどうかも,議論の余地のあるところであり,本書では見送った。とは言え,少なくとも,本書が記述の対象としたカテゴリーがいずれも日本語のモダリティの研究において必ず言及されるべきものであるということは,我々の共通認識である。

第1部

実行のモダリティ

　話し手は，まず，情報のやりとりに関わる表現を使うか，行為の実行に関わる表現を使うかを選択しなければならない。この第1部では，動詞の意志性に深く関わる実行のモダリティを観察の対象とすることとし，第1章で話し手の行為の表明を表す**意志・勧誘のモダリティ**，第2章で聞き手への行為要求を表す**命令・依頼のモダリティ**を取り上げる。これらの中心的存在である意志や命令は，日本語では基本叙法に組み込まれている。

第1章

意志・勧誘のモダリティ

1. はじめに

　意志的な行為の発動に関わる実行のモダリティの中で，話し手を行為者とするものが意志のモダリティである。意志のモダリティを表す主要な形式には動詞の意志形「しよう」と基本形「する」があり，意志や意図に関わる形式名詞「つもり」「気」の文末用法も条件次第では話し手の意志の表現に関わってくる。この章では，形式名詞由来の文末形式はひとまず措いて，「しよう」と「する」が話し手の意志をどのように表しているか考えてみたい[1]。

　意志のモダリティの2つの主要形式で問題になるのは，両者では意志という意味との関わり方に違いがあるということである。「しよう」は話し手の意志を表すのが基本的な意味でありながら，聞き手を行為者に組み込んでいくことによって勧誘といった解釈をもつように機能を拡張していく。一方，「する」は話し手の意志を表すのを基本的な意味とするとは考えにくい。話し手が行為者であり，動詞が意志的な未実現の行為を表すといった条件のもとで，意志に関わる伝達的な機能を帯びるものである。

　このような違いは，この2つの形式が対話と独話で示す顕著な対比にも深く関わっている[2]。次例を参照されたい。

　　（1）　a.　私はもう5時だから帰ろうと思った。

---

[1] 「つもり」「気」については安達太郎（1999b）に記述がある。
[2] この現象については森山卓郎（1990），仁田義雄（1991a）を参照のこと。

　　　　b.　*私はもう5時だから帰ると思った。
（2）　a.　*私，そろそろ帰りましょう。
　　　　b.　私，そろそろ帰ります。

　（1）が示すように，帰るという行為を心内で決断したことを表す表現としては「しよう」がふさわしく，「する」は使えない。一方，（2）が示すように，帰るという決断を聞き手に伝える表現としては，これは逆になる。

　この章では，次のような順序で意志のモダリティについて考えていくことにする。まず取り上げるのは動詞の意志形「しよう」である。2. で本来は非対話的である「しよう」の機能が対話的に拡張していく様子を詳しく見ていく。その後，3. で「しよう」の用法と対応させながら意志形が疑問化された「しようか」の機能を観察し，最後に，4. で意志を表すもう1つの重要な形式である動詞の基本形「する」が意志の表現としてどのような特徴をもっているかを考える。

2.　「しよう」における機能の移行

　先に見た例文（1）（2）の対照が示すように，動詞の意志形「しよう」は話し手への伝達を表さない非対話的な性格を基本とすると考えられる。しかし一方で，（3）のように対話において用いられる用法，さらに（4）のように話し手が遂行中の行為に聞き手を誘い込もうとする勧誘の用法もある。

（3）　「じゃあ，コーヒーでもいれましょう」，と井坂はキッチンへ立ってゆく。今はエプロンをしていないが，ガスコンロや食器棚に向かっている後ろ姿が，すっかり様になっている。
　　　　　　　　　　　　　　　　　　　　（宮部みゆき『火車』p.105）
（4）　リカ　「あーあー，そんな飲んじゃって」
　　　　三上　「座れよ，一緒に飲もうぜ」
　　　（柴門ふみ（原作）・坂元裕二（脚本）『東京ラブストーリー』p.149）

「しよう」の分析にあたっては，このような機能の拡張をどのように捉えるかが問題になるが，ここで鍵になるのが行為者のあり方である。以下で

は，話し手の行為を表す場合（2.1）と，複数的な行為者の行為を表す場合（2.2）の2つに分けて「しよう」の機能を分析していくことにする[3]。

2.1　話し手の行為を表す「しよう」

話し手が行為者である「しよう」の文には，〈意志の表出〉，〈決定の表明〉，〈行為の申し出〉という3タイプを認めることができる。この3つのタイプの区別は，話し手の行為と聞き手との関係の違いに基づいている。

まず，〈意志の表出〉から見ていくことにしよう。（5）（6）のように，心内発話に使われる「しよう」が〈意志の表出〉の例である。

（5）　そのとき「会社を辞めよう」と思った。ふいにそう思った。会社を辞めて，本当に自分がやりたいことを自由にやっていこう──と思った。　　　　　　　　（椎名誠『本の雑誌血風録』p.368）

（6）　わたしは，息を整え，冷静になろうと努めつつ，いった。
　　　「……それ，わたしのよ」　　　　　　（北村薫『スキップ』p.448）

〈意志の表出〉は，話し手が自分自身の行為の実行を決定したことのみを表現するもので，聞き手にそれを伝えることは意図されない。したがって，話し手の意志を聞き手に伝えることを意図する対話的な環境では使えない。おもに心内発話や独話で使われる，非対話的なタイプである。意志というのは本来聞き手とは関わりなく成立するものであるから，非対話的な〈意志の表出〉が意志のモダリティの中でもっとも典型的なタイプだと考えられる。

このタイプは発話時点においてその行為の実行に対する決意が頭に浮かんだり，思わず口をついてしまうというものである。このタイプにおいて行為者が話し手自身であることは自明のことだと考えられるので，文中に主体が明示されることは少ない。また，聞き手に対する伝達性をもたないので，「よ」や「ね」のような終助詞が付加されることもない。

このように「しよう」が表す基本的な意味は話し手がその行為の実行を決意したことにとどまり，それを聞き手に伝えることは想定されていないと考

---

[3]　「しよう」の機能については，仁田義雄（1991a）が詳しい。

えられる。しかし観察を広げると，聞き手に対する伝達を意図する対話的環境で使われる「しよう」の例も多く存在する。この章では，これを話し手の行為が聞き手と関係をもつことによって聞き手に伝達する情報的価値をもつようになり，対話的な性質を獲得していくものと考える。このような機能として〈決定の表明〉と〈行為の申し出〉を位置づけることにしたい。

　行為者が話し手に限られる場合の第2の用法は，話し手がある行為の実行を決断したことをあえて聞き手に伝えようとするものである。このタイプを〈決定の表明〉と呼ぶことにしよう。〈決定の表明〉の例は次のようなものである。

（7）「では，きみの部下を<u>紹介しよう</u>。そうだね……会議室へ行こうか？」
　　　廊下で，小野田は考えこみながら，そういった。
　　　　　　　　　　　　　　　　　　　　（梶山季之『黒の試走車』p.58）

（8）　じっと立ちつくしていたマスターが，ようやく動いた。
　　　「警察に<u>知らせましょう</u>」
　　　「お願いします」所長が手でつるりと顔をなでた。
　　　　　　　　　　　　　　　　　　（宮部みゆき『パーフェクト・ブルー』p.94）

（9）「先生に父の遺体をあらためていただき，埋葬のために必要な書類などを書いていただければと思います」
　　　「もちろん，それは<u>いたしましょう</u>。とにかく閣下に会わせてくださらんか」　　　　　　　　　　　（宮部みゆき『蒲生邸事件』p.350）

（7）は話し手が話の段取りを自己確認しながら聞き手に伝えようとしていることを表している。対話とはいえ非対話的な色彩が濃いタイプと言えるだろう。（8）は「警察に知らせる」という行為を行うのは話し手である「マスター」であるが，これを聞き手に伝えることによってその判断への同意を間接的に求めるといったものである。（9）は話し相手からの依頼に対してそれを受け入れることを表明するもので，話し相手からの要求が先行することによって「しよう」を使うことができるようになっている。

さらに、〈決定の表明〉には次のような例もある。
 (10) ビールをグラスについでいる仲居に
   「あと十五分したら、料理を<u>運んでもらおう</u>」
   と滝沢は言い、仲居が去るのを見届けてから、
   「美花さんの父親は、町田貞夫さんに間違いありません」
   そう断言した。滝沢の表情にくもりはなく、その言葉についてのやましさも感じられなかった。
          （宮本輝『焚火の終わり（上）』p.134）

この文の話し手は、「十五分したら料理を運んでもらう」ことを決め、それを「しよう」によって聞き手に伝えている。(10)は自分の意志を聞き手に伝えることで行為の実行を間接的に求める文である。

(10)を例として、〈決定の表明〉を表す「しよう」と基本形「する」の違いを簡単に見ておこう。この例において、「しよう」を対話的な「する」に置き換えると(10')のようになる。

 (10') 「あと十五分したら、料理を運んでもらう」

「する」は話し手が決めた内容を一方的に宣告するニュアンスが強く、聞き手に行為を求める文としては聞き手への配慮が欠けていると感じられる。「しよう」を使うことによってこのようなニュアンスをやわらげ、聞き手への配慮を示しているように思われる。

〈決定の表明〉の例では、いずれも終助詞「よ」や「ね」が付加されることはない。その点を考えると、対話に使われてはいるものの、聞き手に対する伝達性はそれほど強くないと考えられる。

第3のタイプは、その行為の実行は話し手のみが行うのであるが、その行為を実行することが、聞き手に利益を与えるという形で関わりをもってくるものである。このタイプを〈行為の申し出〉と呼ぶことにする。

 (11) 「なにごとによらず新しい研究というのは、形になるまでが大変なものです。周囲の理解を得るには苦労も多いでしょうけど、ぜひやってください。できるかぎりの<u>協力をしましょう</u>」

(中野不二男『レーザー・メス 神の指先』p.32)

「協力をする」という行為は,この例において,聞き手に利益をもたらすことが意図されている。前に見た〈意志の表出〉においては行為が聞き手とは直接の関係をもたないのと対照的であり,これによって本来的に非対話的である「しよう」が対話的な環境で使えるようになるものと考えられる。

〈行為の申し出〉の「しよう」の例をもう少し見ておこう。

(12) 「お気に入られたようでなによりです。今まで住んでいた墓守りが掃除をしていったようですが,気分が悪いでしょうから畳でも<u>拭かせましょう</u>」　　　　　　　　(吉村昭『海も暮れきる』p.53)

(13) 鉄の階段に駆け寄ろうとする母親を,近内は引き止めた。
「<u>私が行きましょう</u>」　　(岡嶋二人『チョコレートゲーム』p.290)

(14) 「では,これで失礼します。弁護士さんにはあすの午前中,<u>こちらから連絡しましょう</u>」　　(梶山季之『黒の試走車』p.124)

これらの例はいずれも聞き手の利益になる行為を話し手が申し出ているものであるが,(12)と(13)(14)では聞き手に対する利益提供のあり方に多少の違いが見られる。(12)はその行為自体が聞き手に利益をもたらすと考えられるのに対して,(13)(14)はその行為を話し手が申し出ることによって聞き手がその行為を行わなくてよくなることになり,間接的に利益がもたらされるというものである。この種の例では行為者がもっとも重要な情報を担うことになるので,これらが総記的な解釈をもつガ格などの手段で文中に明示される例が多く見られる。

最後に〈行為の申し出〉の「しよう」の伝達的な性質について考えておくことにしよう。〈行為の申し出〉は,〈意志の表出〉と違って,自分の行為を聞き手に伝えるということに意味がある。この点で,〈行為の申し出〉の「しよう」は対話的な機能をもっていることが予想されるが,その実状を終助詞「よ」と「ね」の共起の現象から検討してみたい[4]。

---

[4] 以下の説明における「よ」の機能の捉え方は本書第8章3.1,「ね」の機能は4.1の記述に基づいている。詳しくは該当箇所を参照されたい。

〈行為の申し出〉と考えられる「しよう」の実例は，ほとんどが終助詞を伴わない言い切りで使われている。また，「よ」は，〈意志の表出〉の場合と同様，〈行為の申し出〉の「しよう」にも付加しにくい。

　(12')??気分が悪いでしょうから畳でも<u>拭かせましょうよ</u>。
　(14')??弁護士さんにはこちらから<u>連絡しましょうよ</u>。

ここからわかるのは，〈行為の申し出〉は聞き手にその申し出を認識させることを意図するというよりは，話し手がそれを言い切ることによって，決定した申し出の内容を一方的に伝えることに主眼のある機能だということである。当該行為の実行は聞き手に対する配慮から決定されるものであるが，申し出自体には聞き手が関与する割合が高くなく，受諾の応答などが想定されていないのであろう。

　一方，次例に見られるように，「ね」は〈行為の申し出〉の「しよう」に付加することができると思われる。

　(12")　気分が悪いでしょうから畳でも<u>拭かせましょうね</u>。
　(14")　では，弁護士さんにはこちらから<u>連絡しましょうね</u>。

「ね」が付加されることで，話し手が申し出た行為を目下の聞き手に言い聞かせるように伝えるニュアンスが感じられる。このニュアンスは，聞き手の気持ちを先取りするようにして，話し手の申し出との一致を表すという「ね」の機能から出てくるものと思われる。

2.2　複数的な行為者の行為を表す「しよう」

　2.1では，話し手の行為を表す「しよう」が聞き手との関係においてどのように機能を拡張していくかを見てきた。ここでは，「しよう」が話し手だけでなく，聞き手をも行為者として組み込むようになる機能について考えていく。これは勧誘という機能をどのように捉えるべきかということと関わってくると思われる。

　一般に，勧誘という機能は，動詞の意志形「しよう」が話し手と聞き手を行為者とするという特徴と結びつけられるが，この章では話し手と聞き手が

行為者となるだけでは勧誘という解釈にはならないと考える。これには2つ理由がある。

1つは「しよう」が話し手と聞き手を行為者とする場合であっても、勧誘とは呼びにくい例の存在である。たとえば、次の例では「食べる」という動作の主体は話し手と聞き手であると思われるが、これを勧誘と呼ぶのには多少違和感を感じる。

(15) 美和 「お父さん……早く<u>食べよ</u>、ね、ほら、遅刻しちゃうッ」
(青柳祐美子「いちばん大切な人」p.121)

勧誘という機能を捉えるには、話し手と聞き手を行為者とするということ以外に考慮に入れなければならない運用論的な条件があるものと思われる。

もう1つは、勧誘という機能をもつほかの形式に目を向けるとき、行為者としては聞き手だけが指定されていると考えられるにも関わらず、勧誘と呼びたくなる例があることである。次例は否定疑問文の例であるが、この文がもっている機能は勧誘と考えるべきではないかと思われる。

(16) そんなとき私は今の監督に、うちのチームに<u>来ないか</u>と誘われた。

この例の文中における行為者は複数的ではないが、「うちのチーム」という表現によって自分の所属チームに相手を迎え入れようという勧誘的な解釈が得られると考えられるものである。つまり、さまざまな形式による勧誘という機能を考えるには、ここで問題になっている行為者という概念を幅広く捉えた方が都合がいいように思われる。

以下では、その文の行為者が話し手と聞き手であるというだけで勧誘を捉えるのではなく、勧誘という解釈を成り立たせている運用論的な条件を探る必要があるという立場から、複数的な行為者の行為を表す「しよう」を〈促し〉〈提案〉〈引き込み〉の3タイプに分けて、見ていくことにしよう。

第1のタイプは〈促し〉と呼ぶものである。〈促し〉は、話し手が実行しようとしている行為に聞き手が加わることがすでに決まっているものである。その意味で、聞き手を行為に引き込もうとする力は強くなく、勧誘的な解釈は出てきにくい。

(17)　**永尾**　「──(三上に)俺もおまえに話はないよ」
　　　　三上　「！」
　　　　永尾　「(渡辺に)行こう」
　　　　　　（柴門ふみ(原作)・坂元裕二(脚本)『東京ラブストーリー』p.30）

　この例は、会社の同僚と歩いている永尾に友人の三上が声をかけたが、永尾がそれを無視して同僚を促しているという場面である。「行く」という行為は、三上が声をかけたことによって中断しているものであり、事情がなければ再開されると見込まれる。その行為の実行がすでに決まっているところが〈促し〉の特徴である。

　次も〈促し〉の「しよう」の例である。この用法では聞き手に行為の実行のタイミングを知らせるために談話標識「さあ」が使われる例がしばしば見られる。

(18)　「さあ，始めましょう。どこからかかったらいいと思う？」
　　　　深呼吸を一つし，加代ちゃんは言った。ハンドルをしっかりと握る。　　　　　　（宮部みゆき『パーフェクト・ブルー』p.213）

　この例は、話し手と聞き手が実行することになっている行為を開始するきっかけを与えるものである。やはり、その行為の実行が発話に先立って決定していると想定される点に勧誘的な機能との違いがある。

　このタイプは、聞き手に行為の実行を促すものなので対話的な性格をもっていると見込まれるが、終助詞「よ」や「ぜ」が付加された次のような例は〈促し〉の例とすべきか、次に見る〈提案〉の例とすべきか微妙である。

(19)　「おにいさん，早く教会に行きましょうよ」
　　　　「教会って，何さ」　　　　　　　　（三浦綾子『塩狩峠』p.85）
(20)　指を胸の前でからめて、口ごもっている。
　　　　「松山もＴ大附属に行くんだろ。急ごうぜ，みんな待ってるよ」
　　　　　　　　　　　　　　　　（高橋三千綱「九月の空」p.41）

〈促し〉では終助詞を付加して発話されるよりも、「しよう」で言い切る例が実例としては圧倒的に多いということは言えそうである。

第2のタイプは、〈提案〉である。このタイプの「しよう」は話し手と聞き手が行為者となる行為の実行を聞き手に持ちかけようとするものである。次のような例が〈提案〉の機能をもつ「しよう」である。

(21)　美花が高校を卒業した日の夜，<u>焚火をしよう</u>と言いだしたのは美花だった。　　　　　　　　　　　（宮本輝『焚火の終わり(上)』p.9）

(22)　「これ以上，火傷がひどくならないうちに，<u>打ち切りましょう</u>。日本科学工業も，連日のように債権者たちが押しかけているので，どうにもならんでしょう。立ち直れないと思います。ここで<u>打ち切りましょう</u>，社長」
　　　　　　　　　　（中野不二男『レーザーメス　神の指先』p.151）

　複数的な行為者をとる〈提案〉の「しよう」は，勧誘的な解釈を強くもつものと，そのような解釈が感じられないものに分かれてくる[5]。(21)は「焚火をする」という話し手の思いつきに聞き手を引き入れようとする勧誘的な解釈が感じられるが，(22)にはこのような解釈は出てこないように思われる。どのような条件で勧誘的な解釈が強くなり，どのような場合にそのような解釈が出てこないのであろうか。

　勧誘的な解釈を強める要因としてまずあげられるのは，話し手と聞き手によって行われる行為がそれぞれ独立しているということである。(23)と(24)の対比を参照されたい。

(23)　由布子　「朝ごはん食べたの？」
　　　香　織　「え，まだですけど……」
　　　由布子　「じゃ，一緒に<u>食べよ</u>……」
　　　　　　　　　　　　　（じんのひろあき「櫻の園」p.211）

(24)　瀬名　「<u>結婚しよう</u>」
　　　南　「……えっ？」
　　　瀬名　「……一緒にボストンに<u>行こう</u>」

---

[5] 安達太郎(1995)は，〈提案〉の中で勧誘的な解釈をもつものを「グループ型の勧誘」，次に見る〈引き込み〉を「引き込み型の勧誘」と呼んでいる。

南　「休暇が終わったら，私はいらないんじゃないの？」

　　　　　　　　　　　　　　　　(北川悦吏子「ロングバケーション」p.108)

「食べる」は話し手と聞き手がそれぞれ独立して行う行為であり，話し手が聞き手にその行為をともに実行に移すことを提案することによって，聞き手を行為に引き込もうとする勧誘的な解釈が出てくる。一方，「結婚する」は共同行為者を必要とする行為であり，この行為の性質上，自分の行為に引き込もうとする勧誘的な解釈は出てこない。

　このように勧誘のニュアンスが出てくるためには話し手と聞き手がそれぞれ独立して行為を行うことが必要であるが，これだけでは十分ではない。(25)は独立して行われる行為であるが，勧誘とは考えにくいものである。

　(25)　「……一緒に寝てくれるの」
　　　　「勿論よ。ね，今夜は早いとこ，横になっちゃおうね」

　　　　　　　　　　　　　　　　　　　　(北村薫『スキップ』p.78)

(25)は「横になる(寝る)」という行為を提案していると解釈されるが，その行為の実行に関して話し手と聞き手は何らの関わりももたない。一方，勧誘的な解釈をもつ「焚火をする」や「一緒に食べる」は行為自体は独立しているものの，その行為は共同して一緒に行われるものである。勧誘的な解釈が出てくるためにはその行為が共同的なものでなければならない。

　勧誘的な解釈に関わる要因として最後にあげるのは行為者の特定性である。ここまで見てきた勧誘的な解釈を強くもつ「しよう」は，話し手と聞き手という特定の行為者をとるものである。一方，〈提案〉を表す「しよう」にはこのような特定性が薄れ，誰が本当の行為者なのかが不明確になる例が見られる。

　(26)　稔は呆れ，「電話して，本を引き取りに来いっていってやろうよ」
　　　　と提案したが，イワさんには別の考えがあった。その日のうちに，店先に貼り紙を出したのである。

　　　　　　　　　　　　　　　(宮部みゆき「六月は名ばかりの月」p.14)

　(27)　「谷川さん。これからプロの将棋は相懸かりと角換わりは禁止し

ましょう。あるいは一年に何回以上はダメとか──」
　　　　　　　　　　　　　　　　　（先崎学『フフフの歩』p.176）
これらの例において,「来いという」行為や「禁止する」行為は明確に話し手と聞き手を行為者とするとは考えにくい。むしろ,両者を含む,曖昧な主体と言った方がよいように思われる。このようなとき,勧誘的な解釈は薄れ,〈提案〉の機能が前面に出てくる。

　行為者の不特定化がさらに進んだのが次例である。
　(28)　まだ完全にではないが,学校を週休二日制に移行させつつある。教育内容を減らし,主要教科の学習時間数を減らし,宿題をあまり出さないで子供にゆとりを<u>持たせよう</u>,ということを言ってきているのである。
　　　　　　（清水義範「学力低下,そして日本は「階層社会」へ」p.124）
この例で「子供にゆとりを持たせる」という行為の主体は非常に漠然としており,勧誘的な解釈は感じとれない。「自分で出したゴミは持ち帰りましょう」のような標語に使われる「しよう」も同様であると考えられる。

　複数的な行為者を持つ「しよう」の機能の第3のタイプは,話し手の行為に聞き手を誘い込もうとするものである。ここではこれを〈引き込み〉と呼ぶ。このタイプの例には次のようなものがある。
　(29)　**金太郎**　聞いたか,銀次。あのバカにも花持たせるあたり,しらりも人間できてきたよなァ。よしッ,任しな。一緒に行ってやる。
　　　　ひらり　久男も<u>行こ</u>。
　　　　久　男　行かない。　　　　（内館牧子『ひらり(1)』p.108）
　(30)　祐子　「どんな容態なの安斉さん？」
　　　　燎平　「<u>行こう</u>」
　　　　祐子　「私,お見舞いに来たんだもの」
　　　　　　　（宮本輝(原作)・山元清多(脚本)『青が散る』p.54）
〈引き込み〉の典型的な例は,(29)のように行為者が「(聞き手)も」によっ

1章●2　「しよう」における機能の移行　　29

て明示されるものである。(30)は行為者が文中に明示されていないが，話し手がちょうど病室から出てきたところで聞き手に出会ったという場面であり，自分の実行しようとしている行為に聞き手を引き込もうとしていると考えられる例である。これらにおいて，話し手はすでにその行為を実行することを決めているが，聞き手はその行為に対する態度を決めていない。このような状況で，聞き手をその行為に引き込もうとするのが〈引き込み〉の機能である。「しよう」による〈引き込み〉は，聞き手をその行為に強引に参加させようとするニュアンスを強く感じさせる。〈引き込み〉は基本的に勧誘的解釈と結びつくものである。

　ここまで見てきた〈引き込み〉の文における話し手の行為はまだ実現していないものであった。これは意志や命令など実行のモダリティに共通する性質であるが，〈引き込み〉の文は行為者が聞き手に移行しているため，話し手が実行中の行為に聞き手を引き込もうとする例も見られる。

(31)　リカ　「あーあー，そんな飲んじゃって」

　　　　三上　「座れよ，一緒に飲もうぜ」

　　　　　　（柴門ふみ（原作）・坂元裕二（脚本）『東京ラブストーリー』p.149）

　なお，ここまで見てきた複数的な行為者をとる「しよう」ではないが，聞き手が行為者になるタイプには次のような例も見られる。このタイプの特徴は，話し手の行為が前提となっていないということである[6]。

(32)　「おなかでも痛いのですか」

　　　　先生のいい匂いがした。信夫は首を横にふった。

　　　　「じゃ，外へ出て元気に遊びましょうね」

　　　　先生は信夫の頭をなでた。　　　　　　（三浦綾子『塩狩峠』p.16）

　このタイプは使用場面が非常に限定されているので，ここまで見てきた「しよう」の機能とは別扱いした方がよいと考える。(32)は先生が生徒に外で遊ぶよう話しかけている例であるが，このタイプの「しよう」は大人が子供に対して使う場面に限られる。はっきりした意志を示せない聞き手に視点

---

[6] 樋口文彦（1992）はこのタイプを「とおまわしな命令」と呼んでいる。

を同一化することによって「しよう」を使うのがこのタイプであると思われる。

3. 「しよう」の疑問化

2．では動詞の意志形「しよう」が発話時における話し手の〈意志の表出〉という非対話的な基本的意味から出発して対話的な機能に移行していくことを，聞き手との関係づけの観点から整理した。ここでは，「しよう」の機能を踏まえて，疑問化された形式「しようか」がどのような機能をもっているのかを検討していく[7]。以下，まず話し手の行為を表す「しよう」の疑問化を観察し（3.1），次に話し手と聞き手の行為を表す「しよう」の疑問化を観察する（3.2）。

3.1 話し手の行為を表す「しようか」

行為者が話し手である「しよう」には，〈意志の表出〉，〈決定の表明〉，〈行為の申し出〉の3つのタイプがあることを前節で見た。以下では，この順で疑問化の様相を見ていくことにする。

〈意志の表出〉は，話し手が発話時においてある行為の実行を決意したことを表す非対話的な機能であり，これが「しよう」のもっとも基本的な機能だと考えられる。このタイプの意志形の疑問化は行為の実行を話し手がまだ決断していないことを表すが，決定に至る心的過程のどこにあるかによって思考中，迷い，決定の直前といった3つの段階が認められる。ある行為の実行について考え（(33)），どのように決定するかに迷い（(34)(35)），まさに決定に至ろうとしている（(36)）という心理的過程である。

  (33) 一日の仕事が無事終わり，帰る道すがら「今日は何を飲もうか」
    と思案する。家にたどり着き，顔を洗うよりも前にやかんにたっ
    ぷりの湯を沸かす。

---

[7]「しようか」については，仁田義雄 (1989) が問いかけ性の観点から詳しく分析している。

(渡辺満里奈『満里奈の旅ぶくれ――たわわ台湾――』p.76)

(34) 何と言おうか迷っているうちに，向こうからおずおずと近づいてきた。　　　　　　　　　（逢坂剛『カディスの赤い星(下)』p.414)

(35) どうしようか。すこし歩いて，気持ちを落ちつけてからたべようか，それともコーヒーでも飲んでいようか，などということを中途半端に考えながら歩いていると，新橋の駅前に出てしまった。
(椎名誠『新橋烏森口青春篇』p.331)

(36) ポケットベルが鳴ったとき，鮫島は，そろそろ「釜石クリニック」をひきあげようかと考えていた。
(大沢在昌『屍蘭　新宿鮫Ⅲ』p.179)

　思考中の「しようか」と迷いの「しようか」は補文として埋め込むことができるが，機能の違いに対応して，埋め込まれる動詞に違いがある。前者は「考える」タイプの動詞，後者は「迷う」タイプの動詞である。

(33') 今日は何を飲もうか考えた。

(35') 気持ちを落ちつけてから食べようか，コーヒーでも飲んでいようか迷っている。

　(36)のように決定に至る直前を表す「しようか」は「しよう」に置き換えてもそれほど大きな意味の違いにつながらないところが特徴的である。

(36') 鮫島は，そろそろ「釜石クリニック」を{ひきあげようか／ひきあげよう}と考えていた。

　〈意志の表出〉が疑問化された「しようか」も聞き手への伝達を意図しない非対話的な機能であると考えられるが，対話的な環境で使われることもある。しかし，このような場合，文末に「かな」をつけくわえて文を非対話的にすることが必要である。

(37)　司　「ただいま！」
　　　美雪　「おかえりなさいッ」
　　　司　「いいなあ，もう一遍{やろうかな／??ヤロウカ}」

(渡辺寿「ロード」p.91)

次に、〈決定の表明〉を表す「しよう」の疑問化について検討しよう。〈決定の表明〉は、本来的に非対話的な性格をもつ「しよう」が、運用論的な条件によって、対話的な環境で使われるようになるというものである。このタイプは聞き手に対する配慮を表すために疑問化される。

(38) 金曜日の午後、静岡に出張させていた川江と関の二人が、気落ちしたような表情で帰ってきた。
「やあ、ご苦労さん。さっそくだが、話を<u>聞こうか</u>」
朝比奈は、そう言って立ち上がった。
(梶山季之『黒の試走車』p.67)

(39) 佐久間、しみじみビールを飲む。
佐久間「酒に{しようかな／シヨウカ}」
壮太郎「へい。ご酒一本」
(田中陽造「新・居酒屋ゆうれい」p.34)

(38)は話し手が聞き手に説明する段取りを自己確認するようなものであり、(39)は「酒にする」という決定を表明することによって聞き手に注文するという運用論的な機能を果たすものである。〈意志の表出〉の疑問化((37))と異なり、「しようかな」を「しようか」に変えても機能的にほとんど変化がないことに注意されたい。どちらの例も、「しよう」で言い切ると高圧的な指示のニュアンスが出てくるところを「しようか」を使うことで回避し、発話をやわらげるといった聞き手に対する配慮を表しているものと思われる。聞き手に応答を求める文ではないため、通常、下降イントネーションで発話される。

最後に、〈行為の申し出〉の「しよう」が疑問化される場合である。〈行為の申し出〉は聞き手に利益をもたらす行為の実行を話し手が申し出るという機能であり、対話性が強く感じられるものである。

〈行為の申し出〉が疑問化される場合、その〈行為の申し出〉を聞き手が受けるかどうかを尋ねる文になる。

(40) 私はテープの『円紫独演会』の話をした。

　　　　「お送りしましょうか」
　　　　私はあわてて，手を振り，
　　　　「いえ，買います買います。買わせて下さい」
　　　　私は中学生の頃から円紫さんの芸が好きなのである。好きだから
　　　　買うのだ。　　　　　　　　　　（北村薫「朧夜の底」p.84）
　(41)　「もしよかったら，今夜一晩，僕がここに<u>泊まりましょうか</u>？」
　　　　吉武は身を起こした。「そこまでしてもらっては──」
　　　　　　　　　　　　　（宮部みゆき『魔術はささやく』p.318）
どちらの例でも，話し手の申し出に後続して，その申し出を受けるかどうかに対する応答を表す発話や身振りが出てくる。これは通常の質問文と応答の関係に近いものであり，〈行為の申し出〉の「しようか」が対話的な性格を強くもっていることをうかがわせる。このタイプの「しようか」が主に上昇イントネーションをとって発話されることも，このタイプが聞き手の反応をうかがう機能をもっていることの反映であろう。

3.2　複数的な行為者の行為を表す「しようか」

　話し手と聞き手が行為者になる「しよう」には，〈促し〉〈提案〉〈引き込み〉の３つの機能がある。以下，この順でそれぞれの疑問化について見ていく。
　第１のタイプは〈促し〉である。このタイプは聞き手がその行為を実行することがすでに決まっているという状況において，その行為を実行に移すことを聞き手に求めるというものであるが，疑問化された「しようか」は実行の要求をやわらげることになる。
　(42)　燎平「勘太，急いでいるから，またな。(夏子と金子に)<u>行こうか</u>」
　　　　勘太「おお，そこの"白樺"って茶店が，俺たちのたまり場だからよ」（宮本輝(原作)・山元清多(脚本)『青が散る』p.15)
次例からわかるように，〈促し〉では「しようか」と「しよう」に機能のうえで大きな違いがない。

(43)　「さあ，{始めましょう／始メマショウカ}。どこからかかったら
　　　いいと思う？」
　　　　深呼吸を一つし，加代ちゃんは言った。ハンドルをしっかりと握
　　　る。　　　　　　　　　　（宮部みゆき『パーフェクト・ブルー』p.213）
これは，〈促し〉においては聞き手が行為を実行することは既定的と扱われるために，聞き手に決意を求める必要がないことによるものと思われる。イントネーション的にも下降するのが自然であり，聞き手に対する配慮は表していても，応答を求める機能は強くないことがわかる。
　第2のタイプは〈提案〉である。〈提案〉の「しよう」が疑問化されると，その行為を聞き手に持ちかけることになる。このことから，このタイプの「しようか」はそれに対して承認を与えるか否かを表す評価系の応答文で応答されることが多い。

(44)　美雪　「ああ，いい風呂だった」
　　　正代　「……シャーベットでも食べようか」
　　　美雪　「あ，いいねえ」　　　　　　　　（渡辺寿「ロード」p.74）

〈提案〉の「しよう」は運用論的な条件によって勧誘的な解釈が強くなる場合とそれほど感じられない場合がある。これは「しようか」でも同様である。(45)は勧誘的な解釈をもつが，(46)は勧誘とは言いにくいように感じられる。

(45)　サチ　「ね，ちょっとここで食べちゃおか？」
　　　杏子　「あ，賛成」
　　　　　ふたり，並んで蒸かし芋食べる。
　　　　　　　　　（北川悦吏子『ビューティフルライフ　シナリオ』p.58）
(46)　「きょうおとうさんとこへ行って帰り，トマトと茄子の苗を買ってこようか」
　　　「そうね。プチトマトのほうが楽かもしれないわ。茄子も一本か二本でいいわね。最近はおつゆの実にしか使ってないから」
　　　　　　　　　　　　　　　　　　　　　　（志水辰夫『情事』p.210）

「食べる」という行為は話し手と聞き手がそれぞれ独立的に行う行為なので，(45)は勧誘として解釈される。一方，(46)の「買う」という行為は，この文脈では話し手と聞き手がそれぞれ行う行為ではなく，ともに行う行為について聞き手に持ちかけるものである。この例文は勧誘とは解釈しにくい。

〈提案〉が疑問化された「しようか」は，下降イントネーションをとることが多いように思われる。これは，〈行為の申し出〉が疑問化された「しようか」が上昇イントネーションで発話されることと対照的である。次例では，イントネーションによって解釈が変わってくる。

(47)　柊二　「ちょっと，休んでこか？」
　　　杏子　「えっ?!」
　　　柊二　「あっ，なんかいかがわしいこと考えたでしょ」
　　　　　　　　　（北川悦吏子『ビューティフルライフ　シナリオ』p.69）

この例で「しようか」が上昇イントネーションで発話されれば，相手の体調を気づかっているニュアンスが強く出る。話し手と聞き手という複数的な行為者をとるので〈行為の申し出〉とは考えられないが，聞き手に対する気づかいを表すという点で〈行為の申し出〉に接近している。一方，下降イントネーションで発話されれば当該行為を提案し，聞き手をその行為に誘いかける意味になる。

第3のタイプは，〈引き込み〉である。〈引き込み〉の「しよう」は基本的に「(聞き手)も」という形で行為者を明示することができるタイプの文である。次のような例が〈引き込み〉の「しよう」である。

(48)　ひらり　久男も行こ。
　　　久男　　行かない。　　　　　（内館牧子『ひらり(1)』p.108）
(49)　瀬名　「結婚しよう」
　　　南　　「……えっ？」
　　　瀬名　「……一緒にボストンに行こう」
　　　　　　　　　（北川悦吏子「ロングバケーション」p.108）

上例を「しようか」に変えると次のようになる。

(48') ??久男も<u>行こうか</u>？

(49') ??君も一緒にボストンに<u>行こうか</u>？

これらの例からわかるように，〈引き込み〉の「しよう」は疑問化することができないように思われる。

次の(50)と(51)の対比もこれを裏づけるものである。

(50) ［電車で空席を見つけて］「ここに{座ろうか／座ろう}」

(51) ［座っているところに友人が来たので］「やあ。ここに{*座ろうか／?座ろう(よ)／座らない？}」

二人がともに行動していて空席を見つけたときには，「しようか」が使えるのに対して，話し手が座っている席の近くを友人が通りかかったときは「しようか」を使うことはできない。〈提案〉の文では話し手と聞き手が一種のグループとして扱われ，そのグループの行為の決定を「しようか」によって聞き手に持ちかけることになる。これに対して，〈引き込み〉では文の主語はあくまでも聞き手のみであり，話し手の行為は含意にとどまる。含意されている話し手の行為に強引に聞き手を引き込もうとする意志形の機能と，聞き手にその決定を持ちかけるという疑問化の機能が齟齬を来すのではないかと思われる。

4.「する」の伝達的機能

この章の最後に，動詞の基本形「する」によって表される意志のモダリティについて考えることにする。「する」は意志のモダリティを表す形式としても「しよう」と並んで重要な位置を占めるが，動詞の基本形が表すモダリティ的な意味の分析という観点からも重要である[8]。

基本形の意味を捉えるのは難しく，ここでの分析は不十分なものにとどまらざるを得ないが，以下では，意志に関わる「する」の機能を〈意志の宣言〉

---

[8] 基本形「する」が表すモダリティ的な意味についての研究は立ち後れているが，行為要求的な意味の分析として尾上圭介(1979)が先駆的であり，認識的な意味の分析としては仁田義雄(1997b)がある。本書第4章2.3も参照されたい。

（4.1）と〈決意の確認〉（4.2）の2つに分けて見ていく。

4.1 〈意志の宣言〉を表す「する」

「する」が意志のモダリティの一翼を担う重要な形式として認められてきたのは次のような例の存在によるものであろう。

(52) 　司　「紅茶でも飲んでこうか」
　　　美雪　「きょうは帰る」
　　　司　「もう少しだけ一緒にいようよ」　（渡辺寿「ロード」p.82）
(53) 「――島原さんは？」
　　　いわれたニコリは、スッと立ち上がり、長身を伸ばした。そして、
　　　「わたし、バレーに出ます」　　　　（北村薫『スキップ』p.350）

このようなタイプを〈意志の宣言〉と呼ぶことにしたい。〈意志の宣言〉は、話し手が実行しようと考えている行為を聞き手に一方的に伝達するということを表しており、対話的な環境で使われることが知られている。ここでも、聞き手に対する伝達態度としての「宣言」に重きを置きたい。意志のモダリティにおける「する」の役割を考えるには、伝達態度の面に注目するのが重要だと思われる。

「する」は、「しよう」と違って、本来的に意志に関わる形式ではなく、話し手の未実現の意志的な行為に言及することによって、意志の表現に関わってくるものである。しかし、「する」が意志に関わってくる条件はこれで十分だろうか。たとえば、(52)と同じ動詞「帰る」が使われている次のような例はどうか。

(54) 「これから何か予定でもありますか？」
　　　「いや、もう帰ります」
　　　「どちらへ？」
　　　「京都の美花のマンションです」
　　　　　　　　　　　　（宮本輝『焚火の終わり（下）』p.49）

この例は，話し手の未実現の意志的な行為を表しているが，意志を表す表現とは考えにくいように感じられる。あくまで話し手の予定を伝達しているという意味であり，意志としての機能を獲得しているとは言えないように思われるのである。

これらの違いは，行為者の表し方にも反映される。〈意志の宣言〉の「する」は無助詞の形で行為者が表されることが多い。(53)は行為者が無助詞で示されているし，(52)も無助詞の行為者を補うことができる。

 (52') きょうは，私，帰る。

一方，予定を伝える「する」は行為者を無助詞では表しにくい。もし補うとすれば，主題の「は」であろうか。

 (54') 「これから何か予定でもありますか」
   「いや，{??私／?私は} もう帰ります」

以上見たように，「私，～する」という文型をとったときを典型として，話し手がその発話現場において「宣言」という発話行為を行っているのが「する」の意志の意味の基本となる用法である。これは次のような遂行的発話につながっていくものと考えられる。

 (55) 「お父さん，わたしも糸子も，お父さんを悲しませるようなことはしない。約束する」　　(宮部みゆき「心とろかすような」p.42)

4.2 〈決意の確認〉を表す「する」

話し手が心内での決意を自分自身に言い聞かせ，確認するように発話するタイプを〈決意の確認〉と呼ぶ。〈意志の宣言〉は独話や心内発話では使えない対話的な形式であったが，〈決意の確認〉は終助詞「ぞ」，補助動詞「てみせる」「てやる」をともなって心内発話や独話に出てくるものである。

 (56)　――このまま俺が黙っていたらどうなるんだろう――
   歯をくいしばり，唇をかみしめ，絶対に自分からは喋らないぞという決心をかためた。　　(先崎学『フフフの歩』p.171)

(57) （いつか化けの皮をひんむいてみせる）
　　　三堀は意地悪くそんな目で信夫を見てもいた。
　　　　　　　　　　　　　　　　　（三浦綾子『塩狩峠』p.613）
(58) 「……触ったら，舌嚙(か)んで死んでやる」
　　　そう思った。口にしたつもりはなかった。でも我知らず，いっていたらしい。連れの男が，困ったような顔をした。
　　　　　　　　　　　　　　　　　（北村薫『スキップ』pp.99-100）

次例は「する」が対話において使われているものであるが，〈意志の宣言〉とも考えられるし，〈決意の確認〉とも考えられるように思われる。

(59) 　マサル　「あのヤローボクサーだろ」
　　　　　シンジ　「ええ」
　　　　　マサル　「絶対カタキ討ってやる」
　　　　　　　　　　　　　　　　　（北野武「キッズ・リターン」p.139）

この文脈において聞き手に意志を伝えると同時に，話し手自身に言い聞かせているようなニュアンスが感じとれるならば，それは〈決意の確認〉として解釈していることによると考えられるだろう。

5. 第1章のまとめ

この章では以下のことを述べた。

1) 動詞の意志形「しよう」は話し手がその行為の発動を心内で決めたことを表す非対話的な〈意志の表出〉を基本的な用法とするが，その行為が聞き手と関係づけられることによって対話でも使えるようになり（〈決定の表明〉，〈行為の申し出〉），さらに聞き手を行為者に取り込む（〈促し〉，〈提案〉，〈引き込み〉）ことによって機能を拡張させる。

2) 勧誘は話し手と聞き手が行為者になるという特徴づけだけでは十分に捉えられない。複数的な行為者をとる〈提案〉と〈引き込み〉がさまざまな運用論的条件を満たしたときに派生される解釈として位置づけられる。

3) 「しようか」は聞き手の意志を尋ねる質問文にはならない。「しよう」の

それぞれの機能に対応して，文全体が非対話的になる場合と対話的になる場合がある。

4)「する」は本来意志を表す形式ではないが，話し手の未実現の意志的行為に言及する場合に意志の側面が前面に出ることがある。その機能としては，発話現場における宣言という伝達態度を表す〈意志の宣言〉，心内において意志の実行を確認することを表す〈決意の確認〉がある。

第2章

命令・依頼のモダリティ

1. はじめに

　言語がもつ機能の重要な1つの側面に，聞き手にある行為の実行を命じたり，頼んだりするというものがある。この章では，そのような行為要求に関わるモダリティについて概観することとする。

　行為要求に関わるもっとも重要な文類型は命令文である。命令文を形成する命令形は文を終止させる動詞の活用形の1つなので，本書ではムード体系を構成する形式の中での〈基本叙法〉として位置づけられる。しかし，聞き手に行為の実行を求めるという機能の面から考えると，この機能を果たすには命令文だけでは十分ではなく，実に多様な形式や手段が発達している。

　これは，行為の実行を求めるということが，聞き手に負担を課すことにつながることに起因するものと考えられる。話し手と聞き手の関係，行為の実行にまつわる負担の軽重などを見極めながら適切な形式や手段を選択しなければ，聞き手に行為を実行させるというその発話の「目的」は達成されないのである。この章ではそのすべてを取り上げることはできないが，主要な形式を可能な限り取り上げて，行為要求という機能が日本語においてどのようにして実現されているかを明らかにしたい。

　この章では行為要求に関わる機能を，大きく〈命令〉と〈依頼〉に分けて記述を進めていくことにするが，行為要求を表す形式には多様なものがあるので，2. でここで取り上げる形式の範囲を示すことにする。そして，3. で行為要求機能の中心であり，もっともその性質が端的に現れる〈命令〉を概

観する。4.では行為の実行を求めるにあたってさまざまな配慮が加わってくる〈依頼〉を取り上げ，あわせて聞き手に対する配慮から行為の実行を求める〈勧め〉にも言及する。最後に，5.で否定命令あるいは否定依頼とも言える〈禁止〉について考察する。

なお，この章では文類型と文の表す機能を区別して記述していく。したがって，「てくれ」は補助動詞「てくれる」の命令形であり文類型としては命令文であるが，機能としては〈依頼〉として位置づけることになる。

2. この章の範囲

行為要求の機能をもつ文は非常に多岐にわたる。この章ではこれらを網羅することはできないものの，主要な形式を取り上げることによって日本語の行為要求に関わるモダリティの全体を探る一端としたい。この節では，この章で取り扱う形式についてその範囲を示し，概観しておくことにする。

先にも述べたように，この章では聞き手に行為を要求する機能を〈命令〉と〈依頼〉に分けて考えていく。両者は截然と区別されるものではなく連続するものであるが，〈命令〉が聞き手にその行為の実行を強制するのに対して，〈依頼〉には聞き手に対する強制力が欠けており，あくまでその実行の諾否については聞き手に決定権があるという違いを認めることができる[1]。

この違いは，応答文に反映される。行為要求の機能をもつ文に対する応答としては，「いいよ」のようにその行為に対する話し手の評価を表すことによる直接的な承諾を表す形式のほかに，「わかりました」のように表面上は相手の意図を理解したことを伝えることによって，間接的に承諾を表す形式がある。そして，依頼文に対してはどちらの応答も可能であるのに対して，命令文は「いいよ」で応答することは難しい。

(1) A 「この仕事を手伝ってくれ」
    B 「いいですよ／わかりました」

---

[1] 〈命令〉と〈依頼〉の違いについては仁田義雄(1990)も参照のこと。

(2) A 「この仕事を<u>手伝いなさい</u>」
　　 B 「?いいですよ／わかりました」

「いいよ」は自分に向けられた要求を直接的に受け入れるという判断を表明する機能をもっており,「わかりました」はその要求の意図を理解したことを表すことによって,間接的に受け入れの表明を表すというものであると考えられる。したがって,(1)と(2)に見られる対比は,命令文による行為要求はその要求を受け入れるかどうかという判断を聞き手が行うことを想定しないのに対して,依頼を表す文は聞き手に実行を受け入れるかどうかを決定する権利を与えているということを示唆するものと考えられる。

この章の内容に関係する行為要求の形式を〈命令〉〈依頼〉〈勧め〉そして〈禁止〉に分けて示すと次のようになる。

(3)

機能	文の種類	形式
〈命令〉	命令文	しろ,しなさい
	叙述形,名詞化形式	する,した,のだ,ことだ,こと
	否定疑問文	しないか
〈依頼〉	命令文	てくれ,て下さい,して,お〜下さい
	疑問文	てくれないか,てくれるか,てもらえないか,てもらえるか,等
	希望文	てほしい,てもらいたい
〈勧め〉	評価を表す文	たらどうか,といい,ほうがいい
〈禁止〉	禁止文	するな
	評価を表す文	てはいけない,たらだめだ
	不可能を表す文	可能動詞の否定形,ことができない

さて,ここまでこの章で取り上げる形式の範囲について述べてきた。ここで,聞き手に対する行為要求の機能をもっているにも関わらずこの章では取り上げないタイプについて,簡単に触れておく。

行為要求の機能をもつ文には,下の3種があると思われる。

1) 本来的に行為要求の機能をもっているもの
2) 本来は別の機能をもっていたが,行為要求の機能に移行し,その機能が定着したと考えられるもの
3) 状況に依存して行為要求の含意を派生するもの

この章では，聞き手に動作の実行を求める文の中で，文末形式が〈命令〉や〈依頼〉といった機能を獲得していると考えられるものに限って考察の対象としたい。したがって，これらの中では1）と2）を取り上げることとし，3）は除外することになる。
　これによって除外される文には次のようなものがある。次例は旅先の宿で姉が妹に話しかけている場面であるが，その服に着替えることを相手に求める機能は，その動作を成り立たせる前提を聞き手に伝えることによって生じた含意と捉えられるので，ここでは取り上げない。
　　（4）「着替え，そこに置いといたからね」
　　　　　「え」
　　　　　　枕元を見ると，裏から光でも当てているような——アッといいたくなるような，明るいオレンジ色のタンクトップが目に入った。
　　　　　　私は半分口を開けながら，それをパジャマの前に当てた。
　　　　　　　　　　　　　　　　　　　　　　（北村薫「夜の蝉」p.261）
　また，行為を実行するのに前提となる聞き手の能力を問いかけることによって行為要求を表すことがある。
　　（5）　A　「この字，読める？　さんずいに連て書いてあるんだけど」
　　　　　B　「えーと，これはさざなみだね」
このような文は，前例に比べると形式に機能が焼きつけられている度合いが強いようにも感じられるが，ここではこれも行為要求の機能が定着していないと考える。これは，このタイプの文では「いいよ」や「わかった」によって応答しにくいことからもうかがえる。
　　（6）　A　「この字，読める？」
　　　　　B　「＊いいよ／＊わかった」
　現実には，形式に対する機能の焼きつけられ方を明確に判断することは困難であるが，機能が移行して定着したものと，状況依存的で，含意として捉えられるものを区別する視点は必要であろう。以下，大づかみにではあるが，このような考えに基づいて観察していくことにする。

3. 〈命令〉を表す文

　この節では, 〈命令〉の機能をもつ文を取り上げる。〈命令〉はもっとも直接的に聞き手に行為の実行を求める機能であり, 行為要求の典型的な性質が顕在化したものと考えられるので, ここでは行為要求の機能全体に関わる事項についても考えていくことにする。

　以下では, まず命令文を中心に行為要求機能をもつ文の特徴を見る（3.1, 3.2, 3.3）。それから, 命令文以外の文のタイプによって表される〈命令〉を, 「する」「した」といった叙述形（3.4）,「のだ」や「こと」のような名詞化形式（3.5）, 否定疑問文（3.6）の順に見ていく。

3.1 〈命令〉の成立条件と命令文の機能

　命令文の中心になる形式は動詞の命令形「しろ」である。また,「しなさい」も敬語動詞の命令形に由来する, 命令文の一角を占める形式である。

（7）「おい, 分県地図を<u>持ってこい</u>」
　　　主任はどなった。若い刑事の一人が部屋を飛び出して地図を借りにいった。　　　　　　　　　　（松本清張『砂の器（上）』p.46）

（8）「いや, いいっぺさ」と成田が抵抗した瞬間サダ子はめずらしいほどにきつい口調でこう言い放った。
　　　「つべこべ言わないで洗濯物を<u>持ってきなさい</u>。どんなに苦しくても生きている間は私が洗うんだから」

　　　　　　　　　　　　　　　　（大崎善生『将棋の子』pp.168-169）

現代の話しことばとしてはほとんど使われることはないが,「したまえ」も命令文に含まれる。

（9）「署に寄って, 拳銃を<u>携行したまえ</u>。てんぱっているほしも危険だが, 藤野組の追いこみも危険だ」
　　　「了解しました」　　（大沢在昌『無間人形　新宿鮫Ⅳ』p.339）

ここでは,「しろ」と「しなさい」を観察することによって, 〈命令〉の基本的な性質について考えていく。

さて，上の例からもわかるように，典型的な〈命令〉の文は次のような性質をもっていると考えられる。(10)は話し手に関する性質，(11)は聞き手に関する性質，(12)は行為の内容に関わる性質である。

(10)　a.　話し手は聞き手より上位者である。
　　　b.　話し手は聞き手がその行為を実行することを望んでいる。
(11)　a.　行為の実行者としての聞き手が存在する。
　　　b.　聞き手は話し手からの働きかけがなければ，その行為を実行しない。
(12)　a.　その行為は，聞き手にとって意志的である。
　　　b.　その行為は，働きかけがあった時点でまだ実現されていない。

この性質を〈命令〉の成立条件と呼ぶことにしよう[2]。なお，話し手が上位者であるという条件を修正すると，この条件は行為要求一般の基本条件と考えることもできる。

　この成立条件のいずれかを欠くものは，ある場合には〈命令〉の機能が成り立たず，またある場合には特別のニュアンスを帯びてくると考えられる。また，この条件にさらに別の特徴がつけくわわることによって，ニュアンスが変わってくることもある。行為の内容に関する条件(12)は〈命令〉の下位類の設定に深く関わるので項をあらためて3.2で扱うこととし，ここでは(10)と(11)から〈命令〉の性質とそれぞれの条件に関連して出てくるニュアンスについて探ることとする。

　まず，話し手に関する(10)の条件から検討していこう。その行為の実行を話し手が望んでいるという条件(10b)は，ほかの文類型から行為要求への機能の移行を考える際に問題となるものなので，ここでは(10a)を中心的に取り上げる。

---

[2]　〈命令〉の成立条件に関しては仁田義雄(1990, 1991b:pp.238-240)を参照されたい。さらに，発話行為論の立場による山梨正明(1986)も参照のこと。

〈命令〉は、〈依頼〉と違って、行為の実行者である聞き手にその要求を受け入れるかどうかという判断の余地を与えない。行為要求の機能をもったさまざまな文のうちでもっとも強制力が強いので、話し手は聞き手に対して強制力を行使できる立場にあることが必要になる。この条件に違反した命令文は、自分の立場をわきまえない、社会的に逸脱した発話と見なされることになる。

次例は、店主がアルバイトに対して「しろ」によって命令している。

(13) 店主　「オラ梶川ァ, 何やってんだお前, 早くしろ」
　　　文也　「スイマセーン」
　　　文也, 平介に軽く頭を下げ, 店に戻っていく。
　　　　　　　　　　　　　　　　　　　（斉藤ひろし「秘密」p.33）

このように、「しろ」によって〈命令〉を行える話し手は非常に厳しく制限されている。実際、日常会話で「しろ」のような命令文は女性が使うことはほとんどないし、男性でも発話状況が整わなければ滅多に使えないと思われる[3]。

(14) ?この部屋は暑いなあ。窓を開けろ。

(15) 早く着替えろ。風邪引くぞ。

「しろ」が使われるのは、(15)のように、聞き手のことを配慮して発話するといった状況であることが多い。このようなとき、〈命令〉の文は忠告のニュアンスを帯びる。

一方、「しなさい」は「しろ」に比べると使用頻度は高いだろう。「しなさい」による〈命令〉は、教師が学生に対して、あるいは親が子供に対して指示をしているといったニュアンスを帯びているように感じられる。

(16) 「志穂子, また寝たの？」
　　　階下から母の声がした。
　　　「起きてるのなら, 晩ごはんを食べなさい」
　　　　　　　　　　　　（宮本輝『ここに地終わり海始まる（上）』p.74）

[3) 終助詞「よ」が付加されると事情が変わってくる。この章の 3.3 を参照のこと。

「しなさい」に限られるわけではないが，話し手が相手の行為をコントロールできるような社会的立場を背景に聞き手に行為の実行を求めるといった場合には，指示というニュアンスはさらに強く感じられるようになる。

(17) それから三日ほどしたときだった。取り立て屋に機器を持ち去られ，また何人かの社員もそれぞれ職を見つけて去り，閑散とした日本科学工業で残務整理をしていた竹内と東郷は，藤井社長に呼ばれた。
「持田の矢上専務が，君たち二人に話があるそうだ。すぐに<u>いってきなさい</u>」（中野不二男『レーザー・メス 神の指先』p.156）

次に，聞き手に関する(11)の条件について検討する。聞き手に関する条件は，聞き手の存在を規定する(11a)と働きかけがなければその行為が発動しないことを規定する(11b)からなる。

〈命令〉が話し手から働きかけによって聞き手に行為の実行を求めるという機能をもっている以上，その行為要求の受け手としての聞き手が存在しなければならないことは必須条件であると言える。しかし，命令文は聞き手が存在しない状況で現れることがないわけではない。

(18) 僕は決して他力をかえりみない人間ではない。むしろその逆である。ただ，他力にも自分が勝ったうえで<u>負けろ</u>と願うものと，自分が負けた時に外も<u>負けろ</u>と願う他力があると思っている。前者は当然で，後者を対局前に思うのは最低である。
（先崎学『フフフの歩』pp.219-220）

(19) 早く暖くなればいいな，三月よ早く<u>来い</u>，三月よ，フレー，フレー，かれは，どんより曇った冬空に眼を向けながら胸の中で叫んだ。　　　　　　　　　（吉村昭『海も暮れきる』p.192）

どちらの例文も話し手の心内発話であり，聞き手は存在しない。このような例では，聞き手に対する行為要求としての〈命令〉ではなく，その状況の実現に対する〈祈願〉といった機能への移行が起こっている。〈祈願〉はその行為の実現を話し手が望んでいるという〈命令〉の成立条件の1つが前面に出

てきたものであり，(19)に見られるように，その事態の主体が人間以外のものであっても成り立つという点でも特徴的である。

また，典型的な〈命令〉は話し手が望む行為の実行を聞き手に強制するものであって，そこには聞き手の意向が差し挟まれる余地はないのが一般的である。しかし，まれに話し手が命令文を発話する前に，相手がその行為の実行に傾いている場合が見られる。次例を見られたい。

(20) 高校時代も大学時代もラグビーの選手だった尾辻は，最近少々肥満ぎみの腹をさすり，
「あしたも休みだから，今晩泊ってもいいか」
と訊いた。
「いいよ，ゆっくり泊っていけよ」
と梶井は言い，尾辻に，コーヒーにするか，それともビールにするかと訊いた。　　(宮本輝『ここに地終わり海始まる（上）』p.95)

(21) 「加代子，行きなさい」所長は娘を促した。「諸岡さんには，私がここに残って事情をお話ししておくから」

(宮部みゆき『パーフェクト・ブルー』p.118)

(20)は聞き手がその行為を望んでいる場合であり，(21)は聞き手がすでにその行為を行おうとしているという場面である。前者は，許可的なニュアンスを帯び，後者は聞き手にその行為の実行の合図を送るような促し的なニュアンスを帯びる。

3.2　命令文における行為の性質

ここでは話し手が聞き手に実行を求める行為の性質について検討する。先に〈命令〉の成立条件として(12)で確認したように，行為の性質に関しては意志性と行為の未実現性が問題になる。

まず，意志性から見ていきたい。意志性は実行のモダリティ全般に関わる概念であり，〈命令〉に限らず話し手自身の行為の発動に関わる〈意志〉においても重要な役割を果たしているが，本書ではここでその意味あいを見るこ

とにする。

　意志性は，意志的か否かという二者間の対立として捉えるよりは，段階的に捉えるべき概念である。そして，意志性の段階によって，命令文に関する現象は3つのタイプに分けることができる。

　第1のタイプは，意志性が強い場合である。行為要求は話し手がある行為の実行を聞き手に求めるものであるから，典型的な〈命令〉はその行為の実現が行為者である聞き手の意志によってコントロールすることができなければ成立しない。これを〈実行命令〉と呼ぶことにする。

(22)　「惇，こっちへ来い。いいか，小さい笹飾りのこの位の竹を十本ばかり頼まれてくれ。ほれ，この手鋸（てのこ）で切って来い」

(伊集院静「皐月」p.67)

「こっちへ来る」や「手鋸で切って来る」という行為は，行為者である聞き手がその行為を実行に移そうという意志をもてば，ただちに実行に移すことが可能であり，〈実行命令〉の例である。

　第2のタイプは，行為の実行を行為者が完全にコントロールできるほど強くはないものの，ある程度の意志性を有すると考えられるものである。次例の「心配する」や「しっかりする」がこの種の動詞である。

(23)　店長　「タクミ，人のことはいいから自分の心配しろ」

(北川悦吏子『ビューティフルライフ　シナリオ』p.48)

(24)　「藻奈美……」平介は駆け寄り，彼女の腕を掴んだ。「しっかりしろ」前後に揺すってみた。　　(東野圭吾『秘密』p.383)

「つもりだ」のように意志性が要求される構文環境において容認性が低くなることなどからもわかるように，これらは行為者が行為の実行を意志的にコントロールできるとは言いがたい動詞である。しかし，行為の実行を求めることはできないものの，その行為の実行を心がけたり実行に向けて努力することは可能であるところから若干の意志性を有しており，これによって命令文が可能になるものと考えられる。このタイプを，典型的な〈命令〉である〈実行命令〉に対比して，〈努力命令〉と呼ぶことにする。

第3のタイプは，意志性がない場合である。たとえば，潜在的な能力を表す可能動詞は意志性に欠けるため，〈命令〉は成り立たない。

　　(25) *英語が話せろ。

潜在的な能力自体は，聞き手の意志によって実行に移したり，努力したりすることはできない。しかし，行為の実現を希望するという意味が前面に出る〈祈願〉や，その行為の実現を当然と見なしている状況で成り立つ〈非難〉といった機能をもつ命令文は，可能動詞であっても成立する可能性がある。

　　(26) ?［心内で］泳げろ。

　　(27) ?この字ぐらい読めろよ。

このように，意志性は〈命令〉という機能の成立に深く関わると同時に，命令文がもつ機能によってもその重要性が変わってくると考えられる。

　次に，行為の未実現性に目を向けることにしよう。この条件は，〈命令〉の機能をもつ文は，まだその行為を実行していない聞き手に対して発話されるということを述べるものである。これは，たとえば相手がすでに夕食を食べているという場面において，「夕食を食べなさい」という命令は状況的に成り立たない，といった事実に支えられている。

　この条件が規定するように，典型的な〈命令〉は発話時点において未実現の行為の発動を聞き手に要求するものである。このような命令文のアスペクト的な特徴を踏まえて，典型的な命令文を〈発動命令〉と呼ぶことにしよう。

　　(28)　丸田先生にどうぞというと，「君，若いんだから食えよ」といわれた。もう仕方がない。胃袋までヤケクソになった。

　　　　　　　　　　　　　　　　　　(先崎学『フフフの歩』p.173)

この例も，「食う」という未実現の行為の実行を迫るという機能をもっている〈発動命令〉の例である。

　それでは，このような〈発動命令〉を表す動詞を修飾する副詞的成分がある場合はどう考えるべきだろうか。

　　(29)　a.　ゆっくり歩けよ。
　　　　　b.　早く食べなさい。

これらの文は一緒に並んで歩いている相手や食事中の相手に対して使うこともできるので、未実現の行為の発動を求めるとは言えないように思われるかもしれない[4]。しかし、これらは「歩く」や「食べる」という行為の発動を求めているのではなく、「ゆっくり歩く」「早く食べる」という動詞句の表す行為の発動を求めていると考えられる。つまり命令形のスコープには、動詞だけでなくこの種の副詞までが入るということである。そう考えると、「ゆっくり歩く」「早く食べる」という行為はまだ実現していないことになるので、やはり未実現の行為の発動を求めるという〈発動命令〉の枠内の存在であると考えることができる。

ただし、すべての〈命令〉が行為の発動を要求する機能をもっているとは言えないように思われる。命令文には存在動詞をとる例や述語動詞がテイル形をとる例も見られるのである。

(30) 　千賀子は、慌てて家を振り返った。勝手口のほうから白い煙が吹き上げているのが見えた。
「慎ちゃん、ここに<u>いなさい</u>。来ちゃだめよ！」
(岡嶋二人『99％の誘拐』p.9)

(31) 「パパはもう会社に行くの？」
「もう少ししたらね。さあ、パパが朝ごはんをつくるから、まだ<u>寝ていなさい</u>」　　（宮部みゆき『パーフェクト・ブルー』p.145)

これらの例において、「ここにいる」や「寝ている」というのはその時点で成立している行為であると考えられる。つまり、このような命令文は、行為の発動ではなく、発話時点において成立している行為を持続することを表していると考えられるのである。このタイプを〈持続命令〉と呼ぶことにする。

(30)(31)は発話時点で成立している行為の持続を命じるものであるが、〈持続命令〉には未来のある時点における行為の持続を命じるものもある。

---

[4] (29b)は「早く」がその行為の開始時点を修飾するか、完成時点を修飾するかによって二義的になる。

(32) 「車はどこにある」

わたしの今辿ってきた道を指さした。「林の中へ入れてあるわ」

「じゃ，車の中で<u>待っていろ</u>」

(志水辰夫『散る花もあり』p.237)

この例は，文脈からその時点で車の中に聞き手がいないことは明らかである。これは，たとえば，話し手がそこに戻ってくるときに「待っている」という行為を持続していることを聞き手に要求するものである。また，(33)のように話し合いが行われている間といった期間を設定して，その期間中の行為持続を要求するものもある。

(33) 「おまえもわめくんじゃないよ」と，嘉隆が割り込んだ。「落ち着いて話をしよう。君，尾崎だったか。とにかくおまえには係わりのないことだ。つかみ合いの喧嘩などする気遣いはないから，<u>出ていなさい</u>。用があればこちらから呼ぶよ。これは命令だ」

(宮部みゆき『蒲生邸事件』p.526)

3.3 命令文と終助詞「よ」

〈命令〉や〈依頼〉のような行為要求の機能をもつ文に終助詞が付加されることで，その文脈により適したものになるように文の機能に微調整が加えられることがある。ここでは，命令文の文末に「よ」が付加される場合を例として，このような微調整の実態について簡単に触れておきたい[5]。

「よ」の機能を考えるには，しばしば指摘されるように下降イントネーションか上昇イントネーションかによって区別することが必要だと考えられる。記念写真を撮影しようとしている場面を例とすると，次のような対比が出てくる。

---

[5] 「よ」と並んで対話において重要な役割を果たす終助詞「ね」は命令形「しろ」や禁止の「するな」には後続しないが（「*行けね」「*行くなね」）、他の行為要求形式に付加されて行為の実行を確認し，要求の強制をやわらげることができる（「行きなさいね」「行ってね」）。これについては，益岡隆志(1991)の第2部第2章を参照のこと。

(34) a. 今，撮るから，じっとしてろよ↓。
　　　b. 今，撮るから，じっとしてろよ↑。

下降イントネーションの「よ」((34a))がふさわしいのはじっとできず，いつまでもごそごそ動き続けている聞き手に対する場面だし，上昇イントネーションの「よ」((34b))がふさわしいのはシャッターを切る直前に注意を促すといった場面であろう。このようにイントネーションは「命令文＋よ」の使用状況に大きく影響を与えると考えられるので，ここでもこの２つの「よ」を「よ↓」「よ↑」として区別して示すことにする[6]。

　まず，下降イントネーションの「よ↓」を見てみよう。このタイプでもっとも多く見られるのは，その発話状況において話し手が当然のこととして想定している事態と相反する事態が生起しているというものである。

(35)　「電話ぐらいしろよ，遅れる時はな…」
　　　沢野が熱燗のコップ酒をぐびりと飲んで低い声で言った。
　　　　　　　　　　　　（椎名誠『哀愁の街に霧が降るのだ(下)』p.232）
(36)　「どうしたんだ？　荷物は置いとけよ」
　　　「うん。だが，あすの朝は，早いんでね」
　　　　　　　　　　　　（梶山季之『黒の試走車』p.6）

(35)は遅刻した相手が当然の行為を怠ったことに対する非難を表し，(36)は聞き手に当然の事態を思い起こさせようとしている。どちらも，発話状況と話し手の想定との違いを示す機能が「よ↓」に託されている。

　命令文に下降イントネーションの「よ↓」が付加される状況としては，もう１つ別のタイプがある。

(37)　田村が，竜雄の体をつついた。
　　　「あれを見ろよ」
　　　低い声で指さした。事務所の横にガレージがあり，自動車が後部
　　　を見せていた。　　　　　　　　（松本清張『眼の壁』p.410）

---

[6] 行為要求文に付加される「よ」の機能については井上優(1993)が詳しい。なお，「よ」の機能については本書第8章3．1も参照のこと。

(38) 「ねェ，私，本当にフランクフルトに行ってもいいの？」
と美花はまた訊いた。自分は行かないほうがいいのではないか。けれども，行きたい。だから，茂樹に，来いと強く言ってもらいたい……。
茂樹はそう察して，
「<u>来いよ</u>，二人で外国暮らしをしよう」
と笑顔で言った。　　　　　　　（宮本輝『焚火の終わり（下）』p.13）

これらの例はどちらも発話状況と話し手の想定とが相反しているとは考えにくいだろう。共通するのは，行為の実行を求めるという命令文の意味とは別のところに，話し手の発話意図があるという点ではないかと思われる。

(37)は自分が発見した事態をまだ気がついていない聞き手に知らせようとする文であり，この発話の意図は自動車があることに対する注意の喚起である。また，(38)は相手が話し手の気持ちを確認してきたことに対する応答として発話されており，「（一緒に）来る」という行為の実行を命令するよりも話し手の本心を強く伝えることに重点があるものである。発話状況と話し手の想定が相反している状況で使われる「よ↓」が強く押しつけるようなニュアンスをもちやすいのに対して，このような「よ↓」は行為の実行を求めるという命令文の意味と発話の意図のずれを表すことから，要求表現のもつ強制的なニュアンスをやわらげているように感じられることが多い。

一方，上昇イントネーションの「よ↑」が付加された命令文は，当該行為をその場で実行に移すことを要求するのではなく，予告的にその行為の必要性を聞き手に伝えるという状況で使われる。次例を参照されたい。

(39) 「出歩くときには<u>注意しろよ</u>。俺も気をつけておくが，蓮見さんたちを巻き込んじゃいけないからな」
　　　　　　　　　　　（宮部みゆき『パーフェクト・ブルー』p.271）
(40) 「体がだいぶ痩せているぞ，<u>大事にしろよ</u>」
北朗は，表情を曇らせると放哉の骨ばった肩をつかみ，蓮車とともに道を遠ざかっていった。　　（吉村昭『海も暮れきる』p.160）

どちらの例においても「よ↑」は，望ましくない状況に陥らないように前もって注意を喚起しておくという意味をつけくわえている。このように，「よ↑」が付加された命令文は，理由を表す文とともに使われて，聞き手に注意を促す機能をもつことが多い。

3.4 「する」「した」による〈命令〉

動詞の叙述形「する」「した」によって〈命令〉が表されることがある。

(41) <u>お喋りしない</u>。黙ってやるべきことを<u>やる</u>。

(42) 「まあ，いいさ。ボク初めてだもんなあ。お金はいいから，さあそこに<u>座った座った</u>」　　　　　　（大崎善生『将棋の子』p.29）

「する」は聞き手が当然行うべき行為を前もって提示するところから行為要求の機能が出てくるものであり，話し手が聞き手の行為を完全にコントロールしようとする性質が強く，大人が子供に対して使うような場面がふさわしいように思われる[7]。一方，「した」はすぐにその行為を実行するように促したり急かしたりするものであり，繰り返して使われるのが普通である。

どちらも〈命令〉の文としては限定的な場面でしか用いられない特殊な形式だと考えられるが，終助詞が付加せず，また丁寧形にならないといった共通する特徴がある。

(43) a. ??そこに<u>座るね</u>。

b. *さあ，<u>座ったよ座ったよ</u>。

(44) a. *そこに<u>座ります</u>。

b. *さあ，<u>座りました座りました</u>。

3.5 名詞化形式による〈命令〉

文全体を名詞化する「のだ」「こと」「ことだ」といった形式が，聞き手に

---

[7] 「する」による〈命令〉については，尾上圭介(1979)が詳しい。

対する行為要求機能をもつことがある。このうち、「こと」は責任ある立場にあるものがその立場から指示することを表し、指示を伝える掲示によく使われる表現である。「ことだ」は聞き手が悪い状況に陥らないために必要な行為を示して忠告するところから行為要求的な解釈をもつ[8]。

(45) 総(すべ)てが終わり、今はお客様となった方々が退場すると、間髪を入れず、司会の先生がマイクに寄り、ぶっきらぼうな声で、
「テープを投げた生徒は、掃除に参加する<u>ことっ</u>」
そこで、また、どっと暖かい笑いが起こった。
(北村薫『スキップ』pp.317-318)

(46) 「まあ、とにかく、しばらくは身辺に気をつけろよ。箱入り娘みたいに暮らす<u>ことだ</u>。夜道の独り歩きは避けて、ドアには鍵をかけて寝ろよ」　　　　　　　　（宮部みゆき『龍は眠る』p.234)

一方、行為要求表現として幅広く使われ、より重要なのは「のだ」であろう。(47)(48)のように、「のだ」は聞き手が実行すべきだと話し手が考える行為を示して、その実行を促すところから行為要求の機能が派生してくるものである[9]。

(47) 「物置の方へいく<u>んだ</u>。音をたてるんじゃねえぞ」
(北方謙三『逃れの街』p.354)

(48) 「駄目だ。捜査に私情を交えることはできない。直ちに君は、仕事から離れる<u>んだ</u>。休暇を認める」
(真保裕一『ホワイトアウト』p.211)

(48)は、職場から離れることを求められ、それに抵抗している聞き手に対して「のだ」が用いられたものである。このように、「のだ」による〈命令〉は、話し手が要求しようとする内容を聞き手がすでに知っているという状況

---

[8] 「ことだ」による〈命令〉の特徴と「のだ」との相違については、野田春美（1995a, 1997:pp.227-228）が詳しい。

[9] 野田春美（1997:pp.101-102）は、〈命令〉の「のだ」を「非関係づけの対人的「のだ」」の1つの機能として位置づけている。「のだ」による先行する文や状況への関係づけ・非関係づけについては本書第7章2.1も参照のこと。

で要求を繰り返すような印象がある[10]。

「のだ」による行為要求については，それが話し手の考えのみに基づいている場合は非常に強圧的で指示的なニュアンスが強まり，聞き手に対する配慮やその状況から引き出される帰結といった場合には説得的なニュアンスが強まる。

指示的な「のだ」と説得的な「のだ」にはいくつか違いが見られる。たとえば，指示的な「のだ」は丁寧体にはなりにくいが，説得的な「のだ」は丁寧体をとることがある。

(47') ??物置の方へ行くんです。
(49) 「話は後で。ともかく大至急，ここから離れるんです」

(宮部みゆき『魔術はささやく』p.330)

また，説得的な「のだ」はその行為の妥当性を聞き手に言い聞かせるニュアンスを強めるために「よ」や「ぞ」を伴うことが多いが，この場合，その行為を禁止するために，命題レベルに否定辞が出てくることがある。指示的な要求を表す「のだ」では，「のではない」のように「のだ」自体に否定辞が出てくることと対照的である。

(50) a. 「あまり遠くまで行かないのよ，宏くん」
     葉子叔母の声が後ろから追いかけてきた。ぼくは返事だけして，取りあえず下の道路まで出た。

(志水辰夫「きみ去りしのち」p.72)

   b. あまり遠くへ行くんじゃないよ。
(51) a. 「それより，どうする。セシアが……」
     「何もするな。いいか，何もするんじゃない。明日，また連絡する。何時ごろになるかわからないが，必ず連絡する。それまでは何もしないで，じっとしていてくれ」

(岡嶋二人『あした天気にしておくれ』p.275)

   b. *いいか，何もしないんだ。

---

[10] 田野村忠温(1990a:p.25)，野田春美(1997:pp.101-102)を参照のこと。

3.6 否定疑問文による〈命令〉

　この節の最後に，否定疑問文「しないか」による〈命令〉の特徴について簡単に触れておきたい。〈命令〉の機能をもつ否定疑問文とは，次のようなものである。これらの文は，下降イントネーションで発話され，つねに非難や叱責のニュアンスを伴っている。

　　(52)　「今，おまえにもスープを持っていってやる。早く持ち場に<u>戻らないか</u>」
　　　　　坂下はしばらくウツギを見つめ，やっと小さく頷いた。
　　　　　　　　　　　　　　　　　　　（真保裕一『ホワイトアウト』p.314）
　　(53)　「なにをぼけっとしているんだ。早く<u>支度せんか</u>！」ぼうっとしていたのでとうとう師匠に怒鳴られてしまった。
　　　　　　　　　　　　　　　　　　　（志水辰夫「プレーオフ」p.171）

　否定疑問文による〈命令〉は，聞き手がすでに行っているべき行為を実行していないといった状況で使われる。「しろ」や「しなさい」による〈命令〉もこのような状況で使われる場合には同様のニュアンスを帯びるが，「しないか」による〈命令〉は非難や叱責のニュアンスが焼きつけられ，高圧的な〈命令〉を表す文になるため，丁寧体をとることができない。

　　(54)　*早く持ち場に<u>戻りませんか</u>！

丁寧体をとらないという〈命令〉の「しないか」の特徴は，〈勧誘〉や〈提案〉といった行為的な機能をもつ否定疑問文との顕著な違いでもある。次例を見てみよう。

　　(55)　「おい，一風呂<u>浴びて来んか</u>。いま，ちょうどいい湯加減なんだ」
　　　　　「なるほど，気持よさそうですな」
　　　　　鮎川は，うなずきながら，風越の湯上がり姿を見直した。その眼は，風越が言外にいっている意味を，すばやくのみこんでいた。
　　　　　　　　　　　　　　　　　　　（城山三郎『官僚たちの夏』p.54）

この例の「しないか」は上昇イントネーションで発話されると思われるが，文脈からその行為の行為者は話し手を含まないことがわかるので，〈勧誘〉

ではなく〈提案〉といった機能をもっていると考えられる。このような「しないか」は聞き手次第では丁寧体をとることができる。

(56) 一風呂浴びて来ませんか？　いい湯でしたよ。

4. 〈依頼〉を表す文

　この節では，〈依頼〉の機能をもつ文を取り上げる。〈依頼〉は，聞き手にその行為を受けるかどうかの選択権が与えられるという点で〈命令〉との違いを示す機能である。以下では文のタイプに従って命令文（4.1），疑問文（4.2），希望文（4.3）による〈依頼〉の機能の特徴を順に見ていく。さらに，評価のモダリティによる〈勧め〉についても触れることにする（4.4）。〈勧め〉は，聞き手に対する配慮から行為の実行を求めるという点で〈依頼〉とは性質が異なるものの，要求表現の1つとして日常会話で重要な位置を占めているからである。

4.1　命令文による〈依頼〉

　「てくれ」のような命令文は聞き手にその要求を受諾するかどうかを決定する権利がある〈依頼〉という機能をもっていると考えられる。これは次のような応答の可否から明らかになる。

(57)　A　「こっちへ来い」
　　　B　「{はい／?いいよ／わかった}」
(58)　A　「こっちへ来てくれ」
　　　B　「{はい／いいよ／わかった}」

〈依頼〉では，単にその要求に対して返事をする「はい」や，相手の意図を理解したことを表す「わかった」だけでなく，話し手がそのことに対して能動的に評価を下すことで応答する「いいよ」も可能になる。ここに〈命令〉との違いが現れる。以下，命令文による〈依頼〉を，「てくれ」「て下さい」「して」，「お～下さい」の2つに分けて見ていくことにする。

　まず，「てくれ」「て下さい」「して」を取り上げる。これらの形式によっ

て表される〈依頼〉は，〈命令〉によって代表される行為要求表現と同様の基本的な性質をもっている。

(59)　「水原の話では，会社まで来てくれるようだったら，いつでもいいと言ってます。どうします」
　　　「行くよ。きみも立ち会ってくれ」
　　　　　　　　　　　　　　　　　　　　（志水辰夫『あした蜉蝣の旅』p.38)
(60)　「社長，あの電話ボックスで停めて下さい」
　　　「どこに掛けるんだ？」　　（岡嶋二人『焦茶色のパステル』p.352)
(61)　「二日酔いの薬，買うて来て」
　　　「二日酔いに薬なんかないで。時を待つのみやな」
　　　　　　　　　　　　　　　　　　　（宮本輝『焚火の終わり（上）』p.25)

どの例も，話し手が聞き手に，自分が望んでいる行為の実行を求めている。「立ち会う」「車を停める」「買って来る」は，聞き手にとって意志的な行為である。

　このように〈依頼〉は〈命令〉と基本的な性質を共有するが，〈依頼〉は聞き手に行為を強制する力が相対的に弱いため，〈命令〉と多少の違いを示すことがある。

　たとえば，その違いはその行為の実現に対する希望が強く出てくる文からうかがうことができる。〈命令〉の文には聞き手が存在しない〈祈願〉の機能をもつものがあったが，これとは少し違う機能として，「てくれ」「て下さい」にも話し手がその行為の実現を望んでいることが前面に出てくる例がある。このような機能を仮に〈懇願〉と呼ぶことにしよう。

(62)　「刑事さん！　息子を探してくれ。勉を，勉を見つけ出してくれ。頼む，頼むから……」
　　　近内が喜多川邸に戻った時，喜多川は大竹刑事に取りついて必死でそう言い続けていた。警察の車がすでに到着していた。
　　　　　　　　　　　　　　　　　　　（岡嶋二人『チョコレートゲーム』p.288)
(63)　「先生っ」平介はその場で正座した。「どうか，救ってください。

何とかしてください。助けていただけるのでしたら，どんなことでもします。いくら金がかかってもいい。あの二人の命にかえられるなら，何だって……お願いします」(東野圭吾『秘密』p.21)

「春よ，早く来い」のような〈祈願〉は意志性のない事態の実現を望むことを独話的に表現するものであるが，〈懇願〉は行為者としての聞き手が存在し，意志的な行為の実現を望むものである[11]。「どうか」のような副詞の共起から〈依頼〉というよりは話し手の希望の側面が強く出ていることがうかがえる。命令文をこのような状況で使った場合には，聞き手に対して行為の実行を強制する〈命令〉の機能をもつことになり，状況に合わない。

次に「お～下さい」に目を向けることにしよう。ここでは「お～下さい」を〈依頼〉を表す形式として扱っているが，より正確に機能を捉えるなら，話し手に利益のある行為の実行を聞き手に求めるという〈依頼〉とは区別することが必要かもしれない。以下，この形式の表す機能を〈許可〉〈指示〉〈懇願〉の3つに分けて見ていこう[12]。

「お～下さい」が表すもっとも中心的な機能は〈許可〉である。次が〈許可〉の例である。

(64) 「こちらは従業員の駐車場になっていますが，話をしておきますからここにお停め下さい。お客様のは裏手になっていますけれど，その時間だとこちらの方がよろしいと思います」

(北村薫『胡桃の中の鳥』p.158)

(65) 「まあ，どうぞお掛け下さい」
と関谷は八坂に，そして，女に，ソファを勧めた。

(岡嶋二人『七年目の脅迫状』p.110)

---

[11] 〈依頼〉の文でも，無意志的な事態の実現を望む用法はありうる。たとえば，ゴルフのパットの際，「頼む。入ってくれ！」と心の中で叫ぶような例である。しかし，この例が「頼む」のような動詞と共起することを考えると，擬人的な用法である可能性もある。〈命令〉の文による〈祈願〉では「頼む」は共起しにくいように感じられる（「?? 頼む。春よ，早く来い！」）。

[12] 「お～下さい」の機能については森田良行(1985)，前田広幸(1990)を参照のこと。この章の記述は，前田(1990)の分析に負うところが大きい。

一般に〈命令〉や〈依頼〉といった行為要求的な機能は話し手の希望に基づいてある行為の実行を聞き手に求めるものであると考えられるが，「お〜下さい」が表す〈許可〉は，聞き手に対する配慮に基づいてその行為の実行を認めるものである。上の2例はともに聞き手にとって有益だと考えられる行為の実行を話し手が許容していることを表している。

　「お〜下さい」の2つめの機能は，話し手が自分の立場を背景に行為の実行を求める〈指示〉である。次が〈指示〉の例である。

(66)　すみれ　「(老人達に)皆さん，外が寒いの判りますけど，留置場はホテルじゃありません。お帰り下さい」

　　　老人1　「悪いことして来たんだから，泊めてよ」

(君塚良一「踊る大捜査線　歳末特別警戒スペシャル」p.55)

〈許可〉が聞き手に対する配慮からその行為の実行を求めるのに対して，〈指示〉において実行を求められる行為は，聞き手に対する配慮とか聞き手に利益をもたらすことを目的としているとは考えられない。上の例において「お〜下さい」は，話し手が警官という自分の立場から聞き手に行為の実行を迫るといった機能をもっている。

　「お〜下さい」の3つめの機能は，その行為の実現に対する話し手の希望が前面に出てくる〈懇願〉である。次が〈懇願〉の例である。

(67)　「また，何かとこちらで連絡することがあるかと思います。そのときは，ひとつ，ご協力ください」

　　　横から係長が三木彰吉に言った。

(松本清張『砂の器(上)』pp.210-211)

(68)　「当社の祭神と縁が深うございますからな。ずっと前にその脚本から写し取ったものです。まあ，まあ，お急ぎでしょうが，短い文章ですから，ぜひ，ごらんください」

　　　と，老神官は二人を促して社務所の前まで案内してきた。

(松本清張『Dの複合』p.39)

〈懇願〉も，〈指示〉と同様，聞き手に利益をもたらす行為とは考えられない。

話し手が自分の上位者(捜査協力者,客)と認められる相手に対して,相手の好意に頼りながらその行為の実行を求めるといったものである。

　この,上位者に対する〈懇願〉という点が,「て下さい」の表す〈懇願〉との違いである。次例は,父親が息子に遺した手記という設定である。

　　(69)　慎吾,強い人間になって下さい。私は弱い人間だった。最後までやり遂げることができない人間だった。慎吾,お前は違う。やり遂げて下さい。弱い人間は私だけでいい。
　　　　　慎吾,お父さんを{許して下さい／#オ許シ下サイ}

　　　　　　　　　　　　　　　　　　　(岡嶋二人『99％の誘拐』p.83)

「お許し下さい」という文そのものはまったく自然であるが,相手が自分よりも下位者である場合には不適格になる。ここから,同じ〈懇願〉であっても,「お～下さい」は聞き手が上位者である場合に限られるのに対して,「て下さい」にはこのような制限がなく,上位者・下位者どちらに対しても使うことができるということがわかる。

　最後に,副詞の共起から「お～下さい」の3つの機能を再確認しておく。「お～下さい」と共起する副詞には「どうぞ」「どうか」「ぜひ」があるが,それぞれの機能との共起関係は次のようになる。

　　(70)　a.　{どうぞ／?どうか／*ぜひ}そこにお座り下さい。〈許可〉
　　　　　b.　{どうぞ／どうか／*ぜひ}お引き取り下さい。〈指示〉
　　　　　c.　{どうぞ／どうか／ぜひ}これをご覧下さい。〈懇願〉

「どうぞ」はどの機能の「お～下さい」とも共起できるが,「どうか」は〈指示〉と〈懇願〉だけ,「ぜひ」は〈懇願〉だけに使われる。これは,「どうか」が聞き手の行為に対する依存であり,「ぜひ」が話し手の個人的希望に基づいた行為要求であることの反映だと考えられる[13]。

---

[13] これらの副詞と行為要求機能をもつ文との共起については,森本順子(1994)の第8章を参照のこと。

4.2 疑問文による〈依頼〉

　疑問文も，その要求を受け入れるか否かを聞き手に問いかけることによって〈依頼〉の機能を獲得することがある。疑問文による〈依頼〉は，諾否を聞き手にゆだねることが形式のうえで明示されるので，命令文による〈依頼〉よりも丁寧な依頼文になる。また，このことから「てくれ」のような命令文による〈依頼〉のように使用者に制限が加えられることもなく，幅広い話し手によって使用される。

　疑問文によって表される〈依頼〉は，聞き手によるその行為の実行が話し手に利益をもたらすことが授受の補助動詞によって明示されるが，どの形式によって明示されるかによって2つのタイプに分けることができる。「てくれる」によって表したクレル系列（「てくれるか」「てくれないか」など）と，「てもらう」の可能動詞形で表したモラエル系列（「てもらえるか」「てもらえないか」など）である。

(71) 「わしはそこまではいうてへんで」中塚はにやりと笑ってから，またすぐに真顔に戻った。「嫁さんからの話は，そろそろ聞き終わった頃やろ。笹やん，悪いけど，家まで<u>送ってくれるか</u>」
「わかりました」笹垣は頭を一つ下げ，ドアに向かった。
　　　　　　　　　　　　　（東野圭吾『白夜行』p.10）

(72) 「実は，ちょっと話したいことがある。すぐに<u>来てくれないか</u>」
「いいですよ。いまはちょうど手がすいているときですから」
　　　　　　　　　　　　　（松本清張『Dの複合』p.191）

(73) 「すいません，<u>火貸してもらえますか</u>」
「悪いがほかにいってくれ」
　　　　　　　　　（大沢在昌『無間人形　新宿鮫Ⅳ』p.100）

(74) 「事件の詳しいところを<u>教えてもらえませんか</u>」
時枝は，ああ，そうそう，というように頷き，手帳を取り出してページを繰った。　　（岡嶋二人『チョコレートゲーム』p.62）

これらの形式に加えて，それぞれに敬語動詞を使ったものがある。クレル

系列としては「て下さいませんか」，モラエル系列としては「ていただけませんか」などがこのような形式である。

(75)「その前に，喜多川文昭のそれ以前の行動はどうなのか<u>教えて下さいませんか</u>」
「それ以前と言われますと？」
(岡嶋二人『チョコレートゲーム』p.278)

(76)「伯父に会ってようすを<u>見ていただけませんか</u>」
「会う名目がありません」　(志水辰夫『あした蜉蝣の旅』p.243)

　これらの形式の使い分けは，基本的には丁寧さによるものと思われる。クレル系列よりもモラエル系列の方がより丁寧な〈依頼〉を表すと考えられるが，これは，クレル系列の形式が聞き手の行為に直接的に言及するのに対して，モラエル系列は聞き手がその行為を実行することによって話し手が利益を享受できるかどうかを尋ねるという，非常に間接性の強い〈依頼〉の形式だからである。

　疑問文による〈依頼〉は，さらに文末に「だろうか（でしょうか）」や「かな」といった疑いの形式をつけくわえることによって，丁寧さをあげることができる。

(77)「実は，午前中に話した件なんだが……ああ，そうなんだ。その話だよ。まだ先があってね。これからちょっと時間を<u>作ってもらえないだろうか</u>。ああ……すぐ行くよ」
(宮部みゆき『魔術はささやく』p.95)

(78)「またそういう機会があったら，さりげなく声を<u>かけてやってくれないかな</u>」
「はい」　(北村薫『秋の花』p.60)

「だろうか」や「かな」は聞き手に対して応答を要求する機能を欠いているので，〈依頼〉に使われる場合にも聞き手に対する要求の度合いを低くすることになる。これが要求をやわらげ，丁寧にすることにつながるのである。

　疑問文による〈依頼〉において問題になるのは，肯定疑問文による〈依頼〉

と否定疑問文による〈依頼〉の違いである。これもまた，否定疑問形の方が肯定疑問形よりもより丁寧である，というような丁寧さの違いとして捉える考え方もありうるが，両者にはそれにとどまらない違いがあるようにも思えるのである。以下ではこの可能性を探ってみたい。

　まず，次例を見られたい。この文の話し手は姉や上司であり，どちらも上位者が下位者に向かって発話していると見なすことができる例である。

(79) 「駅まで{乗せてってくれない／乗セテッテクレル}？」
　　　守の自転車の荷台をさして，真紀は言った。「こんな顔でバスに乗るの，嫌(いや)だわ」　　　　(宮部みゆき『魔術はささやく』p.30)

(80) 「そうか。だったら僕は，静岡市へ行って，販売店で芳野の評判を聞いてみよう。あすの午後でも，アパートの方に電話で{連絡してくれないか／連絡シテクレルカ}」
　　　　　　　　　　　　　　　(梶山季之『黒の試走車』p.75)

これらは否定疑問文の例であるが，肯定疑問文に置き換えてみても大きな機能の違いは感じられない。「てくれるか」の方が，ややぞんざいに響くといった程度であろうか。

　一方で，否定疑問文と肯定疑問文の間に丁寧かぞんざいかという違い以上の差を感じさせる例もある。2つのタイプの例を見ていきたい。

　第1のタイプは，発話現場において聞き手に実行を促すのではなく，やや冗談めかして発話されるものである。仮にここでは，〈軽い依頼〉と呼ぶことにしよう。

(81) 「オレんちも，この町内なんだよ」
　　　「ホント？　偶然だね」
　　　「ここから歩いて五分くらいかな。『山荘』っていう手焼き煎餅屋なんだ」
　　　「買いに行ったら，{おまけしてくれる／オマケシテクレナイ}？」
　　　「ちゃっかりしてんなあ」(宮部みゆき「聞こえていますか」p.151)

(82)　「もっといい人が見つかるさ」
　　　「うん。今度は評判倒れじゃない男にするわ」
　　　「絶対に評判倒れじゃない人を，一人知ってるよ」
　　　「あら，じゃあそのうち{紹介してくれる／紹介シテクレナイ}？」　　　　　（宮部みゆき『魔術はささやく』p.276）

これらの例は「てくれないか」に置き換えられないことはない。しかし，置き換えると，聞き手に行為の遂行を促す通常の依頼行為を行っているように解釈され，冗談めかした意味あいが失われてしまうと思われる。

　第2のタイプは，相手がその行為の実行を示唆している状況で，それを確認するために発話されるものである。ここでは，これを〈承諾の確認〉と名づけることにする。

(83)　「しばらくのんびりしましょうか」
　　　「締め切り，{待ってくれます／??待ッテクレマセン}？」
　　　「駄目です」　　　　　（北村薫「覆面作家と謎の写真」p.64）
(84)　「じゃ，一時間ほどしたら，来てみましょうかね。これから町へ戻って八時五十三分の下りで一仕事して，それからラーメンでも食べて来れば，そんな時間ですね」
　　　「じゃあ，{そうして下さる／?ソウシテ下サラナイ}？　悪いけど，お願いするわ」　　　　　（岡嶋二人『焦茶色のパステル』p.315）

(83)は編集者と作家の会話であるが，編集者が「のんびりする」ことを提案したのに対して作家が締め切りの話題をもちだしている。(84)はタクシーの運転手と乗客の会話であるが，迎えに来ようかという運転手の申し出を受け入れることを伝えている。どちらの例も，否定疑問文に置き換えると容認性が下がるように感じられる。これは，行為要求の機能をもつ文はその発話がなければ聞き手がその行為を行わないという前提をもっているが，このタイプがその前提に反しているということによるものと思われる。

　ここで見たように，疑問文による〈依頼〉において，肯定疑問文と否定疑問文は丁寧さでは説明しきれない違いをもっている。〈軽い依頼〉と〈承諾の

確認〉の2つのタイプの存在は，否定疑問文においては〈依頼〉としての機能が確立しているのに対して，肯定疑問文は〈依頼〉の機能を十分に獲得していないことを示唆するものと思われる。つまり，否定疑問文は文脈の助けは必要なくその文そのものが〈依頼〉の機能をもっているが，肯定疑問文は文脈の助けを借りながら条件が整ったとき〈依頼〉を表すことができるということである。

4.3　希望文による〈依頼〉

　行為要求の成立条件の1つとして，話し手は聞き手がその行為を実行することを望んでいるという条件（(10b)）をあげたが，これを「てほしい」のような希望文によって文に直接反映させることで，間接的に聞き手にその行為の実行を求めることができる。

　　(85)　そう言ってから，美花は，通夜や葬儀に訪れてくれた人や，香典をくれた人のリストを作らねばならないから<u>手伝ってほしい</u>と茂樹に頼んだ。　　　　　　　　(宮本輝『焚火の終わり（上）』p.42)

希望文による〈依頼〉には，このほかにも「てもらいたい」「ていただきたい」といった形式が使われる。

　希望文は〈依頼〉を表す形式としては間接的な行為要求表現であるが，文自体としては，話し手の心理状態の直接的表出という伝達的特徴をもっている。(85)のように文中に埋め込まれた環境では自由に使われるが，対話的な環境で実際に使われる際には聞き手に対して話し手の希望を押しつけてしまうようなニュアンスを帯びやすい。

　このため，次の(86)のように<u>上位者が下位者にある決定を申し渡す</u>といった場面では言い切ることによって行為要求を行うことができるが，そのような上下関係に基づかない一般的な〈依頼〉の場合には，このニュアンスを避けるためにさまざまの手段が講じられる。

　　(86)　「記者クラブの鼻のきくのが，動き始めている」
　　　　　藤丸がぽつりといった。そしてふっと息を吸い，

「退職届を書いてもらいたい」

と告げた。　　　　　　　　　（大沢在昌『屍蘭　新宿鮫Ⅲ』p.401）

(87)　「スープの冷めん距離っちゅう言い方があるけど，つまりそう言うところで{暮らしてもらいたいんです／?暮ラシテモライタイ}」
　　　　　　　　　　　　　　（宮本輝『春の夢』pp.314-315）

(87)で，「てもらいたい」で言い切ったとすると，高圧的な印象を与えかねないように思われる。直接的な訴えかけにならないように，この例では「のだ」によって自分の気持ちを説明する表現にしている。さらにそれを言いさしにすることも多い。

(88)　「わたしらにお話が？」

　　　「ええ。できたら時間を<u>割い</u>ていただきたいんですが」
　　　　　　　　　　　　　　　　（宮部みゆき『龍は眠る』p.206）

　希望文による〈依頼〉は間接的な行為要求であるが，丁寧にするというよりは聞き手に対する配慮を表しているように思われる。聞き手に対して配慮が不要な場面では，もっと直接的な表現が選ばれる方がふさわしい。たとえば，親が子供にちょっとした買い物を頼むという場面を考えてみよう。

(89)　a.　買い物に<u>行ってきて</u>。
　　　b.　買い物に<u>行ってきてほしいんだけど</u>。

このような場面では，「して」のようなより直接的な形式が選択されやすいように思われる。「てほしい」が選ばれるのは，子供が何か忙しそうにしていることに配慮しているといった場面であろう。

4.4　評価のモダリティによる〈勧め〉

　ここでは評価のモダリティから派生する〈勧め〉の機能について考えることにする。〈勧め〉は，行為要求表現の1つとして位置づけられるが，その行為が話し手の望むものというより，聞き手に対する配慮に基づいている点で，〈命令〉や〈依頼〉とは違う，際立った個性をもっている[14]。

---

[14] 評価のモダリティによる〈勧め〉の機能については，高梨信乃(1996)が詳しい。

評価のモダリティによる〈勧め〉は，聞き手に対する配慮から，聞き手によるその行為が高く評価されるものであるという話し手の判断を伝えることによって，その行為の実行を求めるというものである。

このような機能をもつ形式には「といい」「ほうがいい」のように本書第3章において〈必要妥当系〉の評価のモダリティと呼ばれているタイプや，その評価形式を疑問語に置き換えたり省略したりすることによって，聞き手に判断決定をゆだねることを表す「たら（どう）？」のようなタイプがある。

(90) 「後ろの席に僕のコートがある。暖まるまで，引っ掛けているといいよ」　　　　　　　　　　　　　（岡嶋二人『七年目の脅迫状』p.172)
(91) 「寝まれたほうがいいですよ。寝んで下さい」
　　　と刑事に言われ，着替えもせず横になったが，結局，一睡もしなかった。　　　　　　　　　　　（岡嶋二人『タイトルマッチ』p.126)
(92) 座布団を三つ並べて，《横になったら》と勧めた。丸顔の頬が落ちてはいるが，極端にではない。それでいて，目や口元，そして全身の表情から痛いほどに伝わってくるのは，憔悴そのものだった。　　　　　　　　　　　　　　　　　　　　（北村薫『秋の花』p.93)

(90)は寒そうな聞き手にコートを着ておくよう伝え，(91)は張りつめた状態の親に睡眠をとるように伝え，(92)は憔悴しきっている聞き手に対して少し休むように伝えている。「といい」「ほうがいい」は話し手がその行為に対する評価を聞き手に伝えており，「たら（どうか）」は評価の部分を聞き手にゆだねている。どちらの例も，聞き手に対する配慮からその行為を聞き手に求めるといった〈勧め〉の特徴がよく出ている。

「ほうがいい」は比較構文からの派生形式であるが，この点が「といい」との機能の違いに反映している。「ほうがいい」は現状との比較をもとにしてある行為を聞き手に勧めるといったものである[15]。

---

[15] 評価のモダリティの比較・選択という性質については森山卓郎(1997a, 2000)が詳しい。本書第3章4.2も参照のこと。

(93) a. 君，もう遅いからそろそろ帰ったほうがいいよ。
　　　b. *君，もう遅いからそろそろ帰るといいよ。

この文は，遅い時間だというのにまだその場にいるという発話状況と対比したうえで，帰るという行為を勧めているものであり，「ほうがいい」がふさわしい場面である。

また，評価のモダリティの形式による〈勧め〉には，聞き手に対する配慮を表すとは考えにくい，次のような例もある。

(94)　「それに，そんなにピリピリ神経を使うくらいなら，ご両親が直接進也君を迎えに行けばよろしいんじゃありませんか」
　　　「そんな場面を，写真雑誌にでもスクープされたらたいへんですよ」
　　　「では，あなたが行かれてはどうです？」

(宮部みゆき『パーフェクト・ブルー』p.33)

この例は，聞き手に対する配慮を表しているのではなく，「直接迎えに行く」に代わる別の可能性を聞き手に提案する機能をもっていると考えられる。評価のモダリティがもつ，いくつかの可能性の間での比較・選択という性格がこの用法に反映しているものと思われる。

5. 〈禁止〉を表す文

ある行為の実行を聞き手に要求する〈命令〉や〈依頼〉に対して，その行為を実行しないことを要求するのが〈禁止〉である。〈禁止〉はその意味で〈否定命令〉〈否定依頼〉と呼ぶこともでき，実際，その意味を忠実に文中に再現した「しないでくれ」のような文によって表されることも多い。

この節では，基本的に〈依頼〉と同様に考えられるこのような形式は描くこととし，〈禁止〉に特徴的に現れる形式として「するな」を取り上げ，さらに評価のモダリティや不可能による〈禁止〉についても観察する。

5.1 禁止文

もっとも直接的に〈禁止〉の機能を実現するのが動詞の禁止形「するな」

である。したがって,「するな」を観察することによって,〈禁止〉の基本的な用法を確認することができる。〈禁止〉には基本的な用法として聞き手の動作の実現性に関して2つのタイプが存在すると考えられるので,これを予防的な〈禁止〉と阻止的な〈禁止〉と名づけて,順に見ていくことにする。

予防的な〈禁止〉とは,聞き手がまだ実行していないか,まさに実行しようとしている行為をあらかじめ禁じておくものである。

(95) 社長室へ通ると,鞍峰は秘書を追い出した。出て行こうとする秘書に「用件が済むまでは,誰もこの部屋へ入れるな。電話もあとで掛け直すと言え」と告げた。

(岡嶋二人『あした天気にしておくれ』p.188)

(96) 「エレベーターで転ぶな,掃除が手間だ」
「わかってる」　　　　　　　　(宮部みゆき『火車』p.12)

(95)は社長が秘書に対して〈禁止〉を行っており,「誰かを部屋に入れない」というのは聞き手である秘書が意志的に実行することができる行為である。また,(96)は,友達に甘酒を持っていこうとしている子供に対する父親の発話であり,「転ばない」という行為は聞き手にとっては意志性はそれほど高くない。これは聞き手に注意を促すような機能をもっている。

一方,阻止的な〈禁止〉とは,聞き手がすでに実行している行為をやめるように命じるものである。

(97) 壮太郎　「おい……泣くなよ」
　　　 里　子　「ウン……」　　(田中陽造「新・居酒屋ゆうれい」p.31)

(98) 「めったに怒らんお母さんが怒ってるから,フックがびっくりして怖がってるんや。敦子,もうそんなに怒るな。真由美はもう二十二になるんや。親から離れて暮らしたいと考えるのは当然やないか」　　　　　　　　　　　　(宮本輝『彗星物語』p.176)

どちらの例も泣く,あるいは怒るという行為を実行中の聞き手に対して「するな」が使われている。行為要求の機能をもつ文は一般的にその行為の未実現性を前提としているので((12b)を参照のこと),阻止的な〈禁止〉という

機能の存在は,〈禁止〉とほかの行為要求の文との違いを際立たせるものである[16]。

5.2 評価のモダリティによる〈禁止〉

「しろ」による〈命令〉と同様,「するな」による〈禁止〉は直接的な要求を表す形式なので聞き手に対して課す負担が非常に大きく,そのため,日常会話ではより間接的に要求する形式が選ばれることが多い。その意味で,評価のモダリティの形式は〈禁止〉の機能全体の中で重要な役割を果たしていると言える。評価のモダリティの中で〈禁止〉の機能を担うのは主として不許可を表す形式であり,不必要を表す形式にも〈禁止〉に近づく例がある。

「てはいけない」や「たらだめだ」のような不許可の形式はある状況の成立が許容できないという話し手の評価的判断を表すものであり,これが聞き手の意志的な行為に向けられたときに〈禁止〉の機能を派生する。

(99)「何をおっしゃるんです。そんなことをお考えになってはいけません。先生なんか,まだまだお若いですよ」

(北村薫「織部の霊」p.44)

(100)「人を呼んじゃだめ。とにかく,こっちに……お願い」

(東野圭吾『秘密』p.35)

不許可は「するな」の代わりに幅広く使われる形式である。これは,不許可の形式による〈禁止〉がその行為に対する話し手のマイナス評価に基づいているところによる。ちょうど,〈命令〉においてその行為の実行を望むという条件の逆を不許可の形式が表しているからである。

一方,「必要はない」や「ことはない」のような不必要の形式を〈禁止〉と呼べるかどうかは微妙であるが,これらはその行為を実行する必要性がないことを伝えることによって聞き手にその行為を実行しないように促すことがある。

---

[16] この点については仁田義雄(1990)に指摘がある。

(101)「矢口さん，もう充分だよ。あなたや息子さんに責任があるわけじゃないんだ。そんなに気にする<u>必要はない</u>。ほら，立って。部屋に戻って寝みなさい」

(岡嶋二人『あした天気にしておくれ』p.10)

このような機能は，不許可による〈禁止〉に比べると使用される状況が限定されており，聞き手が話し手に対して心理的負担を感じているという場面にふさわしい。

5.3 不可能による〈禁止〉

聞き手にその動作を行うことができないことを伝えることによって，間接的にその動作を禁止することがある。しかし，この手段は日本語においては有力なものではない。たとえば，大事な置物に手を伸ばしている子供に次のようには言えない。

(102)*あっ，それに<u>触ることはできないよ</u>。

不可能の文が〈禁止〉の機能を帯びるようになる状況は非常に限られている。次のようなものが不可能から派生した〈禁止〉の例である。

(103) この列車は全席指定席です。指定席券をお持ちでないお客様は<u>お乗りになれません</u>。

(104) [入学試験で] 試験終了です。これ以降は一切<u>訂正できません</u>。これから答案用紙を回収します。

これらの文は，駅員や試験官のように，その状況において特別な権限を与えられている人間に限って使うことができるといったものである。目前で起きようとしている動作の実行を禁じるものではなく，その動作の実行をあらかじめ禁じておくという意味での予防的な〈禁止〉を表している。

これらの文は，状況不可能と呼ばれる意味の拡張として〈禁止〉の機能を表すようになったものと考えられる[17]。状況不可能は，能力的にその行為

---

[17] 可能表現による〈禁止〉の機能については，渋谷勝己(1993)の第1部第5章を参照のこと。

を実行することが不可能なのではなく，その状況に限ってその行為を実行することが不可能だということを表すものである。

　（105）チャイムが鳴ったら，一切訂正できません。

そして，その条件が発話状況において実現したという前提のもとで〈禁止〉の機能が生じる。

6. 第2章のまとめ

　この章では，以下のことを述べた。

1）行為の実行を要求することは，聞き手に対して負担を課すということを意味する。この負担に対する配慮を反映して，行為要求の機能にはさまざまな形式が発達している。

2）もっとも直接的な行為要求が〈命令〉である。その要求を受け入れるかどうかを決定する権利を聞き手に与えない〈命令〉に対し，聞き手にその権利を与えるのが〈依頼〉である。

3）その動作の非実行を要求する〈禁止〉には，予防的な〈禁止〉のほかに阻止的な〈禁止〉がある。これは実行中の行為を禁じるという点で，一般的な行為要求の機能とは異なる性質を示す。

4）直接的な行為要求を避けるために，本来は別の意味をもつ形式がその意味のある部分を発展させながら行為要求の機能を獲得している。このような形式を加えて，さまざまな発話状況に対応できる行為要求の体系が形作られる。

第2部

叙述のモダリティ

　基本叙法のうち，何らかの情報を述べ伝える述べ方を叙述という。叙述のモダリティとは，情報を述べ伝えることに関わるモダリティであり，命題内容に対する話し手の評価的な捉え方を示す**評価のモダリティ**と，命題内容に対する話し手の認識的な捉え方を表す**認識のモダリティ**に二分される。この第2部では，第3章で**評価のモダリティ**を，第4章で**認識のモダリティ**をそれぞれ取り上げる。

第3章

評価のモダリティ

1. はじめに

この章で扱うのは，次のような例に代表される諸形式である。
 （1）「ふつうの子供と同じことをやっていて<u>はいけない</u>のよ。ほかの子供にできない辛抱をし<u>なければ</u>」
 　　　　　　　　　　　　（城山三郎『素直な戦士たち』p.132）
 （2）「なんだったら，タクシーで帰れ<u>ばいい</u>じゃないの」
 　　　　　　　　　　　　（林真理子『満ちたりぬ月』p.12）
 （3）ただ，それとは逆に，原色系の色は年をとってからこそオシャレに着る<u>べきで</u>，若いうちは渋めにおさえた<u>ほうがいい</u>，というのも通説のようです。
 　　　　　　（中島らも『中島らものもっと明るい悩み相談室』p.20）
 （4）結婚って，一体何なんでしょうね。し<u>てもいい</u>，し<u>なくてもいい</u>，と思いながらも，たえず気になる，馬の鼻の先につるされた人参みたい。　　　（松原惇子『クロワッサン症候群』p.244）

　（1）から（4）の形式は，いずれもある事態が実現することに対する，必要だ，必要でない，許容される，許容されないといった評価を表している。このような形式をここでは評価のモダリティの形式と呼ぶことにする。

　上のような形式が表す意味は，従来「当為判断」「価値判断」などと呼ばれることが多かった。ここであえて「評価」という別の名称を用いるのは，従来よりやや広い意味領域を表したいからである。一般的に「当為判断」

「価値判断」ということばが指すのは,「何々するべきだ,何々するべきでない」といった表現に代表される,人の行為の必要性,許容性についての判断だと思われる。しかし,たとえば,(2)の「ばいい」には次のような用法もある。

(5) アントワネット「革命なんかこなごなにつぶれてしまえ<u>ばいい</u>！」
(池田理代子『ベルサイユのばら(5)』p.167)

(5)の「ばいい」のように事態が実現することに対する願望を表す用法は,従来「当為」「価値判断」と呼ばれるものには含まれないと思われる。ここではこのようなものも「評価」のモダリティに含めて扱いたい。

評価のモダリティは,同じ叙述のモダリティに属する認識のモダリティに比べ,研究が遅れている分野だと思われるが,近年,取り上げられることが増えてきたようである。

その中でもっとも重要な研究は森山卓郎(1997a)であろう。森山(1997a)は,「事態選択」というモデルを用いて,「ざるを得ない」「なければならない」「べきだ」「てもいい」などの形式を分析している。多くの形式を統一的に扱う枠組みを初めて示したという点で大変意義深く,多くの示唆を含むものである。しかし,「事態選択」モデルのみで評価のモダリティの全体が隈無く記述できるとは言えないだろう。個々の形式の意味記述を含め,まだ明らかにするべき点が残されていると思われる。

2. 評価のモダリティの全体像

この節では,評価のモダリティの諸形式を概観し,その全体像を明らかにする。

2.1 形式と意味の概観

評価のモダリティの諸形式は,形の面から見ると,次の3つのグループに分けられる。

（6） 評価のモダリティ形式の形による分類

　①評価的複合形式

　　「といい」「ばいい」「たらいい」,「ほうがいい」,
　　「てもいい」,「なくてもいい」,
　　「てはいけない」(「てはならない」)[1],
　　「なくてはいけない」(「なくてはならない」「なければならない」
　　「なければいけない」「ないといけない」)

　②助動詞

　　「べきだ」,「ものだ」,「ことだ」

　③そのほかの複合形式

　　「ざるを得ない」,「ないわけにはいかない」,「しかない」,
　　「必要がある」,「必要がない」,「までもない」,「こともない」
　　etc.

これらの諸形式は，それぞれが表す基本的意味によって大きく4つのグループに分類することができる。

（7） 評価のモダリティ形式の意味による分類

　　a.〈必要妥当系〉　ある事態が必要もしくは妥当という評価を表す。
　　　　　　　…「といい」「ばいい」「たらいい」,「ほうがいい」,
　　　　　　　　「なくてはいけない」,「べきだ」,
　　　　　　　　「ざるを得ない」,「必要がある」etc.

　　b.〈不必要系〉　ある事態が必要ではないという評価を表す。
　　　　　　　…「なくてもいい」,「までもない」etc.

　　c.〈許容系〉　ある事態が許容されるという評価を表す。
　　　　　　　…「てもいい」

　　d.〈非許容系〉　ある事態が許容されないという評価を表す。
　　　　　　　…「てはいけない」

---

[1] ここでは（　）内のものも異形態として同様に扱う。

ここで断っておかなければならないのは，形式の基本的意味と，個々の発話・使用において生じる二次的意味の区別である。
　たとえば，「てもいい」は日本語教育などで「許可を表す」形式とされることが多いが，常に許可を表すわけではない。

（8）「あら，泊まっていってもいいのよ。ここは気兼ねがいらないんだから」　　　　　　　　　　（林真理子『満ちたりぬ月』p.11）

（8）は許可を表す文と解釈できるが，それは，「泊まっていく」が制御可能な事態であり，その行為者が聞き手であるという条件がそろっているからである。次の（9）は上の条件を満たさないため許可とは解釈されない。

（9）「圭ちゃん，あんた結婚しないの」　不意に育子が尋ねる。
　　　「わかんないわ。チャンスがあればしてもいいと思っているけど」
　　　　　　　　　　　　　　　　　　（林真理子『満ちたりぬ月』p.165）

（8）（9）に共通するのはいずれも当該事態を許容されるものとして評価する点であり，これが「てもいい」の基本的意味だと考えられる。
　さて，そのような基本的意味によって評価のモダリティの諸形式を分類したのが（7）の4つであるが，あくまでおおまかなグループ分けであって，個々の形式がもつ基本的意味は異なっている。とくに〈必要妥当系〉は数が多く，それぞれの形式の特徴づけが重要である。

2.2　「評価的複合形式」とは

　ここで，2.1で「評価的複合形式」と呼んだものをあらためて見ておく。たとえば，次の「といい」のような形式である。

（10）「西瓜半分買ってきた。一個じゃ多いでしょう」とビニールの袋に入った西瓜を台所の床へ置く。
　　　「すぐ冷蔵庫に入れとくといいな」
　　　　　　　　　　　　　　　（山田太一『異人たちとの夏』p.156）

上の「といい」は「すぐ冷蔵庫に入れとく」という事態を条件接続形式の「と」で受け，それに対して「いい」という評価を与える形をとっている。

以下の形式も，事態を受ける接続形式と「いい，いけない，ならない」などの評価形式が複合したものであるという点で，「といい」と共通している。

(11) 「もうしばらく，三十分ぐらい横になった<u>方がいい</u>。…」

(宮部みゆき「たった一人」p.301)

(12) 「サークルには，そんな入り方を<u>してはいけない</u>わ」

(三浦綾子『続氷点(下)』p.79)

(13) 「義直くんのお父さんには，戦争中も，戦後の混乱の時代も，いろいろとお世話になった。私は恩を返さ<u>なければいけない</u>」

(宮本輝『花の降る午後』p.170)

(14) 評価的複合形式
　　　＝事態を受ける形式　　＋　　評価形式

$$\begin{bmatrix} 〜と，〜ば，〜たら， \\ 〜ては，〜ても， \\ 〜ほうが \end{bmatrix} \begin{bmatrix} いい， \\ いけない，ならない \end{bmatrix}$$

また，事態の末尾が「〜すると，〜しては」のように肯定形の場合と，「〜しないと，〜しなくては」のように否定形の場合があり，それぞれ当該事態の「成立」「不成立」を表す。これらの形と「いい，いけない」などの評価形式の組み合わせをおおまかに整理すると，次のようになる。

(15) 事態を受ける形式と評価形式の組み合わせ

(太字=評価形式)	事態Pの	評価形式の表す評価	意味による分類
Pと／ば／たら **いい**	成立	肯定評価される →	〈必要妥当系〉
Pほうが **いい**	成立	肯定評価される →	
Pても **いい**	成立	許容される [2] →	〈許容系〉
Pなくても **いい**	不成立	許容される →	〈不必要系〉
Pては **いけない**	成立	許容されない →	〈非許容系〉
Pなくては **いけない**	不成立	許容されない →	〈必要妥当系〉

---

[2]「(なく)てもいい」の「いい」が表す評価が「といい」「ほうがいい」などの場合と異なり「許容される」といったものになることについては4.3で詳述する。

このように評価的複合形式は，その成り立ちの中に，文字通りある事態に対する評価を述べるという意味関係を有した複合形式である。(6)で見た3つのグループの中でもっとも形式の数が多いだけでなく，使用頻度も話しことば，書きことばの区別に関わらず非常に高い。

こうした点から，この章では評価的複合形式を評価のモダリティの主要な部分を担うものと位置づけ，主な考察対象として詳しく観察することにしたい。そのことにより評価のモダリティ全体に共通する性格や問題点にも迫ることができると考える。

3. 評価的複合形式の全体に関わる問題

この節では，評価的複合形式の全体に関わるいくつかの問題を概観する。

具体的には，3.1で文法化の度合いの問題，3.2で基本的意味と二次的意味の区別の問題，さらに3.3で〈話し手の発話時の評価〉と〈客観的必要性・許容性〉の区別の問題について述べる。

3.1 文法化の度合い

評価的複合形式を考察するにあたって，まず考えなければならないのは，文法化の度合いという問題である。2.2の(15)の表で，評価的複合形式の成り立ちとその内部に有する意味関係を整理した。このような分析的な見方が可能なことは，内部の構成要素の独立度が高いということを意味する。つまり，評価的複合形式は，全般的に文法化の度合いが低いということである。

このことは，まず第1に評価的複合形式の認定の難しさにつながる。たとえば，「なくてはいけない」に近い意味を表す次のような表現がある。

(16) a. もっと勉強し<u>なければだめだ</u>。
　　　b. いっしょに行ってくれ<u>なきゃいやだ</u>。
　　　c. みんなに協力してもらわ<u>なくては困る</u>。

これらは事態を評価する部分に「だめだ，いやだ，困る」など，「いけな

い，ならない」より具体的な意味をもつ形式がきたものである。同様の表現は「大変だ」「どうしようもない」などほかにも考えられるだろう。こうした隣接，連続する表現の中でどこまでを評価的複合形式に含めるかという問題自体，議論の対象となりうる。そして，この問題は「なくてはいけない」に限らず，評価的複合形式一般に共通することなのである。実際，花薗悟(1999)のように「なければならない」「といい」などの，文法形式としての認定の問題を正面から扱った研究もある。

この章は文法形式の認定の問題を考えることを直接の目的とはしないので，ここでは深く立ち入らない。考察の対象をある程度限定するため，評価的複合形式と呼ぶのは，一応2.1であげたものに限ることにする。しかし，これらに隣接して，意味の具体性がより高く，文法化の度合いがより低い多くの表現が連続していることには注目しておかなければならない。さらに，花薗(1999)も示すように，この章で評価的複合形式と呼ぶものの中にも文法化の度合いの異なりが存在することには注意を要するだろう[3]。

文法化の度合いに関連して注意すべき第二の点に移ろう。評価的複合形式は，その文法化の度合いの低さのために，個々の複合形式の性質を記述する際，その構成要素の性質にさかのぼって考える必要が生じることが多い。

たとえば，「てもいい」（「なくてもいい」も含む）は(17)(18)のように2つの事態を並列させて「PてもQてもいい」の形で用いることが可能である。

(17) 要するに，結婚するか，しないかが問題なのではなく，<u>してもなくてもいい</u>から幸福な毎日を送ることが重要なのではないだろうか。　　　　　　　　　　　　　（松原惇子『クロワッサン症候群』p.245)

(18) 「私って理想は高くないんです。一流企業に勤めて<u>なくても</u>お金持ちで<u>なくてもいい</u>。背とか顔はどうでもいいんです。」

　　　　　　　　　　　　　（松原惇子『クロワッサン症候群』p.137)

---

[3] 花薗(1999)は，「なければならない」「なければいけない」「といい」「たらいい」「ばいい」の5形式を取り上げ，9つのテストの結果，文法化の度合いは「なければならない」がもっとも高く，以下「なければいけない」「といい」「たらいい」「ばいい」の順で低くなるとしている。

これは「てもいい」特有の性質であって，ほかの評価的複合形式ではこのような並列表現はできない。たとえば，(18)を「といい」や「なくてはいけない」に置き換えてみると，同様の並列表現が不可能なことがわかる。

(18') a. *一流企業に勤める<u>と</u>お金持ちだ<u>といい</u>。

b. *一流企業に勤めなく<u>ては</u>お金持ちでなく<u>てはいけない</u>。

「てもいい」のこのような性質は，条件接続形式「ても」の性質を引き継いだものであり，さらに言えば「も」の働きによるものである。

(19) このコップは叩い<u>ても</u>落とし<u>ても</u>割れません。

(19') a. *このコップは叩く<u>と</u>落とす<u>と</u>割れます。

b. *このコップは叩かなく<u>ては</u>落とさなく<u>ては</u>割れません。

このように評価的複合形式は1つの言語単位としての意味・機能をもちながら，一方では構成要素の性質を引き継いでいる。そうした両面性を考慮することが，これらの形式のきめ細かい記述には必要であろう。

3.2 基本的意味と二次的意味

2.1で触れたように，この章では形式の基本的意味と個々の使用における二次的意味は区別して考える。ここでは，評価的複合形式全体を通じて，どのような条件のもとでどのような二次的意味が生じるかをおおまかに見ておきたい。

基本的意味は当該事態に対する何らかの評価である。それからどのような二次的意味が派生されるかを決定するファクターとしては，少なくとも次の3つが考えられるだろう。

(20) 二次的意味を決定するファクター

① 当該事態の制御可能性

② 当該事態の実現状態

③ 当該事態の行為者の人称

①は，評価の対象となる当該事態が人の意志によってコントロールできるものとして捉えられているかどうかである。このファクターが〈当為判断〉，

すなわち,「何々するべきだ,何々するべきでない」といった,人の行為の必要性・許容性についての判断の意味が生じるか否かを決定する。そのような判断は,人が制御可能な事態においてはじめて可能だからである[4]。

②は,当該事態がまだ実現しておらず,これから実現するかどうか不明の状態(未実現と呼ぶことにする)なのか,それとも,現在までに実現したこと,もしくは,実現しなかったことがわかっている状態なのか(前者を既実現,後者を非実現と呼ぶことにする)である。2つのファクター①②は互いに独立の関係にある。

一方,③の行為者の人称というファクターは,当該事態が制御可能であり,その結果〈当為判断〉の意味が生じる場合にのみ問題となる。特に重要な点は,行為者が聞き手の場合に限り,〈当為判断〉からさらに働きかけ性,すなわち聞き手に何らかの行為を促したり,やめさせたりしようと働きかける機能が生じるということである。

以上の3つのファクターの関係を整理すると(21)のようになる。

(21)

		①当該事態の制御可能性	
		制御可能→○〈当為判断〉	制御不可能→×〈当為判断〉
②当該事態の実現状態	未実現	③行為者の人称 ┬ 聞き手　　→○働きかけ性 └ 聞き手以外→×働きかけ性 (a)	(c)
	既実現／非実現	③行為者の人称 ┬ └ (b)	(d)

(21)は基本的な枠組みであり,空白部分は後で埋める。以下では評価的複合形式のうち「ばいい」を例にとろう。4.3で詳しく述べるが,「ばい

---

[4] 事態の制御可能性と動詞の意志性とは区別する。「お客さんがおおぜい来るといいな」の「来る」は意志的な動詞だが,「お客さんがおおぜい来る」という事態は制御不可能な事態と捉えられていると見る。

い」の基本的意味は「当該事態をある特定のよい結果を得るための必要十分な手だてとして評価する」ことである。つまり、おおまかには、当該事態に対する肯定評価だといえる。そのような基本的意味から3つのファクターによって二次的意味がどのように分化していくかを表の (a) 〜 (d) の順に見ていくことにする。

まず、(a) のケースである。当該事態が制御可能であるため〈当為判断〉の意味が生じ、かつその事態が未実現である場合である。

(22) ［ＯＬの独話］「今の会社が嫌になったらとらばーゆで次の就職先を探せばいいわ」　　　　（松原惇子『クロワッサン症候群』p.229)
(23) 「いいですね、男の方は。私にはとても出来ないわ」
「やればいい。たかがテレビじゃない、そんなにムキになることないよ」　　　　（向田邦子『向田邦子全対談』p.25)

この場合、さらに行為者の人称が問題になり、(23) のように行為者が聞き手である場合には働きかけ性が生じる。「ばいい」について言えば〈勧め〉の文になる。〈勧め〉とは、聞き手に利益をもたらすと想定される行為を行うように働きかける行為要求である[5]。

もっとも、〈当為判断〉の文が〈勧め〉として機能するのは行為者が聞き手である場合だけに限らない。たとえば、(24) は行為者が不特定で一般的な事柄としての〈当為判断〉を述べたものである。

(24) 太りたくなければ、食べなければいい。

(24) のような文も、現に太りたくないと言っている聞き手に対して発せられれば、結果的に〈勧め〉として機能するだろう。この機能は、聞き手が「Ｘは何々すればいい」という一般的な〈当為判断〉と「私（聞き手）はＸに該当する」という状況の両者から推論する結果、生じるものだと考えられる。つまり、より厳密に言えば、〈当為判断〉から働きかけ性が生じるのは、当該事態の行為者が聞き手である場合と、行為者が不特定の集合Ｘであって、その中に聞き手が含まれる場合の2通りある。

---

[5] 本書第2章4.4も参照のこと。

さて，次に(b)のケースを見る。当該事態が制御可能であるため〈当為判断〉の意味が生じる点は(a)と同様であるが，事態の実現状態が異なる。

(25) ［娘が変死して，父親が］「せめてもう少しまめに電話でもかけてやれ<u>ればよかった</u>んですが……」
(夏樹静子「女子大生が消えた」p.153)

(26) ［宴会に出てこない相手に］「おかしな奴だな。そんなに近くにいるなら，ここに来れ<u>ばいい</u>じゃないか」
(林真理子『満ちたりぬ月』p.257)

(25)では，その事態が過去において実現されなかったことが，(26)では，現在において実現されていないことが表されている。このように肯定評価される事態が非実現である場合，評価に反する成り行きが述べられることから，遺憾のニュアンスが生じる。詳細に見るならば，ここで再び③の行為者の人称によって意味が分かれる。すなわち，行為者が(25)のように話し手自身の場合，〈後悔〉の意味になり，(26)のように話し手以外の場合は〈不満〉の意味になる。

次に，(c)のケースを見る。当該事態が制御不可能であるため〈当為判断〉にならず，かつその事態が未実現の場合である。

(27) 「(略)彼女の本音は，そろそろいいかげんで兄が逝ってくれれ<u>ばいい</u>が，というふうに変わってきてたんじゃないかと思うんですよ」
(夏樹静子「死なれては困る」p.78)

このケースでは「ばいい」は(27)のように〈願望〉を表すことになる。

最後に，(d)のケースを見よう。当該事態がもともと制御不可能で〈当為判断〉にならない点は(c)と共通するが，事態の実現状態が異なる。

(28) 話が中途で達夫が目を覚ましかけると，もう少し眠っていてくれれ<u>ばいい</u>のに，と思ったこともあった。(向田邦子「三角波」p.58)

このように当該事態が非実現であると，(c)のケースのような単純な〈願望〉とは異なり，〈不満〉のニュアンスが感じられる。(b)のケースと同様に，望ましい事態が実現しないことからそのような意味が生じるのである。

以上を整理すると次のようになる。

(29) 「ばいい」の意味の分化

基本的意味：当該事態をある特定のよい結果を得るための必要十分な手だてとして評価する。（→肯定評価）

二次的意味：①から③のファクターによって次のように分化する。

		①当該事態の制御可能性	
		制御可能→○〈当為判断〉	制御不可能→×〈当為判断〉
②当該事態の実現状態	未実現	③行為者の人称 ┌聞き手　　　→○働きかけ性 ├　　　　　　→　〈勧め〉 └聞き手以外→×働きかけ性 (a)	〈願望〉 (c)
	非実現	③行為者の人称 ┌話し手　　　→〈後悔〉 └話し手以外→〈不満〉 (b)	〈不満〉 (d)

　以上は「ばいい」を例にとって見たが，このような二次的意味の分化のしかたの大部分は評価的複合形式全体に共通する。すなわち，第1に，当該事態が制御可能な場合には〈当為判断〉を表すこと。第2に，〈当為判断〉を表す場合のうち，その事態が未実現で，かつ行為者が聞き手の場合には働きかけ性が生じること。第3に，事態が非実現または既実現の場合は，〈後悔〉〈不満〉の意味が生じること。以上の3点である。

　第3の点について補足する。「ばいい」や「なくてはいけない」などの〈必要妥当系〉と「てもいい」などの〈許容系〉の形式では，その事態が非実現の場合に〈後悔〉〈不満〉の意味が生じる。一方，「なくてもいい」などの〈不必要系〉と「てはいけない」などの〈非許容系〉の形式の場合は，逆に，既実現つまりその事態が実際に実現した場合に〈後悔〉〈不満〉の意味が生じることになる。

　上述の共通部分以外は，形式ごとに事情が異なる。まず，働きかけ性を帯びた場合の具体的な機能である。「ばいい」の場合は〈勧め〉になったが，

「てもいい」の場合は〈許可〉,「てはいけない」の場合は〈禁止〉といったように，各形式の基本的意味によって異なる機能をもつ。また，当該事態が制御不可能でかつ未実現の場合に生じる意味も形式ごとに異なる。「ばいい」では〈願望〉の意味が生じたが，たとえば,「てもいい」では〈許容〉,「てはいけない」では〈危惧〉の意味になる。

以上，評価的複合形式の二次的意味の分化のしかたを概観した。形式ごとに異なる点については，4. であらためて詳しく見ることにしたい。

3.3 〈話し手の発話時の評価〉と〈客観的必要性・許容性〉

評価的複合形式を記述するにあたって必要な視点の3つめに移る。

あらためて言うまでもないが，評価のモダリティとは心的態度の表現である。前節で見た基本的意味およびそこから派生する二次的意味は，話し手の心的態度つまり主観に属するものである。しかし，評価的複合形式の多くはこのような主観的領域だけでなく，客観的領域を表す側面ももっている。

たとえば，次の2つの「てはいけない」を比べてみよう。

(30) 「僕みたいな平凡な男が，こんなことをしてい<u>ちゃいけない</u>と思う。(略)」　　　　　　　　　　(林真理子「幻の男」p.98)

(31) 「だって，りょ，寮の中で酒飲ん<u>じゃいけない</u>のって，き，き，規則だろう」　　　　(村上春樹『ノルウェイの森(上)』p.80)

(30) の「てはいけない」は「僕みたいな平凡な男がこんなことをしている」という事態に対する話し手自身の発話時の評価を表していると言える。一方，(31) の「てはいけない」はそうではない。「寮の中で酒を飲む」ことが「規則」で禁じられていることを表しているに過ぎない。

この問題には，森山卓郎 (1997a) も次のような例をあげて触れている。

(32) a. 学生は平和について考え<u>なければならない</u>。　(＝〜と思う)
b. 転入者は1週間以内に届けを出さ<u>なければならない</u>。
　　　　　　　　　　　　　　　　　　　　　　(≠〜と思う)

(32a) は話し手の「主観的な判断」を表しているのに対し，(32b) はたとえ

ば大学の規則といった「客観的な規制内容」を表している。そのため，「と思う」を付加した場合，(32a)は意味が変わらないが，(32b)は確実性の上で意味が変わってしまうというのが森山(1997a)の指摘である。

「なければならない」「てもいい」などにこのような2つの側面を認める見方は，奥田靖雄(1988)，丹羽哲也(1991)などにも見られる。奥田(1988)は「てもいい」がもつ主観・客観の2側面を〈私の論理〉〈状況の論理〉ということばで表現している。丹羽(1991)は「なければならない」について(33)のように2つの区別を認めているが，(33a)は森山(1997a)の「主観的判断」に，(33b)は「客観的規制内容」にそれぞれ重なるものと思われる。

(33) a. 逃がしたか。今度は捕まえなけりゃいけないよ。

(発話時の判断)

b. あそこは入場料を払わなきゃいけないよ。(知識表明)

実際，評価的複合形式が表す意味を記述する際には，このような2側面の区別は無視できないと思われる。なぜなら，たとえば次のようなケースが想定できるからである。

(34) A「ここでお酒を飲んでもいいですか？」

a. B「#飲んではいけません。でも，今はいいですよ」

b. B「規則では，飲んではいけません。でも，今はいいですよ」

(34a)は2つの文の連鎖として不適であるが，これはこの文脈で「てはいけない」が裸で用いられると，通常話し手自身の発話時の評価として解釈され，結果的に〈禁止〉として機能するため，第2文の〈許可〉と矛盾するからである。それに対して，(34b)の2つの文は問題なく受け入れられる。これは第1文に「規則では」が存在することから「てはいけない」がたとえば寮の規則といった客観世界における規範を伝えているに過ぎないと解釈される，つまり第1文自体が直接的な〈禁止〉ではない[6]ため，第2文の〈許可〉と矛盾しないからであろう。

---

[6] 第1文が〈禁止〉の機能をもちえないということではない。規則などの客観的な規範を述べることにより，間接的に相手の行為を禁止することはもちろん可能である。

次のような例も (34b) と同様のものと考えられる。

(35)　**向田**　(略)私たちの時代は，学校で見ていいという映画以外は見ちゃいけなかったんです。ですから，そのあと『民族の祭典』だけでしたね，外国映画は。(略)

(向田邦子『向田邦子全対談』p.253)

(36)　ためしに風船をふくらませてみよう。はじめはずいぶんと力んで息を吹き込まなければいけないが，ある程度ふくらんでくると，あとは楽に大きくできる。直径が大きくなればなるほど，ふくらます圧力は少なくてすむからである。

(本川達雄『ゾウの時間ネズミの時間』p.148)

(37)　「年取るとね，それほど食べなくてもいいように体がかわってくるのよ」　　　(村上春樹『ノルウェイの森(上)』p.194)

(35)では「私たちの時代」において「学校で見ていいという映画以外を見ること」が許容されなかったこと，(36)では「新しい風船を息でふくらますという行為」において「ずいぶんと力んで息を吹き込む」ことが必要であること，(37)では「年を取った体のしくみ」において「たくさん食べる」ことが不必要であることが述べられている。

このように「なくてはいけない」などの評価的複合形式は，話し手の発話時の評価という純粋な主観を表す場合がある一方で，客観世界の秩序，しくみ，事情などのあり方として，ある事態が必要・不必要である，また許容される・許容されないということを描写する場合がある。ここでは前者を〈話し手の発話時の評価〉，後者を〈客観的必要性・許容性〉と仮称しておく。たとえば，(35)は〈客観的非許容〉，(36)は〈客観的必要〉，(37)は〈客観的不必要〉と呼ぶ。

もっとも，〈話し手の発話時の評価〉と〈客観的必要性・許容性〉は常に明確に区別できるわけではなく，どちらとも解釈できるような場合もある。しかし，この区別がやはり必要なものだと思われるのは，両者が明らかな対立を見せる場合があるからである。それはタ形で用いられた場合である。以

下,「なくてはいけなかった」を例にとって見よう。

(38) 昨日は歯医者に行か<u>なくてはいけなかった</u>。それで,仕事を中断して,行った。

(38)は「と思う」が付加できないことから,発話時の判断でないことがわかる。過去の時点で「歯医者に行く」という事態が必要であったことを描写しているのであり,この章でいう〈客観的必要〉に該当する。この場合,「なくてはいけない」は,その事態が実際に実現したかどうかについて中立的である。(38)は実現した場合であるが,次のように実現しなかったという文脈に変えても,問題ない。

(39) 昨日は歯医者に行か<u>なくてはいけなかった</u>。しかし,仕事に追われていたので,行かなかった。

一方,次の(40)は性格が異なる。

(40) 今日は虫歯の痛みがひどい。やはり昨日のうちに歯医者に行か<u>なくてはいけなかった</u>。

(40)では,当該事態「昨日のうちに歯医者に行く」が実現しなかったという読みしかできず,同時に〈後悔〉のニュアンスが感じられる。この場合は,「と思う」が付加できることからわかるように,〈話し手の発話時の評価〉である。つまり,過去において実現しなかった当該事態を,必要だと話し手が発話時において評価することから〈後悔〉の意味が生じているのである。

以下に実例もあげておこう。

(41) 日本を発つとき久は,弥太郎とあい子に相当な額の生活費を置いてこ<u>なければならなかった</u>。だから彼女自身は帰りの旅費と,当座の金を持って出ただけである。

(中村紘子『ピアニストという蛮族がいる』p.187)

(42) しかしそうなった責任の一端は,野党にもあったのではないか。保守政治の行き詰まりは野党にとって好機だったはずだ。野党もまた改革案をつくってそれを世間に発信しなければならな<u>かった</u>。その力量と鋭敏な感覚とを欠いたため中曽根手法の独走を許

したのではないだろうか。

(『朝日新聞』1987.10.27 朝刊 p.5「社説」)

(41) は過去の必要性を描写した〈客観的必要〉の例である。一方、(42) は (40) と同様の〈話し手の発話時の評価〉である。ただし、行為者が話し手でないために、〈後悔〉ではなく〈不満〉の意味になっている。(42) には「と思う」が付加できるが、(41) にはできない。

このように「なくてはいけない」がタ形で用いられ、かつ〈話し手の発話時の評価〉を表す場合、必ず〈後悔〉もしくは〈不満〉の意味になるが、ほかの評価的複合形式にも同様のことが言える。

(43) a. タクシーで行けばよかった。
b. タクシーで行ったほうがよかった。
c. タクシーで行ってもよかった。
d. タクシーで行かなくてもよかった。
e. タクシーで行ってはいけなかった。

3.2 で見たとおり、いずれの場合も、当該事態に対する話し手の評価と現実の成り行きが相反するところから、〈後悔〉や〈不満〉の意味が生じるのである。

以上、〈話し手の発話時の評価〉と〈客観的必要性・許容性〉の区別について確認した。評価的複合形式のうち、この2側面をもつのは「てもいい」「なくてもいい」「てはいけない」「なくてはいけない」である。「といい」「ばいい」「たらいい」「ほうがいい」には基本的に〈客観的必要性・許容性〉を表す用法はない。

4. 個々の評価的複合形式の基本的意味と二次的意味

この節では、個々の評価的複合形式について詳しく述べる。それぞれの形式の基本的意味を捉えたうえで、さまざまな使用条件において生ずる二次的意味も見ていきたい。

4.1 「といい」「ばいい」「たらいい」

　最初に「といい」「ばいい」「たらいい」を取り上げる。すでに3.2で「ばいい」の意味の分化のしかたを見たので，ここでは主として，類義関係にある3形式の間の違いに注目していくことにする。

　　　(44)　若さを保ちたければ，趣味を{もつといい／もてばいい／もったらいい}。

　　　(45)　早く涼しく{なるといい／なればいい／なったらいい}ですね。

(44)は，「趣味をもつ」という制御可能な事態が肯定評価されているため，〈当為判断〉の意味になる。当該事態が聞き手の行為であれば，そこから〈勧め〉の機能が生じる。一方，(45)の「早く涼しくなる」は制御不可能な事態であるため，〈願望〉の意味になっている。

　しかし，これら3形式は常に同様に使えるわけではない。

　たとえば，(44)では「といい」と「ばいい」「たらいい」の間には意味の差異が感じられる。つまり，「といい」を使うと，当該事態「趣味をもつ」が単純に望ましいこととして提示されるのに対し，「ばいい」「たらいい」を用いた場合は，特定のよい結果(「若さを保つ」)を得るための手だてとして，当該事態「趣味をもつ」が必要十分であるという意味になるだろう。

　このような意味の違いのため，文脈によっては，置き換えができない場合もある。たとえば，次の(46)では「といい」のみが自然であるし，逆に(47)では「ばいい」「たらいい」のほうが自然である。

　　　(46)　[博多のバーのママが観光客にむかって]
　　　　　「長浜へ行ったら，絶対に替え玉っていうのをやる<u>といい</u>わよ」
　　　　　　　　　　　　　　　　　　　(林真理子「美食倶楽部」p.85)

　　　(46')　絶対に替え玉っていうのを{?? やればいい／?? やったらいい}わよ。

　　　(47)　「お客さまは二人が限度なの」と智子も友人相手のような口をきいた。「三人になったら，もう一人座れないでしょう」
　　　　　「じゅうたんに座れ<u>ばいい</u>わ。テーブルも低いし」

(山田太一『丘の上の向日葵』p.237)

(47') じゅうたんに{?座るといい／座ったらいい}わ。

　(46)は当該事態「替え玉をやる」を単純に望ましいこととして提出する文脈であるため「といい」のみが適切であるのに対し、(47)は当該事態「じゅうたんに座る」が「一人座れない」という問題を解決するために必要十分な手だてであることを述べる文脈であるため「ばいい」「たらいい」の方がふさわしいのである。

　上のような違いは、次のような補充疑問文で「といい」のみが使いにくいことと密接に関係する。

(48) 日本語が上手になりたいんですが、どう{すれば／したら／??すると}いいですか。

　このような「といい」対「ばいい」「たらいい」の異なりは、条件接続形式「と、ば、たら」の性質の違いによるものと考えられる。すなわち、次のようないわゆる前件に焦点のある条件文では、「ば」と「たら」が使え、「と」は使えない。

(49)　A　「田中さんの住所は、だれに{聞けば／聞いたら／??聞くと}、分かりますか？」
　　　B　「山本さんに{聞けば／聞いたら／??聞くと}、分かりますよ」

このような条件接続形式の性格が評価的複合形式「といい」「ばいい」「たらいい」に受け継がれているのである。

　以上の観察から、「といい」と「ばいい」「たらいい」の基本的意味は次のようなものと考えられる。

(50)　「といい」の基本的意味
　　　　：当該事態を単純に望ましいものとして評価する。
　　　「ばいい」「たらいい」の基本的意味
　　　　：当該事態をある特定のよい結果を得るための必要十分な手だてとして評価する。

　(50)のような基本的意味の違いから二次的意味にもいくつかの異なりが

生じてくる。〈勧め〉として機能する場合の違いは，上で(44)を例に述べたとおりである。

　また，「ばいい」「たらいい」は，次のように当該事態が非実現で〈後悔〉や〈不満〉を表す場合があるが，これらは「といい」には置き換えにくい。

　　(51)　こんな調子ですから，約二十五年，主婦として暮らしているのに，今頃になって「あ，こうすればよかった。どうしてもっと早く気がつかなかったんだろう」と悔やむことばかりです。
　　　　　　　　　　　　　　(風間茂子『なるほど家事の面白ブック』p.267)
　　(51')　?あ，こうするとよかった。
　　(52)　「あんた，そんなに心配なら，自分で調べてみたらいいじゃないですか」　　　　　　　　　　(三浦綾子『広き迷路』p.192)
　　(52')　?自分で調べてみるといいじゃないですか。

こうした場合に「ばいい」「たらいい」が適するのは，当該事態が実現しないことに対する〈後悔〉や〈不満〉というものが，単にそれが望ましいというだけでなく，何らかの結果を得るために必要だという場合にこそ引き起こされやすいからであろう。

　一方，当該事態が制御不可能で〈願望〉の意味になる場合，これらの形式間の違いはあまり感じられないことが多い。

　　(53)　「新しい街に，またすてきな給食室があるといいですね」
　　　　　　　　　　　　　(小川洋了「夕暮れの給食室と雨のプール」p.191)
　　(53')　新しい街に，またすてきな給食室が{あればいい／あったらいい}ですね。

しかし，〈願望〉の意味であっても，やはり置き換えのきかないケースはある。(53)のように単純に当該事態の実現を望むのと違い，何らかの結果を得るためにその事態の実現が必要だということを述べるような場合，やはり「といい」は使いにくいようである。次の(54)はそのような例だと思われる。

　　(54)　［語り手は警備員の小松が競馬中継を見ている間にビルを抜け出

すつもりである〕　この時間帯に小松が競馬中継から気をそらすというのは，火事か地震でも起きなければありそうにない。火事と大地震が起きなければ<u>いい</u>，などというのは，負けるはずのない賭けだった。　　　　　　　　　　（有栖川有栖「落とし穴」p.24)

(54′)　火事と大地震が {?? 起きないといい／起きなかったらいい}。

このように「といい」と「ばいい」「たらいい」の基本的意味の違いは，その用法全体にわたって影響を及ぼしていると言える。

4.2　「ほうがいい」

「ほうがいい」[7]の基本的意味をまず考える。

「ほうがいい」は，当該事態に対して肯定評価を与える形式であるという点で「といい」「ばいい」「たらいい」と共通する。しかし，複合形式としての意味には当然ながら異なりがある。

「ほうがいい」はもともと2つのものを比較する比較構文からできた形式である。そのことは，次のように共起する疑問語に制限があることからも裏づけられる。

(55)　*何で行った<u>ほうがいい</u>ですか？

(56)　車と電車とどちらで行った<u>ほうがいい</u>ですか？

「ほうがいい」は「どこ」「何」「だれ」などを疑問語とする疑問文では使えず，「どちら」「いずれ」など二者からの選択に用いられる疑問語とのみ共起するのである。

実際，「ほうがいい」を「QするよりPするほうがいい」という比較構文で使うことも可能である。

(57)　車で行くより電車で行った<u>ほうがいい</u>ですよ。

また，次のように文脈の中にほかの事態Qが存在している場合もあるだろう。

---

[7]　「ほうがいい」に前接する動詞はル形の場合とタ形の場合があるがここでは区別せずに扱う。両者の細かい違いについては，高梨信乃(1999)に記述がある。

(58)　A　「車で行こうと思っているんだけど」
　　　　B　「いや，電車で行った<u>ほうがいい</u>ですよ」

(58)は(57)のように明確な比較構文は取っていないが，(57)と同様に扱えると思われる。このような場合の「ほうがいい」は「ほかの事態Qと比べて当該事態Pがより望ましい」という，まさに比較表現として用いられていると言えるだろう。

(59)　比較表現「QするよりPするほうがいい」
　　　　：当該事態Pをほかの事態Qに比べてより望ましいものとして評価する。

しかし，「ほうがいい」の用例には(59)に示したような明確な比較表現とはやや異なるものも多い。たとえば，次の(60)である。

(60)　「でも永沢さん，ハツミさんのこと大事にした<u>方がいい</u>ですよ。あんな良い人なかなかいないし，あの人見かけより傷つきやすいから」　　　　　　　　　　　(村上春樹『ノルウェイの森（下）』p.169)

(60)であえてほかの事態Qを想定するとすれば，それは当該事態P（「ハツミさんのことを大事にする」）の反対の事態〜P（「ハツミさんのことを大事にしない」）かもしれない。しかし，Pと〜Pから次のような比較構文を作ると，もとの文とは意味の異なるものになってしまうからである。

(60')　ハツミさんのこと大事にしない<u>より</u>，大事にした<u>方がいい</u>ですよ。

述語の肯否が逆になった場合も同様である。たとえば，(61)と(61')は意味が異なるだろう。

(61)　「君は大切な身体だから，無理して動かない<u>方がいい</u>よ」
　　　　　　　　　　　　　　　　(小川洋子「妊娠カレンダー」p.20)

(61')　無理して動く<u>より</u>，動かない<u>方がいい</u>よ。

(60)(61)のような「ほうがいい」は評価的複合形式として文法化が進んだものであり，(59)で示した単純な比較表現とは別の意味規定が必要だと思われる。以下，「といい」「ばいい」などと比べることにより考えてみよう。

(62) a. 駅へ行くなら，タクシーに乗った<u>ほうがいい</u>。
　　 b. 駅へ行くなら，タクシーに｛乗るといい／乗ればいい｝。

(62a)が(62b)と異なる点は，当該事態P「タクシーに乗る」の実現を望ましいこととして述べるだけでなく，その反対の事態〜P「タクシーに乗らない」が実現した場合の悪い結果を想像させる点だと思われる。たとえば，次のような文を後続させてみると違いがわかりやすい。

(62') a. 駅へ行くなら，タクシーに乗った<u>ほうがいい</u>。でないと，時間がかかりすぎる。
　　 b. 駅へ行くなら，タクシーに｛?乗るといい／??乗ればいい｝。でないと，時間がかかりすぎる。

つまり，このような「ほうがいい」は単に当該事態Pを望ましいものとして評価するだけでなく，反対の事態〜Pを望ましくないものとして評価する含意をもつということであろう。

(63) 評価的複合形式「Pするほうがいい」
　　　：当該事態Pを望ましいものとして評価すると同時に，それと反対の事態〜Pを望ましくないものとして評価する。

このような，反対の事態に対する否定的な評価をいわば裏の意味としてあわせもつ点が「ほうがいい」を「といい」「ばいい」などと分け隔てる特徴だと考えられる。次の2例は，この裏の意味の存在がわかりやすい例である。

(64) ［知世子は先生が出席をとった時，まだ登校していなかった］
　　　知世子　「おはよう」
　　　志摩子　「職員室行った<u>方がいい</u>んじゃないの？　欠席のままになっちゃうよ」　　（じんのひろあき「櫻の園」p.218）
(65) 　　　さとみ，バッグを手に席を立つ。
　　　リ　カ　「気をつけた<u>方がいい</u>よ，さとみちゃんがいない間にカンチ，インドから取り寄せた幻の惚れ薬，料理ん中入れるかも」
　　　　　　（柴門ふみ(原作)・坂元裕二(脚本)『東京ラブストーリー』p.36)

(64)(65)の話し手の意図は「当該事態が実現すると良い結果になる」というより，むしろ「当該事態が実現しないと悪い結果になる」ことを伝えることにあるのではないか。いわば，次のような表現にかなり近い意図であるように感じられるのである。

　(64') 　職員室へ行かないと，欠席のままになっちゃうよ。

　(65') 　気をつけないと，カンチが惚れ薬を入れるかも。

これらの例を「といい」「ばいい」などに置き換えることはできない。「といい」「ばいい」などが聞き手に対する〈勧め〉として機能するのに対し，(64)(65)のような「ほうがいい」は〈勧め〉というより，悪い結果に陥らないように聞き手に注意を促す〈警告〉に近いと思われる。先に見た(60)(61)も同様の例であろう。

　以上の考察をまとめておく。「ほうがいい」はもともと比較表現から成り，2つの事態を比較する用法をもつ。だが，評価的複合形式としての文法化が進んだ結果，(63)で規定したような独自の意味ももつに至っており，両者は区別が必要だということである。つまり，以下のように整理できる。

　(66)　評価的複合形式「Pするほうがいい」の基本的意味
　　　　：当該事態Pを望ましいものとして評価すると同時に，それと反対の事態〜Pを望ましくないものとして評価する。
　　　　例）タクシーで行ったほうがいい。
　　　　　　（裏の意味：タクシーで行かないと，まずい）
　　　　比較表現「QするよりPするほうがいい」
　　　　：当該事態Pをほかの事態Qに比べてより望ましいものとして評価する。
　　　　例）バスで行くより，タクシーで行ったほうがいい。

もっとも，すでに述べたように比較表現の「ほうがいい」が「〜より〜ほうがいい」といった比較構文をとらないこともあるので，上記の2種類の「ほうがいい」の区別は明確ではない。多くの場合文脈によって解釈が決まるが，どちらにも解釈できるケースもあると思われる。こうした曖昧ともい

える用法のあり方こそ「ほうがいい」の文法化の度合いを物語っていると言えるかもしれない[8]。そのため，聞き手への働きかけとして用いられる場合にも生じる意味に幅があり，文脈によって〈勧め〉にも〈警告〉にもなりうるのである。

なお，(67)のように当該事態が非実現の場合，〈後悔〉〈不満〉の意味になる点は，「といい」などと共通する。

(67) ［タクシーで渋滞に巻き込まれて］
　　　こんなことなら，電車に乗ったほうがよかった。

以上では「ほうがいい」が制御可能な事態について用いられ〈当為判断〉を表す場合を見てきたが，制御不可能な事態について用いられる場合はどうであろうか。

「といい」などが制御不可能かつ未実現の事態について用いられて〈願望〉を表している例を「ほうがいい」に置き換えると，通常，不自然になる。

(68) 明日天気に｛なるといい／なればいい／なったらいい｝ね。
(68') ??明日天気になったほうがいいね。

しかし，「ほうがいい」が〈願望〉の意味で使えないわけではない。たとえば次のような文脈では問題なく使えると思われる。

(69) A 「明日天気になるといいね」
　　　B 「ううん，暑いのは苦手だから，雨が降ったほうがいいよ」

(69)では「天気になる」という事態と比較して「雨が降る」という事態がより望ましいとされている。やはり「ほうがいい」の比較という性質のため，制御不可能な事態の成り行きが2通りに想定されているような場合には自然になるのである。次も同様の例だと思われる。

---

[8] なお，比較表現の「ほうがいい」の中の一種として「QするくらいならPするほうがいい」という表現もある。本来望ましくないPをQより相対的に「いい」と評価することによって，Qが絶対的に望ましくないことを表す表現である。
・「いやよ，絶対にいや！……また社宅に入るくらいだったら……そんなことなら，何もかもお終いにしてしまったほうがいいわ！」（夏樹静子『家路の果て』p.231）
同じ意味で「ほうがまし」が使われることも多い。安達太郎(2001)も参照のこと。

(70) 勘定をすませ，フロントからロビーをドアの方へ向かいかけると，入ってくる間宮に気づいた。急に方向をかえるのもおかしく，私は曖昧に立止まって，自動ドアを入ってくる間宮を見ていた。気がつかなければ気がつかない<u>方がいい</u>，と思った。

(山田太一『異人たちとの夏』p.138)

上のように，「ほうがいい」も，「といい」などと同じく，当該事態が制御不可能な場合は〈願望〉を表すと言える。

4.3 「てもいい」

「てもいい」についても，まず基本的意味を考えよう。

「てもいい」の評価形式「いい」は「といい」や「ほうがいい」と共通である。しかし，「てもいい」が表す評価は，「といい」「ほうがいい」のような肯定評価とは異なるものだろう。それは条件接続形式「ても」の性格から生じる違いである。

前田直子(1993)は条件接続形式「ても」を詳細に分析し，「ても」の用法は大きく並列条件と逆条件に分けられ，両者は連続しているということを指摘している。

(71) 3を二乗すると(し<u>ても</u>)9になるし，−3を二乗し<u>ても</u>9になる。　　　　　　　　　　　　　　　　　　　　　〈並列条件〉

(72) 「このカメラ，水にぬれたら，こわれてしまいますか」
　　「いいえ，防水ですから，ぬれ<u>ても</u>，こわれません」　〈逆条件〉

さらに，前田(1993)は，通常の場合((71)のように明示的な並列の場合を除き)，「ても」は逆条件の読みが優先されることを，そのメカニズムも含めて明らかにしている。

「てもいい」にも，「ても」の2つの用法に平行して，並列条件的なものと逆条件的なものがあると思われる。

(73) 動物園へはバスで行っ<u>てもいい</u>し，地下鉄で行っ<u>てもいい</u>。

(74) 明日は日曜だから，昼まで寝てい<u>てもいい</u>。

いずれも当該事態に「いい」という評価を与えているわけだが，(73)と(74)では評価の意味が異なるであろう。(73)は「バスで行く」「地下鉄で行く」という2つの事態にともに肯定評価を与えている。つまり，次のaとbのような2つの文を合わせたものと言える。

(73') a. 動物園へはバスで行く<u>といい</u>。
　　　 b. 動物園へは地下鉄で行く<u>といい</u>。

　しかし，実際の「てもいい」の用法では(73)のような例は少なく，(74)のようなものが大部分である。(74)の「いい」は肯定評価というより「許容」といった消極的な認め方にとどまっているだろう。逆条件的とは，通常肯定評価の対象にならないような事態((74)では「昼まで寝ている」)をあえて「いい」と述べることであり，そこから文字通りの「肯定」ではない消極的なニュアンスが生じるものと思われる。

　「ても」で逆条件の読みが優先されることに平行し，「てもいい」も通常は「許容」と解釈される。(73)のように明示的に事態が並列している場合はむしろ例外として別扱いが必要だと思われる。

　以上のことから，「てもいい」の基本的意味は次のように捉えられる。

(75)　「てもいい」の基本的意味
　　　　：当該事態が許容されるという評価を表す。

　では，次に使用条件によって生じる二次的意味を見ていこう。
　まず，当該事態が制御可能である場合には，ほかの評価的複合形式と同様に〈当為判断〉が表される。さらに働きかけ性を帯びると，「てもいい」は聞き手に〈許可〉を与える文になる。

(76)　「私，もうそろそろ帰らなくっちゃ」絵美子が立ち上がる。
　　　　　「あら，泊まっていっ<u>てもいい</u>のよ。ここは気兼ねがいらないんだから」　　　　　　　　　（林真理子『満ちたりぬ月』p.11）

次のような質問文の場合，話し手の行為を聞き手が許容できるかどうかを尋ねることにより，聞き手に〈許可〉を求める文になる。

(77)　「ちょっと試食させてもらっ<u>てもいい</u>ですか」彼女は遠慮深く近

寄ってきた。　　　　　　　　　（小川洋子「妊娠カレンダー」p.46）

　一方，(78)のように行為者が話し手自身である場合は，話し手のその行為を行う意向を表すことになる。

(78)　「冬美，君の部屋まで送って行こうか。泊まっ<u>てもいいんだ</u>」

　　　　　　　　　　　　　　　　（三浦綾子『広き迷路』p.65）

ただし，意向と言っても，あくまで「その行為を行うことが許容できる」という消極的な意向の表明にとどまる点で，意志形「しよう」などが表す意志とは異なるだろう。

　次に，当該事態が制御不可能かつ未実現の場合を見よう。

(79)　パンくずが虫歯の洞穴のなかでドンドンむれていっ<u>てもいい</u>。ただ口に味覚があればいいのだ。　　　　（奥田靖雄(1988)p.20）

このような場合，「てもいい」はその基本的意味そのままに〈許容〉ということばがふさわしい意味を表すことになる。

　次は，当該事態が非実現であるため〈不満〉や〈後悔〉が表された例である。

(80)　「それにしても，お前さん冷たかったぜ。一緒にメシを食いに行っ<u>てもよかった</u>んじゃないか。待ってましたとばかりに帰してさ」　　　　　　　　　　　　　（林真理子『満ちたりぬ月』p.64）

(81)　講演でもそうだ。はじめは厭だ厭だと思う。壇上にあがっても，しばらくは震えている。ところが，終って拍手があって控室にもどってくると，あと十五分ぐらい話してい<u>てもよかった</u>なと思ったりする。　　　　　　　　（山口瞳『酒呑みの自己弁護』p.68）

当該事態が許容されるものであるにも関わらず，現実には実現されていないことから〈不満〉〈後悔〉の意味が生じるのである。

　さらに，3.3で見たように，「てもいい」は〈客観的許容〉を表すことができる。

(82)　だから，海水着を持ってきた子は，着<u>てもよかった</u>し，今日みたいに，急に「泳ごうか？」となった日は，用意もないから，裸でかまわなかった。　　　（黒柳徹子『窓ぎわのトットちゃん』p.80）

(82)は当該事態が客観世界の規範や状況の上で許容されることを描写しているにすぎない。客観世界で許容されるということは，可能であるということにつながっていく。(82)を次のように言い換えても大きな意味の変化はないだろう。

　　(82')　海水着を持ってきた子は，着ることができた。

　なお，ここで「ていい」という形式に簡単に触れておく。「ていい」は「てもいい」の類義形式とされることが多いが，「ていい」に置き換え可能なのは，「てもいい」の用法の一部に過ぎない[9]。やはり構成要素である「ても」と「て」の違い（「も」の有無）が両複合形式の基本的意味を性格の異なるものにしているのだと考えられる。

4.4　「なくてもいい」

　「なくてもいい」は「てもいい」の受ける述語が否定形になったものである。「なくてもいい」の基本的意味は「てもいい」の意味から次のように説明できるだろう。

　　(83)　　Pしてもいい…「Pが許容される」
　　　　　　Pしなくてもいい…「~P（Pしないこと）が許容される」

したがって，「なくてもいい」の基本的意味は次のように捉えられる。

　　(84)　「なくてもいい」の基本的意味
　　　　　　：当該事態が実現しないことが許容されるという評価を表す。

　「なくてもいい」のこのような基本的意味は，「不必要」ということとほぼ等価である。

　以下，「なくてもいい」の二次的意味を見る。

　まず，当該事態が制御可能かつ未実現であり，行為者が聞き手の場合，「てもいい」は〈許可〉を表したが，「なくてもいい」はその行為をしないことの許可，すなわち〈免除〉を表すことになる。

---

[9]　詳しくは高梨信乃(1995b)を参照のこと。

(85)　モモ子「おいしくないんだったら，無理して食べ<u>なくてもいい</u>わよ」

　　　　助　川「いや，旨いよ」　　　（丸内敏治「無能の人」p.256）

　次のように行為者が話し手の場合は，その行為をしないことが自分にとって差し支えないという意向を表す。

(86)　ボーイが加奈彦に水を運んできた。

　　　「何を食べる？」

　　　「何でもいいわ。食べ<u>なくてもいいわ</u>」

　　　　　　　　　　　　　　　　　　　（三浦綾子『広き迷路』p.41）

次は〈不満〉を表す場合である。

(87)　［恋人の背中につけたキスマークが消えているのに気付いて］

　　　　〈折角つけたのに，神経質に消さ<u>なくてもいいのに</u>〉

　　　　　　　　　　　　　　　　（山村美紗「凶悪なスペア」p.283）

「なくてもいい」がこのような意味になるのは，「てもいい」とは逆に当該事態が既実現の場合である。不必要だと評価される事態が実現したことから〈不満〉や〈後悔〉の意味が生じるのである。

　当該事態が制御不可能な場合，その事態が実現しないことに対する許容，すなわち〈不必要〉を表す。

(88)　剛「会え<u>なくてもいい</u>から，毎日，電話してよ。（略）」

　　　　　　　　　　　　　　　　（中島丈博「おこげOKOGE」p.246）

さらに，次のように〈客観的不必要〉を表すことも可能である。

(89)　結婚の時に，英国の女性は夫の姓に変えてもよいし，変え<u>なくてもよい</u>。いわゆる夫婦の別姓選択の自由，だ。女性は結婚後も独身の時の姓で生きてゆける。

　　　　　　　　　　　　（『朝日新聞』1988.12.1 朝刊 p.1「天声人語」）

4.5　「てはいけない」

　「てはいけない」の基本的意味を考えるにあたっては，条件接続形式「て

は」の意味を踏まえる必要がある。

　従来「ては」の後件には，期待に反する否定的な事態がきやすいという指摘がなされてきた。蓮沼昭子 (1987) は，その点をさらに掘り下げて，「ては」を用いた条件文の伝達・解釈には次のような推論が関与すると述べている。

　(90)　そんな暗いところで本を読んでは，目を悪くしますよ。
　　　　　　　　　　　　　　　　　　　　　　　　　（PテハQ）
　　　　→Qは望ましくないことであるからQデナイことを望む
　　　　→PデナケレバQデナイ
　　　　→Pデナイヨウニスベキデアル

つまり，(90)が伝達するのは「そんな暗いところで本を読む」ということを回避ないしは禁止しようとする意図であるという。

　確かに，蓮沼も述べているように (90) が結果的に意味するところは (91) に極めて近い。

　(91)　そんな暗いところで本を読んではいけない。

このように「PてはQ」という条件文は，Qだけでなく P も回避すべきもの，許容できないものとして表す性質をもっている。そして，望ましくない後件 Q がもっとも抽象化されて「いけない，ならない」という形になったものが「てはいけない」だと考えられる。

　「てはいけない」の基本的意味は次のように捉えられる。

　(92)　「てはいけない」の基本的意味
　　　　　：当該事態が許容されないという評価を表す。

　なお，次のように Q が「困る」「いやだ」など，話し手の否定的な感情を直接表すものである場合は，やや抽象度が低いものとして「ては」条件文と「てはいけない」との中間に位置づけられるだろう[10]。

　(93)　「今生んでもらっちゃ困るな」　　　（三浦綾子『広き迷路』p.98）

---

[10]　花薗悟 (1999) にも同様の見解が見られる。

(94)　「瑛子さん，怒ったんですか。怒っちゃいやだ。…」
(三浦綾子『広き迷路』p.75)

では，「てはいけない」の二次的意味はどのように分化していくか，以下に見よう。

(95)(96)は当該事態が制御可能で〈当為判断〉を表す場合である。そのうち(96)のように働きかけとして用いられる場合，〈禁止〉として機能する。

(95)　「どうしてお父さんはいかないの」
　　　　江口は五つか六つだったが，こう聞いてはいけないと判っていた。
(向田邦子「はめ殺し窓」p.48)
(96)　　　包丁立てに鈍く光る包丁，包丁。
　　　千津子　「やめなさい！　いけないわっ」
　　　　実加の目が包丁を物色している。
　　　千津子　「実加。そんなことしちゃいけない！」
(桂千穂「ふたり」p.110)

次は，当該事態が既実現の場合である。(97)では行為者が話し手なので〈後悔〉の意味が，(98)では行為者が話し手以外なので〈不満〉の意味が生じている。

(97)　ああ，風邪を引いてしまった。こんなところでうたた寝をしちゃいけなかった。
(98)　ツネ子　「えー⁉　中山君に話しちゃったのオ」
　　　　りえちゃんかこんでアップ，リボン，ツネ子。
　　　アップ　「どうして言っちゃったのよッ」
　　　リボン　「男子には話しちゃいけないのよッ」
　　　ツネ子　「そうよ，女子だけの秘密じゃないの」
　　　　しょげるりえちゃん。　(高畑勲「おもひでぽろぽろ」p.156)

ただし，行為者が聞き手の場合について注意しなければいけないのは，〈禁止〉という働きかけがもつ特殊性である。〈禁止〉は，〈命令〉や〈勧め〉などと異なり，聞き手がすでに当該の行為をしている場合にも発することができ

る[11]。そのため当該事態が既実現であっても、〈不満〉ではなく、〈禁止〉と解釈するほうが適当な場合もある。(99)はそのような例であろう。

(99) ［出産の場面］
　　　ツル子　「……ダメ，もう」
　　　ツイ　　「何言うとっとね，弱音を吐いちゃいけんよ！　頑張らんば！」　　　（黒木和雄ほか「Tomorrow／明日」p.288)

次の(100)(101)は，当該事態が制御不可能かつ未実現の場合である。このような場合，「てはいけない」は当該事態が実現することに対する〈危惧〉を表すことになる。

(100)「(略)あなたに失礼なことがあってはいけないと思ったが，やっぱりそうだったか」　　　（林真理子「美食倶楽部」p.78)

(101)「(略)指に怪我しちゃいけないっていうんで家事ひとつしたことないし，ピアノが上手いっていうことだけでまわりが気をつかってくれるしね，そんな風にして育ってきた女の子からピアノをとってごらんなさいよ，いったい何が残る？(略)」
　　　　　　　　　　　　　　　　　　（村上春樹『ノルウェイの森(上)』p.216)

最後に〈客観的非許容〉の例をあげておこう。(102)は当該事態が国の規制において許容されないことを表している。

(102)［ブルガリアやルーマニアを旅行するときの話］しかも我々の行動に関しても規制が多い。国境から5キロ以内の風景の写真撮影は禁止。兵隊と警官を写してはいけない，民衆，とりわけ貧しい身なりの人を写してはいけない等々……。
　　　　　　　　　　　　　　　　　　（宮本輝『異国の窓から』p.92)

---

[11] 仁田義雄(1991b)は，「〜するな」のような禁止の表現について，まだ実現していない事態を未然に防ごうとする場合と，既に実現した事態の続行または再発を阻止しようとする場合の区別を認め，それぞれ〈未然防止〉〈続行阻止〉と名付けている。本書第2章5.も参照のこと。

4.6 「なくてはいけない」

　最後に「なくてはいけない」を見よう。

　「なくてはいけない」の意味を考えるにあたっては「てはいけない」の意味を踏まえる必要があると思われる。ただ，「なくてもいい」と「てもいい」との関係とは異なり，「なくてはいけない」と「てはいけない」の間には非対称的な点がある。

　まず気がつくのは，バリエーションの違いである。「なくてはいけない」には，「なければいけない」「ないといけない」のように，事態を受ける形式が「ば，と」である形が存在するが，「てはいけない」には「ばいけない」「といけない」という形はない。

　このことに関連して興味深いのは，4.5でも見た蓮沼昭子（1987）の，「ては」「ば」を用いた条件文に関する以下のような指摘である。「PてはQ」という条件文は，QおよびPを回避すべきものとして表す性質をもっており，文全体が〈禁止〉あるいは〈回避の必要性〉といった伝達的意味をもつ。一方，「PばQ」にはそのような意味はなく，もっぱらPとQの間の一般的・法則的な因果関係を述べるものである。そのため，両者は置き換えられない場合が多いのだが，Pが否定述語をとる場合は，どちらも〈必要性・義務〉といった共通の伝達的意味をもつようになり，その差異を失う傾向があるというのである。(103)(104)はPが肯定述語の例，(105)(106)はPが否定述語の例である。

　　(103) 無理{しちゃ／?スリャ}駄目よ。
　　(104) 君はいいご身分で暮らしているが，こっちはクビに{なりゃ／?ナッチャ}，明日から路頭に迷うんだぞ。
　　(105) 早く何とか{しなければ／シナクテハ}自分も参ってしまう。
　　(106) 淳一が{いなくては／イナケレバ}，耐えられない。

　蓮沼(1987)には言及がないが，Pが否定述語の時に「PてはQ」との差異が希薄になるということは，「PとQ」についても当てはまると思われる。

　　(103')?無理すると，駄目よ。　　　　　　　　　　（Pが肯定述語）

　　　　(105')早く何とかしないと自分も参ってしまう。　　　（Pが否定述語）
　以上のことから，「なくてはいけない」と「てはいけない」のバリエーションの違いは，その構成要素である「ては」および「ば」「と」の性質から説明できることがわかる。
　「なくてはいけない」と「てはいけない」の違いのもう1つは，文法化の度合いである。「なくてはいけない」が「てはいけない」より文法化が進んでいることを示す現象がいくつかある。まず，「てはいけない」は(107)のように2つの事態を並列させた場合，少なくとも後ろの事態は「てもいけない」で受ける必要がある。
　　　　(107) 試験中は，無断で席を立ってはいけないし，ほかの学生と話してもいけない。
これは「てはいけない」の「ては」がもともとの文法的性質を残していることを示す。一方，「なくてはいけない」は(108)のように2つの事態を並列させても，「なくてもいけない」の形にはならない。
　　　　(108) 夏休みには，レポートを書かなくてはいけないし，アルバイトを
　　　　　　　{*しなくてもいけない／しなくてはいけない}。
　また，「なくてはいけない」は，話しことばではしばしば評価形式「いけない」「ならない」を省略した「なくては」「なければ」「ないと」の形で使われる。つまり，後半部分がなくても意味がわかるわけで，それだけ文法化が進んでいると言える。「てはいけない」にはこのような省略の形はない。
　このような非対称性が見られるものの，「なくてはいけない」も，基本的には，「てはいけない」との関係からその基本的意味を捉えられるだろう。
　　　　(109) Pしてはいけない…「Pが許容されない」
　　　　　　　Pしなくてはいけない…「〜P(Pしないこと)が許容されない」
　　　　(110)「なくてはいけない」の基本的意味
　　　　　　　　：当該事態が実現しないことが許容されないという評価を表す。
　「なくてはいけない」については比較的多くの先行研究があるが，そこでは「当該事態の実現が要請される状況にあるということを表す」（丹羽哲也

(1991)),「規制・制約を述べる」(野林靖彦(1996))といった意味規定がなされることが多かった。しかし,実際に「なくてはいけない」が使用される意味領域はかなり広い。たとえば,次のような話し手の願望もしくは決意を表すような例は「状況からの要請」「規制・規約」といった規定に納まるかどうか疑問である。

(111) [食べ歩きの相談]「すごいわね。水炊きもふぐもナンバーワンのお店っていうわけか」
「あたり前よ。ほかに何の楽しみもないんだから,このくらいの贅沢はしな<u>くっちゃ</u>。……」　　　(林真理子「美食倶楽部」p.87)

(110)によればこうした例も説明できるだろう。たとえば話し手の欲求において「このくらいの贅沢をしない」ことが許容されないのである。

以下,「なくてはいけない」の二次的意味を見ていくが,この際問題になるのは,同じ〈必要妥当系〉に属する形式,特に「ほうがいい」との差異である。

まずは,当該事態が制御可能で〈当為判断〉の意味になる場合から見よう。そのうち(113)のように事態が未実現で行為者が聞き手の場合には,その行為をするよう働きかける意味になる。

(112) 徹はぜひ今夜のうちに,陽子に会わ<u>なければならない</u>と思った。まだ8時5分前だった。　　　(三浦綾子『続氷点(下)』p.274)
(113) [家に来た,息子の友人に母親が]「今,お宅では,それは,それは,子供たちのことを心配していらっしゃるから,居場所ぐらいは明かしてお<u>かなければいけません</u>」

(曽野綾子『太郎物語』pp.410-411)

(112)(113)で「ほうがいい」を使用することも可能だが,意味は異なる。

(112') ぜひ今夜のうちに,陽子に会った<u>ほうがいい</u>と思った。
(113') 居場所ぐらいは明かしておいた<u>ほうがいい</u>です。

「Pするほうがいい」はあくまでPの望ましさを述べる表現であるので,聞き手に働きかける場合も,選択の余地を残した〈勧め〉もしくは〈警告〉にな

るが,「Pしないことが許容されない」ことを表す「Pしなくてはいけない」は,基本的に〈強制〉となる。

当該事態が非実現の場合,〈後悔〉や〈不満〉を表す点は,ほかの〈必要妥当系〉の形式と同じである。

(114) ［電車に乗り遅れて］

しまった。あと10分早く家を出なきゃいけなかった。

次のように当該事態が制御不可能な場合にも用いられる。

(115) 今晩荷物を詰めておかないと,明日慌てなきゃいけないよ。

(115)では,ある要因(「今夜のうちに荷物を詰めておかない」)から引き起こされる〈必然的結果〉(「明日慌てる」)といったものが表されている。興味深いのは,(116)(117)のように制御不可能な事態について「なぜ／どうして～なくてはいけないのか／なくてはいけなかったのか」の形が用いられる例がしばしば見られることである。

(116) 「いやよ,こんなマンション。どうして朝から晩までイライラしてなきゃいけないの。最低じゃない。替わって。どこかほかのマンションへ。」　　　　　　　　(阿刀田高「幻聴マンション」p.108)

(117) 「ほんとうに可哀相なことをしました。しかしねえ,災難といえば,私だって同じじゃないでしょうか。女子大生と浮気している男くらい,ごまんといるだろうに,選りに選ってどうして自分たちだけこんな目に遭わなきゃならなかったのか……」

(夏樹静子「女子大生が消えた」p.147)

(116)(117)は,当該事態が既実現で,いずれも望ましくないものである点で共通する。望ましくない事態をもたらした要因を問うという形をとっているが,話し手の意図はその事態が実現したことに対する〈不満〉を表明することにあると思われる。

〈客観的必要〉を表す例は,3.3でいくつかあげたので,省略する。

4.7 まとめ —評価的複合形式の基本的意味と二次的意味—

以上，評価的複合形式について詳しく見てきた。ここまでで明らかになったことを簡単にまとめておく。

1）評価的複合形式全体に共通する点

評価的複合形式はそれぞれ基本的意味をもち，当該事態の①制御可能性，②実現状態，③行為者の人称という3つのファクターのあり方により二次的意味を分化させる。

（1） 当該事態が制御可能な場合，〈当為判断〉を表す。

（2） 〈当為判断〉を表す場合，さらにその事態が未実現で，かつ行為者が聞き手であれば，働きかけとなる。

（3） 当該事態が非実現または既実現の場合，その事態が制御可能かどうかに関わらず，〈後悔〉〈不満〉の意味が生じる。

2）個々の形式により異なる点

(118)

	働きかけとしての機能	制御不可能・未実現の場合の意味	〈客観的必要性・許容性〉
といい ばいい・たらいい	〈勧め〉	〈願望〉	—
ほうがいい	〈勧め〉〈警告〉	〈願望〉	—
てもいい	〈許可〉	〈許容〉	〈客観的許容〉
なくてもいい	〈免除〉	〈不必要〉	〈客観的不必要〉
てはいけない	〈禁止〉	〈危惧〉	〈客観的非許容〉
なくてはいけない	〈強制〉	〈必然的結果〉	〈客観的必要〉

なお，この節の最後に「てもいい」と「なくてはいけない」の次のような用法に触れておく。

（119）向こうを1時間前に出たのなら，もう着いて<u>てもいい</u>。

（120）向こうを1時間前に出たのなら，もう着いてい<u>なくてはいけない</u>。

基本的に条件節・理由節と共起して，論理の帰結としての可能性や必然性を表す[12]。（119）は「かもしれない」，（120）は「はずだ」にやや近い意味で

---

[12] 森山卓郎（1997a）は（119）を「論理的可能性」，（120）を「論理的必然性」と呼んでいる。

ある。

　つまり，評価のモダリティから認識のモダリティへの移行と捉えられ，興味深い用法であるが，評価的な意味はないと言っていいのか，また，なぜ「なくてはいけない」と「てもいい」にだけこの用法が存在するのかなど，まだ考察の余地があると思われる。

5. そのほかの形式 ―「べきだ」を例に―

　評価的複合形式は，評価のモダリティの主要な部分を占めるものと言えるであろうが，とはいえ，やはり一部分である。ここではそのほかの形式にも目を向けると同時に，評価的複合形式の特徴を浮かび上がらせることを目的として，「べきだ」を概観する。

　「べきだ」は，基本的に評価のモダリティ専用の助動詞である点で重要である。意味の上では，〈必要妥当系〉に属し，当該事態が妥当であるという評価を表す。

　　(121) 若いうちにいろいろな経験をするべきだ。

　　(121') 若いうちにいろいろな経験を{しなくてはいけない／したほうがいい}。

(121)(121')のように「なくてはいけない」や「ほうがいい」と同じ文脈で使える場合があり，先行研究[13]でも意味用法の異同が問題にされてきたが，森山卓郎(1997a)で指摘されているように，「べきだ」は意味的には「なくてはいけない」より「ほうがいい」により近いと思われる。(122)のように当該事態が選択の余地無く必要とされる場合に使えないという点で，「べきだ」と「ほうがいい」は共通するからである[14]。

　　(122) 車を運転するには免許を{*取るべきだ／*取ったほうがいい／取らなければならない}

---

[13] 丹羽哲也(1991)，郷丸静香(1995)，野林靖彦(1996)など。
[14] 森山(1997a)は，「なければならない」を「絶対価値付与型」，「べきだ」と「ほうがいい」を「相対価値付与型」と名付けている。

ただし,「Pするほうがいい」が多くの場合〜Pに対する否定的な評価を含意するのに対して,「Pするべきだ」にはそのような含意はない。そのため,(123)のように当該事態が実現しないと悪い結果になることを伝える〈警告〉の「ほうがいい」は「べきだ」には置き換えにくい。

　(123) 傘を持って行った<u>ほうがいい</u>よ。雨が降りそうだから。
　(123') ?傘を持って行く<u>べきだ</u>よ。雨が降りそうだから。

　しかし,「べきだ」をここまで見てきた評価的複合形式の性質と比べるとき,もっと重要なことは次の点である。

　第1に,多くの評価的複合形式と異なり,「べきだ」は常に〈話し手の発話時の評価〉を表し,〈客観的必要性・許容性〉を表すことはできない。

　(124) 今日は虫歯の痛みがひどい。やはり昨日のうちに歯医者に{行かなくてはいけなかった／行くべきだった}。
　　　　　　　　　　　　　　　　　　　　　〈話し手の発話時の評価〉
　(125) 昨日は歯医者に{行かなくてはいけなかった／*行くべきだった}。それで,仕事を中断して,行った。　　〈客観的必要〉

そのためタ形で用いられた場合は必ず,発話時において妥当と評価される当該事態が実際には実現しなかったことを示し,〈後悔〉か〈不満〉の意味が表される。

　(126) 私が真の男ならば,人間ならば,あの時銃殺されようとも,あの罪のない人々をかばう<u>べきでした</u>。しかし私のこの手は,かの奸婦を殺してしまったのです。　(三浦綾子『続氷点(下)』p.328)

　第2に,評価的複合形式が制御不可能な事態にも用いられるのに対して,「べきだ」は基本的に制御可能な事態にしか用いられない。4.6で見たように「なくてはいけない」は制御不可能な事態を受けて〈必然的結果〉を表す場合があるが,「べきだ」はこのような場合に用いることができない。

　(127) 今晩荷物を詰めておかないと,明日{慌てないといけない／*慌てるべきだ}よ。

　制御可能な事態にのみ用いられるということは,常に〈当為判断〉を表す

3章●5　そのほかの形式　―「べきだ」を例に―　119

ことを意味する。評価的複合形式が事態の制御可能性というファクターによって意味を分化させるのに対し、「べきだ」は基本的にはもっぱら〈話し手の発話時の評価〉、それも〈当為判断〉を表す形式だということである。

なお、(128)のような否定の形「べきではない」は〈非許容系〉の意味になる。

(128)「でもあなたは少なくともワタナベ君をひきずりこむ<u>べきじゃない</u>わ」　　　　　　　　　（村上春樹『ノルウェイの森(下)』p.113)

(128')あなたは少なくともワタナベ君をひきずりこん<u>じゃいけない</u>わ。
「べきではない」と「てはいけない」の関係は「べきだ」と「なくてはいけない」の関係と平行的に捉えられる。

以上、「べきだ」を概観した。評価的複合形式が、制御可能性などのファクターによって意味を分化させること、および、〈話し手の発話時の評価〉と〈客観的必要性・許容性〉の両方を表すことができることから、多様な用法をもつのに対し、「べきだ」は、基本的に〈話し手の発話時の評価〉それも〈当為判断〉を表す形式であると言える。

6. 第3章のまとめ

この章では評価のモダリティ形式のうち、評価的複合形式と呼ぶべきものを主に取り上げて考察した。

考察にあたってとった方針は、各形式の基本的意味と二次的意味を区別することと、評価的複合形式の文法化の度合いの低さを考慮することの2点である。各形式の構成要素の性質を踏まえて基本的意味を把握したうえで、使用条件による二次的意味の派生のしかたを整理することにより、各形式の意味と用法の広がりを統一的に捉えることを試みた。

第4章

認識のモダリティ

1. はじめに

　文の対象的な内容としての事態[1]に対する話し手の認識的な捉え方を表す文法カテゴリーである〈認識のモダリティ〉(epistemic modality)の研究は，日本語では，従来，いわゆる推量系の助動詞(あるいは助動詞相当表現)の語法研究の形をとって進められてきたと言える。つまり，(1)のような有標形式(marked form)のみを取り上げ，個々の意味・用法の記述や相互比較を行う，要素主義的アプローチが中心であり，(2)のような，助動詞のつかない無標形式(unmarked form)を正面から取り上げた研究[2]は，非常に少ない。

　　(1)　明日は雨が降る{だろう／かもしれない／らしい}。
　　(2)　昨日は雨が降った。

　無標形式を記述の対象にする場合，次の2つの問題に直面することになる。1つは，無標形式自体の認識的な意味をどのように記述するかという問題である。無標的であるがゆえに，他の要素と相関して実現する意味は多様であり，基本的な意味を抽出するのは容易ではない。もう1つは，無標形式と対立する有標形式は何であるかということである[3]。もちろん，どの形式

---

[1] 以下，これを〈命題内容〉と言うことがある。
[2] 実際の使用例に基づいて詳しい記述を与えたものとしては，仁田義雄(1997b, 2000)がある。
[3] 寺村秀夫(1984)では，(1)のような「概言」の形式群を(2)のような「確言」の形式と対立させているが，形式レベルの2項対立を認めているわけではない。

が無標形式と対立するかということだけでなく，どのような点での対立かということが非常に重要である。

このような問題を考えるということは，現代日本語の中に，認識のムードがどのような形で成立しているのかを探ることにほかならない。この章では，認識のモダリティの中核をなす，形態論的カテゴリーとしての認識のムードの記述から始め，しかる後に，認識のモダリティの諸形式の意味・用法や思考動詞のモーダル化について記述することにしたい。

2. 形態論的カテゴリーとしての認識のムード

2.1 認識のムードの基本体系

「だろう」が「かもしれない」や「らしい」などの他の形式と異なった性質をもつことは，従来から繰り返し言及されてきたとおりである。具体的には，1）常に発話行為時における話し手の推量を表す，2）「だろうか」という疑問の形になる，ということの2点である。このうち，1）は，「だろう」が叙法形式として基本的であるということを意味していると考えられる。また，2）については，「だろう」に「か」がついて疑問の対象になるのではなく（そのように考えると，1）と矛盾する），「だろう」という形式自体がダロウ・ダロウカと語形変化する，と説明する必要があるだろう。「だろうか」は，問いかけ性という疑問文の本来的な特徴を欠いているが，このことも，「だろうか」が「だろう」と同様に話し手の推量を表す形式であることを意味している[4]。

この章では，無標形式と対立する有標形式は，この「だろう」であるとする立場をとる。その理由としては，まず，「だろう」は，〈基本叙法〉にも匹敵する基本的な形式であるということがあるが，それだけでは，不十分である。無標形式と「だろう」が2項対立をなしていると言うためには，両者がどのような点で対立しているかということと，その前提となる，両者を1つ

---

[4] これは，「しよう」が「しようか」になっても，意志の形式であることをやめないのと同様である。

のカテゴリーにまとめあげる共通性は何かということを明らかにする必要がある。

そこで注目されるのが，無標形式と「だろう」の間に平行的に疑問と非疑問の対立が成立するという事実である。「かもしれない」や「らしい」が疑問の形で使用されることはほとんどなく，「だろう」は，疑問・非疑問の両面で無標形式と張り合うことができる，唯一の形式なのである。

（３）　太郎はもう家に{帰った／帰っただろう}。
（４）　太郎はもう家に{帰ったか／帰っただろうか}？

無標形式と「だろう」がともに疑問・非疑問の対立を有しているということは，この２形式を〈認識のムード〉という１つのカテゴリーにまとめる重要な根拠となる。無標形式と「だろう」の対立と疑問・非疑問の対立は相互に絡み合い，次の表のように，述語になる単語全体を覆っている。

（５）

			無標形式	「だろう」
動詞	普通体	非疑問	書く／書いた	書くだろう／書いただろう（書いたろう）
		疑問	書くか／書いたか	書くだろうか／書いただろうか（書いたろうか）
	丁寧体	非疑問	書きます／書きました	書くでしょう／書いたでしょう
		疑問	書きますか／書きましたか	書くでしょうか（書きますでしょうか）／書いたでしょうか（書きましたでしょうか）
形容詞	普通体	非疑問	高い／高かった	高いだろう／高かっただろう（高かったろう）
		疑問	高いか／高かったか	高いだろうか／高かっただろうか（高かったろうか）
	丁寧体	非疑問	高いです／高かったです	高いでしょう／高かったでしょう
		疑問	高いですか／高かったですか	高いでしょうか／高かったでしょうか

名詞	普通体	非疑問	本だ／ 本だった	本だろう／ 本だっただろう （本だったろう）
		疑問	本か／ 本だったか	本だろうか／ 本だっただろうか （本だったろうか）
	丁寧体	非疑問	本です／ 本でした	本でしょう／ 本だったでしょう
		疑問	本ですか／ 本でしたか	本でしょうか／ 本だったでしょうか （本でしたでしょうか）

　このように，無標形式と「だろう」の認識的な意味は，疑問・非疑問の対立の上に置かれている。疑問の形が表す意味には，大きく，〈質問〉と〈疑い〉がある。基本的に，無標形式の疑問形は〈質問〉に[5]，「だろう」の疑問形は〈疑い〉になる。さて，疑問というのは，要するに，命題内容の真偽について疑い，問うということであるから，逆に，疑問がないというのは，命題内容の真偽について疑いがなく，問う必要もないということである。つまり，非疑問（＝判断成立）とは，命題内容の真偽について話し手自身の判断が定まっているということである。そうした意味を，ここでは〈断定〉と呼ぶことにする。

　（3）における，無標形式と「だろう」の対立は，命題内容の真偽について話し手の判断が定まっているということを前提としている。つまり，〈非疑問＝断定〉の文は，どのような認識に基づいて，命題内容が真であると判断しているかによって，無標形式の文と「だろう」の文に分かれているのである。無標形式の文は，話し手が直接確認したこととして，命題内容が真であると判断し，一方，「だろう」の文は，想像・思考という間接的な認識によって導き出したこととして，命題内容が真であると判断している。命題内容が真であると判断する際の認識の仕方の相違，言い換えれば，命題内容を現実の事態として認識する仕方の相違を表し分けているのが，無標形式

---

[5] 話しことばでは，しばしば「か」の脱落が起こり，上昇イントネーションだけで〈質問〉が表される。

と「だろう」であると考えられる。ここでは，無標形式の認識的な意味——現実に対する認識の直接性——を〈確認〉[6]，「だろう」が表す認識的な意味——現実に対する認識の間接性——を〈推量〉と呼ぶことにする。

2.2 認識のムード対立とテクストのタイプ

　認識のムード対立は，対話のテクストにも，小説の地の文のようなテクストにも，同様に成立すると考えられるが，テクストのタイプによっては，「だろう」が出現せず，無標形式のみで叙述される場合もある。たとえば，新聞記事でも，（6）のような社説の類には無標形式と「だろう」の双方が出現するが，（7）のような一面記事に「だろう」が出現することは，まずないと言ってよいだろう。（8）のような，シナリオのト書きの類も，同様である。

（6）　08年の夏季五輪が北京で開かれることに<u>なった</u>。
　　　昨年の五輪をめぐり土壇場でシドニーに逆転された苦い記憶があるだけに，北京市民は喜びを<u>爆発させた</u>。歓喜の輪は中国全土に広がったといっても<u>過言ではない</u>。
　　　中国の人々が北京五輪決定に沸き立つのは，なによりも世界から五輪開催にふさわしい国として認められた，との思いが強いから<u>だろう</u>。　　　（『朝日新聞』2001.7.14朝刊 p.2「社説」）

（7）　国際オリンピック委員会（IOC）は13日，当地で開いた第112次総会で08年夏季五輪の開催都市に北京を<u>選んだ</u>。8年前の00年五輪招致でシドニーに惜敗した北京は2度目の挑戦で悲願を<u>かなえた</u>。世界全人口の約5分の1を占める社会主義大国で初めて<u>五輪が開かれる</u>。大阪市は初めての立候補という知名度の低さとIOC評価委のリポートで低い評価にとどまったのが響き，1回目で6票しかとれず姿を<u>消した</u>。夏季五輪で日本は88年五輪招

---

[6] 認識的意味である〈確認〉と疑問文のタイプである〈確認要求〉とは関係のないものであることを念のために断っておく。

　　　　致を目指した名古屋市に続いて<u>敗れた</u>。
　　　　　　　　　　　　　　　　（『朝日新聞』2001.7.14 朝刊 p.1）
　　（8）　居間の壁には，純白のウェディング・ドレスが<u>飾られている</u>。明
　　　　日それを着る長女・篠田奈緒が，どことなくぼんやりと<u>見つめて
　　　　いる</u>。　　　　　　　　　　　　　（野沢尚『結婚前夜』p.8）
　（7）と（8）は，いずれも，「だろう」が出現しないテクストであるが，前者は，書き手が意図的に無標形式のみを用いて叙述したテクストであるのに対して，後者は，書き手の立場というものから独立して成り立っているテクストであり，原理的に認識のムード対立が成立しない，という違いがあるだろう。
　認識のムード対立は，典型的には，（6）のような，〈事実の提出〉と〈意見〉の組み合わせから成り立つテクストにおいて成立する。そして，無標形式が，（8）のような，書き手の立場の反映のないテクストにも出現するのは，まさにこれが無標的であるために，認識の仕方を背後に押しやることができるからである。一方，有標形式である「だろう」は，想像・思考という認識の仕方が前面に出るため，それが誰の心の中に成立しているものなのかということが，常に問題になる。

2.3　無標形式の認識的意味

　ここでは，認識のムード形式としての無標形式の認識的な意味について記述する。
　すでに述べたように，無標形式は，基本的に，話し手が命題内容を直接確認したこととして述べる形式である。次のような文は，そのような認識的な意味を表す典型的な例である。
　　（9）　純子は，急いで谷口へ電話をかけた。
　　　　「今，谷口は<u>外出しています</u>」
　　　　とそっけない返事。　（赤川次郎『女社長に乾杯！』pp.619–620）
　　（10）「これはぼくの<u>小説です</u>」

そう言って，中村春雨はふところから一冊の本をとり出して信夫の前に置いた。
　　『無花果』という本であった。　　　　（三浦綾子『塩狩峠』p.292）

　未来の出来事は，その実現を発話行為時において直接確認することはできないが，予定されていて，間違いなく実現することが見込まれているような出来事については，無標形式で述べることができる。たとえば，次のようなものがその例である。

(11)　「吉岡弥生さんという方が東京女子医学校を創りました。来年には日本女子大学が<u>できます</u>」　　　（渡辺淳一『花埋み』p.844）

　以上のような例に認められる，無標形式の基本的な認識的意味を，ここでは，〈事実の確認〉と呼ぶことにしたい。

　〈事実の確認〉を表す無標形式の文には，確信度が分化しない。すなわち，「きっと，たぶん，おそらく」[7]などの副詞が共起しない。また，「と思う」を付加することによって思考内容として提示することもできない。文として成立したとしても，もはや，それは〈事実の確認〉ではない。「たぶん，来年には日本女子大学ができます」や「来年には日本女子大学ができると思います」は，予想を述べる文でしかありえない[8]。

　〈事実の確認〉とは，言わば，命題内容を事実そのものとして認識するタイプであるが，一方，次のような無標形式の文の認識的な意味は，それとは異なると言わざるをえない。

(12)　「でもこれで，逆に捜査は難しくなったんじゃないですか。容疑者は限りなく増えてしまったってことになる」

---

[7]　「もしかすると，もしかしたら，もしかして」などの副詞も，確信度を表す副詞と考えられることがあるが，一般に確信度を表す副詞が疑問文と共起しないのに対して，これらは疑問文とも共起することから，本書では，異なるグループと考える。

[8]　ここでは，無標形式の認識的な意味の下位的タイプを取り出すために，「と思う」の付加の可否を見ているが，逆に，「と思う」を取り除くことによって質的な意味の違いが生じるか否かという観点から，「と思う」の用法を分類しようとした研究として，森山卓郎 (1992b) がある。

「いいえ,そんなことはありません。逆に絞られました」
「どういうことでしょう」
「犯人は<u>あなたです</u>,中川先生」

(三谷幸喜『古畑任三郎(2)』pp.145-146)

(13) 「アタッシュケースを持った男が一人入って行った。俺はバイヤーだと踏んだ。今夜中に間違いなく,大きな取り引きが<u>ある</u>」

(三谷幸喜『古畑任三郎(2)』p.215)

　これらの例は,命題内容を事実そのものと認識しているわけではないが,命題内容と事実の一致が確実であると判断しており,確かさの点では,〈事実の確認〉とほぼ同等である。こうした無標形式の認識的な意味のタイプを,〈確信的な判断〉と呼ぶことにしよう。

　〈確信的な判断〉は,(12)のような名詞述語文や(13)のような未来の出来事を表す文では問題なく実現するが,アクチュアルな過去や現在の出来事を表す文では,きわめて実現しにくいという制限がある。たとえば,「彼は来ます」は,〈確信的な判断〉と解釈されうるが,「彼は来ました」や「彼は来ています」は,〈事実の確認〉としか解釈できないだろう。また,「彼は来ます」も,何も前提がなければ,〈事実の確認〉と解釈され,〈確信的な判断〉と解釈されるには,「必ず,間違いなく」や「きっと,たぶん,おそらく」などの副詞の共起,あるいは,文脈の支えが必要であろう。

　なお,動詞の過去形で言い切る場合でも,次の例のように,いわゆる反事実的な条件文の帰結においては,無標形式は,必ず,〈確信的な判断〉を表し,〈事実の確認〉の意味にはならない。

(14) 「もし,それが事実なら,公判廷での態度でわかるでしょう。行助がいなかったら,私はあの夜<u>殺されていた</u>」

(立原正秋『冬の旅』p.700)

　また,「のだ」の文では,述語の種類やテンスに関係なく,〈確信的な判断〉の意味が実現しうる。

(15) 「(略)まず文章を打って,用紙を挟んで,印刷して,紙を抜いて,

ファックスに入れて送信。一分じゃとても無理です。犯人は前もって打っておいたんです。それ以外に，一分以内にファックスでこの手紙を送りつけるのは不可能なんです」

(三谷幸喜『古畑任三郎(1)』p.127)

以上のような，〈確信的な判断〉を表す無標形式の文には，次のように，確信度が分化する[9]。

(16) 古畑は，そんな不安を見透かしたように，中川のコートを指差して言った。
「おそらくこの手のコートです。薄手の，スプリングコート」

(三谷幸喜『古畑任三郎(2)』p.125)

(17) そう自分に言い聞かせるような口調で呟き，「お前は優しい子やから，きっとしあわせになる」と言いました。

(宮本輝『錦繍』p.178)

(18) 「なんて根性まがりな，罰あたりな帯子。あのときすぐなら，きっと間に合ったわ，きっと助けられたわ。あたしどんなことしても，ねえさんを助けなけりゃならなかったんだわ。それを，それを……」 (石川淳「マルスの歌」p.196)

(19) 「すげえ荷物だ」
「こいつら，歩いてきたんじゃないな」
と，私が言った。「きっと途中までトラックをやとってきたんだ」

(五木寛之『風に吹かれて』pp.95-96)

ただし，(12)〜(15)と(16)〜(19)を比べればわかるように，確信度の副詞がない方が確信の度合いは強く，「たぶん」や「おそらく」の場合はもちろんのこと，「きっと」のような確信の度合いの強い副詞であっても，共起

---

[9] なお，「ただどこかで，たぶん苔の下で，水がわいて噴きだして流れる音がきこえていました。」(竹山道雄『ビルマの竪琴』p.154)のような例は，述語が「たぶん」のスコープ外であるので，該当しない。この場合，述語は，〈事実の確認〉を表していると考えられる。

4章● 2 形態論的カテゴリーとしての認識のムード　129

すれば，いくぶん，確信の度合いを弱めてしまう。この点，それ自体は確信度に関して中立的であり，副詞が確信度を明示する，「だろう」の場合とは，事情が異なる。

(20) 立花はきっと僕のことを憐んでいるだろう。
(福永武彦『草の花』p.108)
(21) 「殺人容疑です。たぶん今日の夕方には逮捕されるでしょう」
(赤川次郎『女社長に乾杯！』p.257)
(22) もし門番がくわしい道筋を紙に書いてくれなかったら，僕はそれを図書館と認識することはおそらく永久になかっただろう。
(村上春樹『世界の終りとハードボイルド・ワンダーランド』pp.124-125)

これらの文から確信度の副詞を取り除くと，確信度は中立的になるだろう。

また，〈確信的な判断〉を表す無標形式の文は，「と思う」によって文を思考内容化することができる[10]。

(13') 今夜中に間違いなく，大きな取り引きがあると思う。
(17') お前は優しい子やから，きっとしあわせになると思う。

ただし，この場合も，いくらか確信度の低下を招くだろう。「だろう」の文も，ほぼ任意に思考内容化でき，この場合も，意見を表明する態度が明示化されるだけで，確信度は低下しない。

(23) 「行助を少年院に送らないで済ませる方法はないものだろうか」
理一の声はいくらか沈痛だった。
「それはだめでしょう」 (立原正秋『冬の旅』p.700)
(23') それはだめだろうと思います。

もう1つ，無標形式の認識的意味のタイプとして取り上げておかなければならないのは，〈主観的な評価〉である。

(24) ところで，月光による自分の影を視凝めているとそのなかに生物

[10) ただし，対話状況で話し手の意見を聞き手に表明するというような文脈でなければならない。

の気配があらわれて来る。それは月光が平行光線であるため，砂に写った影が，自分の形と等しいということがあるが，然しそんなことはわかり切った話だ。その影も短いのが<u>いい</u>。一尺二尺位のがいいと思う。そして静止している方が精神が統一されていいが，影は少し揺れ動く方がいいのだ。

(梶井基次郎「Kの昇天」pp.233-234)

(25)　「(略)あそこの家は，一家中，耐えるという才能に欠けてるんです。その点，藤原は<u>立派</u>です」　　(曽野綾子『太郎物語』p.1149)

これらは，一見，〈確信的な判断〉の例のように思われるかもしれないが，判断の主観性に起因して，〈確信的な判断〉の場合とは異なった振る舞いを示す。まず，これらには，確信度を加えることができない。

　(24')??その影も<u>きっと</u>短いのが<u>いい</u>。
　(25')??その点，<u>たぶん</u>藤原は<u>立派</u>です。

他方，「と思う」の付加は，まったく問題がない((24)には，実際に，「と思う」が後続文に出現している)。しかも，確信度が低下しない。

　(25")　その点，藤原は<u>立派</u>だと思います。

この〈主観的な評価〉の意味の実現は，もちろん，述語となる単語(主に形容詞)の語彙的意味と関わっている。「面白い，くだらない，すばらしい，美しい，頼もしい，真面目だ，勤勉だ，哀れだ，立派だ，傲慢だ，優れている，変わっている」など，対象を話し手の価値基準によって主観的に評価する意味をもつ単語の無標形式を述語とする文は，〈主観的な評価〉を表すのが普通であり(「あの作家の作品なら，きっと面白い」のように，〈確信的な判断〉が表せないわけではない)，「ひどすぎる，弱すぎる，高すぎる」などの過度の意を表す派生語の無標形式を述語とする文は，必ず〈主観的な評価〉の意味になる。

　以上をまとめると，次の表のようになる。

(26)

	事実の確認	確信的な判断	主観的な評価
確信度の分化	×	○(確信度が低下)	×
思考内容化	×	○(確信度が低下)	○
実現条件	とくになし[11]	名詞述語文，未来の出来事を表す文，反事実的条件文，ノダ文	述語が主観的な評価を表す単語

このようにして，〈事実の確認〉〈確信的な判断〉〈主観的な評価〉という，無標形式の認識的意味のタイプが取り出せたことになるが[12]，この3つのタイプは，認識のムード対立の成り立ち方という点でも，以下のように異なっている。

まず，〈事実の確認〉は，無標形式が表す認識的意味の典型であり，「だろう」と相互排他的な対立関係を構成する。そして，この相互排他性は，確信度の分化・思考内容化という，「だろう」の文に普通に見られる振る舞いが〈事実の確認〉を表す無標形式の文にはまったく見られないということに反映している。

次に，〈確信的な判断〉を表す無標形式の文は，判断を表すという性質から，「だろう」の文への近づきを見せ，典型的な認識のムード対立が成立していない。若干の意味の変化を伴いながらも，確信度の分化・思考内容化が可能であるということも，典型的な対立の不成立を示している。この用法の無標形式は，認識面での対立を弱める代わりに，確信的という判断面での有標性を獲得している。

そして，〈主観的な評価〉を表す無標形式の文においては，もはや，認識のムード対立が成立しない場合が出てくる。「あの作家の作品なら，きっと面白いだろう」は，典型的な〈推量〉であるが，(24)を「だろう」に取り替

---

[11] ただし，反事実的条件文の帰結や派生語「〜すぎる」を述語とする場合を除く。
[12] 仁田義雄(2000)では，無標形式の認識的意味を，「確認」と「確信」に大きく二分している。仁田の「確認」は〈事実の確認〉に，「確信」は〈確信的な判断〉にほぼ対応すると思われるが，〈主観的な評価〉に当たる類型を立てていない点や，「確信」と「推量」とが対立関係にある(想像・推論の中に確かなものとして捉えるか不確かさを有するものとして捉えるか)とする点などが本書と異なる。

えても，典型的な〈推量〉の意味は表されない。

　(24″)　その影も短いのがいいだろう。

この「だろう」は，主張の強さを抑制する，いわゆる〈婉曲〉用法であると考えられる。〈推量〉とは，話し手の経験の外にある事実を想像や思考によって認識することであるが，〈主観的な評価〉の内容は，話し手の中で決まる事実であり，推量の対象とならない。そこで，「だろう」の機能にこのような変更が起こるのだろう。

2.4　「だろう」の認識的意味

　「だろう」の意味についての考え方の1つに，「断定保留」というものがある[13]。すなわち，真であるとの確信がもてないとか，断定を差し控えるという意味であるが，「だろう」の意味をそのようにイメージする研究者は少なくないのではないかと思われる。「だろう」の文が何らかの不確かさを有していることは間違いないが，この考え方は，「だろう」の不確かさを判断面で捉えたものと言えよう。これに対して，この章では，「だろう」の不確かさを認識面で捉える立場をとる。

　「だろう」は，話し手がその出来事を，想像・思考という間接的な認識によって捉えていることを表す。想像・思考の中で捉えたにすぎず，経験的な事実として確認されているわけではないという，認識面での不確かさを表すのが，「だろう」である。

　(27)　この「伯父さん」は好きな活動へ連れて行って，ときどき御馳走
　　　　をしてくれるから，一緒に遊びに行くのだと云うだけの，極く単
　　　　純な，無邪気な心持でいるのだろうと，私は想像していました。

　　　　　　　　　　　　　　　　　　　　　(谷崎潤一郎『痴人の愛』p.18)

---

[13]　たとえば，森田良行(1980)，益岡隆志(1991)など。本書のほか，寺村秀夫(1984)，奥田靖雄(1984, 1985a)，宮崎和人(1991, 1997a)，大鹿薫久(1993a, 1993b)，三宅知宏(1995)は，この考え方をとっていない。

(28) たぶんこれはただの洋服だんすではなく，洋服だんすを装った秘密の通路か何かだろうと私は想像した。

(村上春樹『世界の終りとハードボイルド・ワンダーランド』p.69)

「だろう」は，想像・思考の中で捉えた出来事を描き出すので，仮定条件の帰結として使用されることが少なくない。

(29) しかし三社の宣言をならべて比較し，子供にキャラメルをねだられたら，さびしい微笑を浮かべながらも両親たちはアポロをとりあげるだろう。　　　　　　　　　(開高健「巨人と玩具」p.193)

(30) もしあのとき土田たちのパーティーに入っていたら，生きては帰れなかっただろう。　　　　　　(新田次郎『孤高の人』p.1058)

「だろう」の文は，とくに根拠なく直感的に思ったことを述べる場合（(31)）もあれば，そのように考えられる根拠が文脈の中に明示される場合（(32)）もある。

(31) 「やっぱり貸すといけませんね。私は一目見た時からあの人は返しに来ないと思いました」
一日の診察が終ったあとで，看護婦のもとがカルテを整理しながら言った。
「いろいろ忙しいのでしょう，そのうちまた落ちついたら来るでしょうよ」　　　　　　　　　　　(渡辺淳一『花埋み』p.483)

(32) 「奴等，度々やって来ますか」
「この間，一度いらしっただけよ。土曜に来ると言っていらしったから，今夜来るでしょう。いま，どこにお泊り？」

(井上靖『あすなろ物語』p.149)

また，話し手の存在しない時空間に存在する出来事を頭に思い描きながら述べる場合には，「ことだろう」という形をとることがある。

(33) 「東京駅も，さぞホームが汽車で混雑していることでしょうね」
目前の光景から，鳥飼は，まだ見ない東京駅を空想して言った。

(松本清張『点と線』p.146)

2.1でも見たように,「だろう」は,疑問・非疑問の対立をもつ。断定を保留する場合には疑問形の「だろうか」を,断定する(真であると判断する)場合には非疑問形の「だろう」を選択する。

(34) 「いや,僕の方が君の意見がききたいのだ。あの人は早川を愛しているだろうか」
「まだ愛してはいないだろう。あの人はまだ誰も愛しようとはしていないよ。(略)」　　　　　　　　　(武者小路実篤『友情』p.120)

また,「だろう」は,さまざまな種類の確信度を表す副詞と共起しうる。

(35) 「北へ北へと進めば,われわれは湯俣の小屋に出るのだ。今日中には無理だろうが,明日中にはきっと行きつくことができるだろう」　　　　　　　　　　　　　　(新田次郎『孤高の人』p.1583)

(36) 「たぶんそのとおりだろう」と僕は言った。
(村上春樹『世界の終りとハードボイルド・ワンダーランド』p.1414)

(37) 「おそらく,百世ののちにも伝わってゆく話になるだろう」
(司馬遼太郎『国盗り物語』p.2501)

これらは,「だろう」によって示される断定の強さをコントロールする働きをしているのである[14]。

このように,「だろう」の文では,断定することも,断定を保留することも,断定しながら確信の度合いを調整することも可能である。このように,「だろう」の文の判断面が多様であるのは,まさに,「だろう」が想像・思考という間接的な認識によって,現実を捉える形式であるからである。根拠が十分であり,思考が論理的であれば,認識が間接的であっても,断定したり確信したりすることができる。逆に,根拠のない単なる思いつきは,認識の不確かさがそのまま判断の不確かさとなって現れるだろう。

なお,以上のような〈推量〉用法と必ずしも明瞭に区分できるわけではないが,「だろう」には,次のような〈婉曲〉用法が認められる。

---

[14] したがって,こうした副詞は,「*{きっと/たぶん/おそらく}あの人は早川を愛しているだろうか」のように,断定を保留する「だろうか」とは共起しない。

(38) これら三つが，自信喪失の言わば外部要因と言えるだろう。これ
に加えて，「夢」に対する幻滅という内部要因がある。

(藤原正彦『若き数学者のアメリカ』p.516)

この例では，主観性の強さや独断的なニュアンスを抑えるために，「だろう」
が用いられていると考えられる。

3. 認識のムードと疑問文

3.1 認識のムード対立と疑問

すでに 2.1 で見たように，叙述文においては，〈確認〉〈推量〉の対立が
〈断定〉〈疑問〉の対立と絡み合って，次のような，パラディグマティックな
対立関係を構成している (ここでは，テンス対立を捨象する)。

(39)
	確認	推量
断定	する	するだろう
疑問	するか	するだろうか

ここで問題にしたいのは，〈断定〉における〈確認〉と〈推量〉の対立関係
が，〈疑問〉においても同様に成り立つわけではないということである。

(40) レポートは今日中に { 書ける／書けるだろう }。

(41) レポートは今日中に { 書けるか／書けるだろうか } ?

すなわち，〈断定〉における〈確認〉と〈推量〉の対立は，話し手の認識の仕
方の対立として成立しているが，〈疑問〉においては，「だろうか」が「だろ
う」と同様に話し手の認識を表しているのに対して，「するか」は質問の形
式になっていて，話し手の認識を表すものとは言えない[15]。

〈断定〉と〈疑問〉の間にこのような非対称性をもたらしているのが，〈確
認〉と〈推量〉という認識的な意味のタイプの相違であることは言うまでも
ない。想像・思考という不確かな認識によって捉えながら，根拠や自信が
ないために，判断の成立を疑うということは十分ありうる。むしろ，何か

---

[15] もっとも，上昇イントネーションを伴わない，「そうか，レポートは今日中に書
けるか」のような用法は，話し手の認識 (情報の受け入れ) を表している。

を疑うということは，想像・思考のプロセスの中にしか成立しないとも言える[16]。このようにして，「だろう」と「だろうか」は，推量判断の過程の表し分けとして対立するのである。つまり，「だろう」は，推量判断が1つの帰結に達した段階を表し，「だろうか」は，推量判断が未成立段階にあることを表す[17]。これに対して，話し手がその事柄を直接確認しながら，同時に判断の成立を疑うということは考えられない。そこで，「するか」は，聞き手がそのことを直接確認しているか否かを問う形式として機能し，「する」と「するか」は，情報の提供・要求という，文の伝達的なタイプの表し分けとして対立することになる。

　このような非対称性を通して，「するか」と「するだろうか」の対立は，認識のタイプの対立から，質問・自問という疑問文の機能的タイプの対立に移行している[18]。

3.2　推量判断の過程性

　従来の研究において，「だろうか」（あるいは，終助詞の「かな，かしら」）は，〈疑い〉の形式と呼ばれることがあり（仁田義雄(1991b, 2000)など），その重要な性質として，自問的な疑問形式として，独話的文脈で使用可能であるということがある。疑問形式の中で，そうした性質を「だろうか」と共有しているものとして，非分析的な否定疑問形式の「のではないか」[19]がある。

---

[16] 推量と疑問の相関の原理については，阪倉篤義(1960)や山口堯二(1989)を参照。
[17] 森山卓郎(1992a, 2000)は，「だろう」は判断形成過程（結論に至っていない，考え中であるという述べ方）を表すとしているが，本書とは大きく立場が異なる。本書が，推量判断は本質的に過程をもつという考え方をとっているのに対して，森山は，「だろう」を本来的な推量形式とは認めていない。また，本書では，判断の形成途上を捉えるのは「だろうか」であって，「だろう」はむしろ結論に至った段階を捉えていると考えるが，森山は，「だろう」自体が判断形成過程を表すとしている。
[18] さらに，この対立は，情報要求性の有無や丁寧さといった，質問文としての機能的対立に移行していく。詳しくは，第5章3.2を参照。
[19] ここで「のではないか」と表記する形式は，田野村忠温(1988)の第2類の「では

(42) 内藤はまだこの部屋に住んでいたのだ。私は安堵と，同時に新たな不安を感じながら，扉をノックした。彼は私を受け入れてくれるだろうか……。だが，返事はなかった。
(沢木耕太郎『一瞬の夏』p.25)

(43) もっと別の理由があったのではないか。
吟子はそう思いながらその直前で立ち止っていた。
(渡辺淳一『花埋み』p.813)

また，「だろうか」と「のではないか」には，「もしかすると，もしかしたら，もしかして」等の可能性の想定を表す副詞と共起可能であるという共通性も認められる。

(44) もしかしたら，この刑事は自分のことを疑っているのだろうか。
迫坪は不安になった。　　（三谷幸喜『古畑任三郎（２）』p.178)

(45) もしかして私は誤ったのではないか……
何気なく起きた疑念が，みるまに吟子の頭の中で輪を作り，拡がり，やがて渦のような大きなうねりとなって返ってくる。
(渡辺淳一『花埋み』p.406)

そして，この場合には，「だろうか」と「のではないか」を置き換えても，文脈への適合性は維持される。

(44') もしかしたら，この刑事は自分のことを疑っているのではないか。

(45') もしかして私は誤ったのだろうか……

このような事実から，「のではないか」は，「だろうか」と同じく，聞き手に情報を要求するというより，話し手自身の推量判断の未成立状態を表すことにその本質がある疑問形式であると考えることができる。そうすると，次

ないか」（推定を表現する）に当たる。なお，「君が約束を破ったんじゃないか」のようなものは，田野村の第１類の「ではないか」（発見した事態を驚き等の感情を込めて表現したり，ある事柄を認識するよう相手に求めたりするもの）が「のだ」をとったものであるので，該当しない。

に問題になってくるのは，推量判断の過程性に関わる表現として，「だろうか」と「のではないか」は，どのような関係にあるのかということである。

　まず，この2形式の違いとして言えることは，「だろうか」は，補充疑問文（wh疑問文），選択疑問文，真偽疑問文（yes-no疑問文）のいずれにも使用可能であるのに対して，「のではないか」は，真偽疑問文にのみ使用可能で，補充疑問文（(46)）や選択疑問文（(47)）には使用できないということである[20]。

(46)　「この娘のどこに惹かれている｛のだろうか／＊ノデハナイカ｝」と，伊木は自らに問うてみた。

（吉行淳之介「樹々は緑か」p.432）

(47)　こんどはどこへ送致されるのだろう？　やはり多摩｛だろうか／＊ナノデハナイカ｝，それとも特別少年院｛だろうか／＊ナノデハナイカ｝……。　　　（立原正秋『冬の旅』p.705）

また，真偽疑問文の場合でも，「だろうか」は，(48)のように，その事柄が成立する可能性を察知している場合だけでなく，逆に，(49)のように，不成立の可能性を察知している場合にも使用されるが，「のではないか」が使用できるのは，前者の場合だけである。

(48)　もしかしたら，この刑事は自分のことを疑っている｛のだろうか／ノデハナイカ｝。（＝(44)）

(49)　原田瑞枝はぼくの言っていたことを果して本当に正しく理解していた｛のだろうか／＊ノデハナイカ｝——ということが，日を追うにしたがって気がかりになった。

（椎名誠『新橋烏森口青春篇』p.442）

以上の観察から，2形式の関係は，「だろうか」がその状況で考えうる可能性の中からいずれを選択すべきかについて思考をめぐらせている段階を提

---

[20]　なお，「だろうか」と「のではないか」に共有される真偽疑問文のタイプには，(42)〜(45)のような自問のほか，「ねえ，週末は雨｛だろうか／なんじゃないか｝？」のような，聞き手に意見を要求するものがある。

示し，「のではないか」は考えうる可能性の中から1つに絞り込んだ段階を提示する，というように，捉えている思考段階の違いとして説明できる。この説明は，次の例のように，独話的文脈において，「だろうか」の文と「のではないか」の文が並列されることによって，判断の継起関係が表されるという事実によっても支持される。

(50) むしろ，「彼」が今自分と同じ建物の中にいるのだ，すぐ近くにいるのだという思いで尚さら落ちつかず，さらに，「彼」は今日学校に来ているの<u>だろうか</u>，昨夜遅くまで自分と一緒にいたせいで遅刻でもしている<u>のではないか</u>，などと思い，「彼」がいる筈の教室の前まで様子を見に行ったりした。

(筒井康隆『エディプスの恋人』pp.210-211)

こうした判断の継起関係は，対話的文脈においても成立する。「だろうか」の文と「のではないか」の文とは，問題提起とそれに対する見解提示というように機能を分担して，問いと答えのペアを構成する。

(51) A 「彼はまだ独身<u>だろうか</u>？」
　　　 B 「ああ，そう<u>なんじゃないか</u>」

事実を知らないという点では，AとBは同じ立場にあるが，ここで問いと答えのペアが成立しているのは，BがAよりも進んだ段階の判断過程を提示しているからである。したがって，この2形式を入れ換えると，まともな対話を構成しなくなる。

(52) A 「彼はまだ独身<u>なんじゃないか</u>？」
　　　 B 「＊ああ，そう<u>だろうか</u>」

なお，(52)のBから同意の応答詞「ああ」を除けば，応答として成立する。

(52') A 「彼はまだ独身<u>なんじゃないか</u>？」
　　　　B 「そう<u>だろうか</u>」

この応答は，相手の見解に不同意である，あるいは，積極的に賛同できない，という態度の表明になっている。判断過程を逆行しているからである。

以上のように,「だろう」とその疑問形式「だろうか」が推量判断の成立・未成立の関係で2項対立しているところへ「のではないか」が割り込むことによって,「だろうか→のではないか→だろう」といった判断の形成段階の表し分けが成立していると見られる。「のではないか」をこのように位置づける根拠を,さらに2点ばかり補足しておきたい。

　1つは,副詞との共起関係であり,「だろうか」「のではないか」に見られた,「もしかすると」等の副詞との共起は,「だろう」には見られない。

　　(45″)　もしかして私は誤った{のだろうか／のではないか／*のだろう}。

一方,「きっと,たぶん,おそらく」等の確信度を表す副詞との共起は,「のではないか」と「だろう」には普通に認められるが,「だろうか」には起こらない。

　　(53)　待て！……なんだ,いまの音は？……聞えなくなった……たぶん,そら耳だった{のだろう／*ノダロウカ／ノデハナイカ}。

　　　　　　　　　　　　　　　　　　　(安部公房『砂の女』pp.365-366)

すなわち,3形式とこれらの副詞との共起関係は,次の表のようになる。

(54)

	だろうか	のではないか	だろう
もしかすると等	○	○	×
きっと,たぶん等	×	○	○

　次に,疑問文との関係である。すでに見たように,「だろうか」と「のではないか」は,自問的な疑問文を構成するという性質を共有しつつ,補充疑問文や選択疑問文で使用できるか否かという点で異なっていた。「だろう」は,自問的な疑問文を構成せず,補充疑問文や選択疑問文でも使用できないが[21],いわゆる〈確認要求〉の用法を「のではないか」と共有している[22]。

---

[21]　「彼はいつ来るだろう？」は,「だろうか」から「か」が落ちたもので,「だろう」ではない。

[22]　ただし,「だろう」は「ほら,あそこに信号があるでしょう」のように話し手の認識が確かな場合にも使用できるが,「のではないか」にはこのような用法はない。「のではないか」と「だろう」の確認要求用法については,第6章3.1で詳述する。

(55)　「お忙しい{んじゃない/ンデショウ?」
　　　「いや、僕は大体役立たずなので暇なんです!」

(赤川次郎『女社長に乾杯!』p.350)

結局、疑問文のタイプと3形式の関係は、次の表のようにまとめられる。

(56)

	だろうか	のではないか	だろう
補充疑問・選択疑問	○	×	×
真偽疑問(自問的)	○	○	×
確認要求	×	○	○

このように、「のではないか」は、副詞との共起関係の点でも、疑問文のタイプとの関係の点でも、ちょうど、「だろうか」と「だろう」の間に位置づけられるような性質をもつことが確認できる[23]。疑問文の本来的な機能である問いかけ性をその本質としない、「だろうか」や「のではないか」のような非典型的な疑問形式は、推量判断の過程性を捉える表現として、認識のモダリティの中に位置づけることが可能である[24]。

4. 認識のモダリティの諸形式

4.1 認識のモダリティの類型

すでに述べたように、形態論的カテゴリーとしての認識のムードは、無標形式と「だろう」の対立として存在するのだが、用言のテンス形式に接続して[25]、その事柄を直接確認していないことを表す、という性質を共有している点で、「だろう」と並べて記述してよいと考えられるいくつかの形式があり、これらは、機能・意味的カテゴリーである、認識のモダリティの表現手段であると考えられる。

---

[23] なお、「のではないだろうか」という形式があるが、これは、「のではないか」と「だろうか」を結合したものではなく、「のではないか」の疑問機能を疑いに特化させたものと考えられる(確認要求に使用できないという点を除けば、振る舞いは「のではないか」と同一である)。

[24] 詳しくは、宮崎和人(2001b)を参照。なお、「だろうか」については、仁田義雄(2000)の「疑い」や益岡隆志(2002)の「不定判断」など、これを認識(判断)のモダリティの中に明確に位置づける研究がすでにいくつか存在する。

[25] ただし、接辞である「(し)そうだ」は、例外である。

(57) 雨がひどいので，試合は中止に{なるかもしれない／なるにちがいない／なるはずだ／なるようだ／なるみたいだ／なるらしい／なりそうだ／なるそうだ}。

　これらの形式が表す認識的な意味の類型については，すでに多くの考察がある。伝統的には，これらを「判断のモダリティ」を表す形式と捉え，判断の確かさ（蓋然性）を表す形式と証拠に基づく判断を表す形式とに大きく2分類する考え方がある。

　本書も，概ねこの分類法に従うのだが，「判断」という概念でこれらすべてを覆うことはできないだろう。いわゆる伝聞を表す形式は，話し手自身の判断を表さないし，証拠に基づく判断を表すと言われる形式の中にも，判断というより，話し手の観察そのものを述べることが基本的であると考えられるものがある。これらは，その情報が何に基づくかということの表示である〈証拠性〉(evidentiality)という，より一般性の高い概念を用いて記述した方がよいのではないかと思われる。また，判断の確かさを表すと言われる形式の意味についても，蓋然性の高低のスケールの上に位置づけるよりも，〈可能性・必然性〉という概念で捉える方がより本質的であると思われる。

　以上のような前提に立って，ここでは，(57)の形式群を，〈可能性・必然性〉を表す「かもしれない，にちがいない，はずだ」と，〈証拠性〉を表す「ようだ，みたいだ，らしい，(し)そうだ，(する)そうだ」に，大きく2分類する。

　〈可能性・必然性〉と〈証拠性〉の対立の基本は，話し手の内的思考による認識であるか，外的状況の観察に基づいた認識であるか，ということにある。純粋に話し手の内的思考として文を述べることができるか否かということは，仮定条件の帰結として使用できるか否か，「と思う」による思考内容化が可能か否か，というテストによって確認できる[26]。

[26] 「これ以上雨が降り続いたなら，試合は中止になるそうだ」は，仮定条件節を伝聞内容に含め，「[これ以上雨が降り続いたなら，試合は中止になる]そうだ」と解釈すれば，成立するが，もちろん，ここでは，「これ以上雨が降り続いたなら，[試合は中

(58) これ以上雨が降り続いたなら，試合は中止に｛なるかもしれない／なるにちがいない／なるはずだ／＊なるようだ／＊なるみたいだ／＊なるらしい／なりそうだ／＊なるそうだ｝。

(59) 雨がひどいので，試合は中止に｛なるかもしれない／なるにちがいない／？なるはずだ／＊なるようだ／＊なるみたいだ／＊なるらしい／＊なりそうだ／＊なるそうだ｝と思う。

なお，「(し)そうだ」に関しては，(58)のような予想を表す用法では，仮定条件の帰結として使用できるが，次の例のような外観観察の用法では，使用できない。

(60) ＊試合が中止になったら，選手たちは悲しそうだ。

テストの結果をまとめると，次の表のようになる[27]。

(61)

		仮定条件の帰結	思考内容化
可能性・必然性	かもしれない，にちがいない	○	○
	はずだ	○	△
証拠性	ようだ，みたいだ，らしい，(する)そうだ	×	×
	(し)そうだ	○／×	×

すでに見たように，「だろう」は，仮定条件の帰結として使用でき，思考内容化も可能である。つまり，〈推量〉と〈可能性・必然性〉には，内的思考的な認識という点での類似性がある。

4.2 可能性・必然性

〈可能性・必然性〉とは，命題内容の成立について，その可能性や必然性が存在するという認識の仕方であり，可能性の認識を表す形式としては，「かもしれない」があり，必然性の認識を表す形式としては，「にちがいな

止になる］そうだ」という意味での成立の可否をテストしている（他も同様）。
[27] 「はずだ」と「と思う」の相性がよくないのは，「はずだ」の論理性・客観性が「と思う」の主観性と反発するからであろう。

い，はずだ」がある。

1）「かもしれない」等

「かもしれない」[28]は，あくまでも，「可能性がある」という認識を表す形式であって，「可能性が低い」という認識を表すわけではない[29]。たとえば，次のような例には，話し手の期待感が窺えるが，それは，十分に可能性のあることと話し手が考えているからである。

(62) そうか，純子さんも，この一件で僕のことを見直してくれる<u>かもしれない</u>ぞ，と山本は思い付いた。こうなると大張り切りで，
「やる！　やるよ！」
と力強く肯いた。　　　　（赤川次郎『女社長に乾杯！』p.656）

ある事柄が成立する可能性があるという認識は，その事柄が成立しない可能性があるという認識と共存する。したがって，

(63) 終戦宣言という悪質な茶番を思いついたのは局長<u>かもしれない</u>し，知事<u>かもしれない</u>。　　　（開高健「パニック」pp.109-110）

のように，相矛盾する事柄を「かもしれない」によって並列させることができる。このようなことは，「だろう」では起こらない。

(63') *終戦宣言という悪質な茶番を思いついたのは局長<u>だろう</u>し，知事<u>だろう</u>。

相矛盾する事柄を並列することができるのは，「だろう」ではなく，「だろうか」である。

---

[28] 稀に，「六月。もしかしたら私，今頃は浜松へ行ってた<u>かしれない</u>のよ。」（川端康成『雪国』p.96）のように，「も」のない，「かしれない」という形で使用されることがある（ただし，「彼には何度注意した<u>か知れない</u>」のように疑問詞と共起したものは，別物）。また，「かもわからない」という表現も，「かもしれない」とほぼ同じ意味で使用されることがあるが，形式化の度合いは「かもしれない」よりも低い。

[29] 野田尚史（1984:p.115）に，「「～かもしれない」と言う場合に話し手が考える確率は副詞によってもかわるが，かなり幅が広く，「～にちがいない」と言えない場合のほとんどをカバーしているようである」という指摘がある。

(63″) 終戦宣言という悪質な茶番を思いついたのは局長<u>だろうか</u>，それとも，知事<u>だろうか</u>。

「かもしれない」と「だろうか」は，成立の可能性のある事柄を取り上げる点で共通している。この2形式は，「もしかすると，もしかしたら，もしかして，ひょっとすると，ひょっとしたら，ひょっとして」といった可能性の想定を表す副詞や，いくつかの可能的事態の中の1つを提示する副詞である「あるいは」とごく自然に共起する[30]。

(64) <u>もしかすると</u>，花子の恋人というのは，太郎なの{かもしれない／だろうか}。

(65) <u>あるいは</u>，花子の恋人というのは，太郎なの{かもしれない／だろうか}。

また，命題内容を仮定条件化することが可能なことも，「かもしれない」と「だろうか」が可能的事態を取り上げるという類似性をもつことを示している。

(66) 彼には何か悩みがあるの{かもしれない／だろうか}。<u>もしそうなら</u>，僕に相談してほしいのだが。

ただし，「だろうか」の場合，(63″)のように，相矛盾する事柄は，「<u>それとも</u>」によって選択関係でつながれる。つまり，「だろうか」は，何が事実であるかを検討する過程（真偽の判定過程）において，選択候補としての可能性を取り上げる形式である。一方，「かもしれない」の場合には，(63)のように，相矛盾する事柄は，「<u>し</u>」によって共存関係でつながれる。このことは，「かもしれない」が，何が事実かということを問題にすることなく（真偽の判定を放棄して），可能性の存在そのものを指摘する形式であるということを意味する。

しかしながら，実際には，ただその可能性があれば，「かもしれない」が

---

[30] なお，「かもしれない」が「たぶん，おそらく」などの確信の度合いを表す副詞と共起することもないわけではないが，完全に自然だとは言い切れない（判断に個人差がある）。

使用できるというわけではない。
　　(67)　A　「明日、お邪魔してもいいですか？」
　　　　　B　「明日は、家に{#いる／いない}かもしれません」
実際に家にいる可能性があったとしても、この文脈で「いるかもしれない」と言うのはおかしい。ここで間接的に来訪を断るには、「明日家にいない」可能性に注目させる必要がある。このように、「かもしれない」によって可能性を導入するにあたっては、それが当該文脈に対して情報的に有意義であるということが必要である。

　「かもしれない」にあり、「だろう」にない用法として、話し手自身の過去の行動についての記憶や行動予定がはっきりしないことを述べる用法がある。
　　(68)　しまった。急いでいたので、エアコンを切らずに来た{かもしれない／??だろう}。
　　(69)　今晩、君に電話する{かもしれない／??だろう}。だから、家にいてね。
これらは、自分がそのように行動した、あるいは行動する可能性があるということを表すものである。

　また、「かもしれない」には、1つの見方・考え方として、そのように言うことも可能であるということを表す用法がある。
　　(70)　彼は、ある意味、偽善者かもしれない。
相手の発言に譲歩する用法も、そうしたものの一種であろう。
　　(71)　確かにおっしゃるとおりかもしれませんが、こちらはこちらで立場があるのです。
　評価のモダリティ形式の「てもいい」にも、事柄の成立の可能性に言及する用法がある。
　　(72)　彼は1時間前に家を出ているのだから、もう着いてもいい。
だが、この用法の「てもいい」は、「かもしれない」とはかなり意味が異なる。ある根拠から論理的に導かれる可能性を表すのが、この用法の「てもい

い」であり，「～ても不思議ではない」も，そうした意味での可能性を表現する。

さらに，文法化の程度は低いが，「とも考えられる，ということも考えられる，ということも考えられないわけではない」なども，可能性の存在を示唆する表現である。

(73) あるいは，犯人は，捜査を混乱させるために，わざとこのような証拠を残した{とも考えられる／ということも考えられる／ということも考えられないわけではない}。

これらは，ある問題を考察していく中で可能性の存在を指摘するというテクスト的機能を伴った表現である。

類義の表現としては，このほか，可能性の存在を客観的に述べる，「可能性がある，疑いがある，恐れがある」などもある。

2）「にちがいない」「にきまっている」

続いて，必然性の認識を表す形式について述べる。まず，「にちがいない」は，断定はできないが，その判断が間違いのないものとして確信される，という意味を表す形式である。

(74) もちろんいま断定はできないが，判決はきっと有利なものになるにちがいない。(星新一『人民は弱し　官吏は強し』pp.456-457)
(75) 「いい声だね」
　　　大宮は感心するように云った。そう云われると，野島もいい声だと思った。すると同時に，「あれは彼女にちがいない」と云った。
　　　　　　　　　　　　　　　　　　(武者小路実篤『友情』p.88)

やや固く，古めかしい文体になるが，「に相違ない」という表現も，「にちがいない」とほぼ同じ意味を表す。

(76) 「これは恐れ入りました。いまお顔の色をうかがい奉るに，頬に血のつやがさしていかにもお元気そうでおじゃる。察するところ，よほどの悪計をたくらんでいなさるに相違ない」

(司馬遼太郎『国盗り物語』p.628)

「にちがいない」の意味の特徴をもう少し明確にするために，類義の「にきまっている」という表現と比較してみる。

(77) 小さな村内に噂が拡がる速度は驚くべきものだった。木下や木下の妻や，あの若い巡査がふれまわったにきまっている。

(筒井康隆『エディプスの恋人』p.166)

この文脈では，「にきまっている」の代わりに「にちがいない」を用いても，あまり違いは出ないように感じられる。

(77') 木下や木下の妻や，あの若い巡査がふれまわったにちがいない。

だが，次のような文脈では，「にちがいない」を用いることはできない。

(78) 「健康になればうれしい{にきまっている／*ニチガイナイ}さ」

(武者小路実篤『友情』p.109)

こうした用法の存在が示唆しているように，「にきまっている」は，基本的に，考えるまでもなく，自明のこととして，その判断が成立することを表す。認識を押しつけるタイプの確認要求文で使用できるのも，そのためである。

(79) 「そいつを縦に暮してみたら，どういうことになる？」
「ミイラになる{にきまっている／*ニチガイナイ}じゃないか！」

(安部公房『砂の女』p.341)

(77)のように，真偽不明のことについて「にきまっている」を用いると，「にちがいない」にかなり近づくとはいえ，もちろん，違いがないわけではない。たとえば，次の例のように，一定の根拠に基づいて推論するような文脈では，「にちがいない」を用いるのが自然であり，「にきまっている」はかなり不自然になる。

(80) 彼は相当眠そうだ。昨夜，徹夜した{にちがいない／#にきまっている}。

逆に，とくに根拠なく，直感的な判断を述べる場合には，「にちがいない」よりも「にきまっている」を用いる方が自然である。

(81) 宝くじを買ったって、どうせ当たらない{??にちがいない／にきまっている}。

「にちがいない」と「にきまっている」のこのような意味の違いは、共起副詞によって示される確信度の範囲の違いにも反映している[31]。

(82) この話をしたら、{きっと／たぶん／おそらく}、彼は驚く<u>にちがいない</u>。

(83) この話をしたら、{きっと／*たぶん／*おそらく}、彼は驚く<u>にきまっている</u>。

3)「はずだ」

では、「はずだ」は、「にちがいない」や「にきまっている」とどのように異なるのだろうか。

(84) 「もしくは何かそのコートに大事な意味があったのか。例えば大切な物が隠してあったとか。殺しを犯してまで手に入れたかったわけですから相当大事な物の<u>はずです</u>」

(三谷幸喜『古畑任三郎(2)』p.126)

この例を見る限り、「はずだ」も、「にちがいない」と同様、話し手の推論の結果として、その事柄の成立が確信されることを表すとしてよいように思われる。実際、これを「にちがいない」に置き換えても、さほど大きな違いは出ないだろう。

(84') 殺しを犯してまで手に入れたかったわけですから相当大事な物<u>にちがいありません</u>。

だが、これは「はずだ」の用法のごく一部にすぎない。「にちがいない」の用法は、真偽不明な状況での推論に限定されているのだが[32]、「はずだ」

---

[31] ただし、「にちがいない」の場合も、「きっと」と共起する例が圧倒的に多数で、「たぶん、おそらく」との共起は稀ではある。

[32] 「にちがいない」にも、「確かに、彼は優秀な研究者に(は)違いない」のような、推論を表さないものがあるが、譲歩的であることや、「は」の挿入が可能であるなどの点で、区別可能である。

は，命題内容の真偽値がすでに確定している場合でも，使用されることがある。たとえば，次のような用法である。

(85) 「ええ，本当は二年になってる<u>筈</u>なんですけど，実は学校へ行きたがりませんもんで，まだ一年なんです。今日は，本坊さんに，そのことでご相談にあがったんです」
(曽野綾子『太郎物語』p.1296)

この例では，命題内容が偽であることが話し手にあらかじめわかっている。そして，もちろん，これを「にちがいない」に置き換えることはできない。

「はずだ」の諸用法を統一的に説明するには，その本質的な意味は，その事柄の成立を話し手が確信しているということではなく，当然視しているということであると考える必要がある。「根拠に基づいて推論すれば，～と確信される」というのが「にちがいない」の文であるとすれば，「道理や法則，常識に従えば，当然，～ということになる」というのが「はずだ」の文である。次のような用法にも，当然性の認識という，「はずだ」の本質がよく窺える。

(86) 当時，井上八郎は四十前後であったようだから，いまは五十に近い<u>はずだ</u>。 (池波正太郎『剣客商売』p.330)

これは，論理的必然によって帰結を導く用法である。

また，次のような例は，すでに確認されている事実の当然性を，その原因の発見によって，その場で確認する用法である。

(87) 明石の上は，物の言いぶりもおくゆかしく，なるほどこれでは，殿がお愛しになる<u>はずだ</u>わ，と紫の上は感心せずにいられなかった。 (田辺聖子『新源氏物語』p.1800)

すなわち，「明石の上の物の言いぶりがこんなに奥ゆかしい」のだから「殿が明石の上をお愛しになる」のは当然だと認識しているのであり，このような用法にも，当然性の認識という，「はずだ」の本質が色濃く現れている[33]。

---

[33] このような用法では，当然性の認識が２つの事柄の関係づけのレベルで成立していることから，説明のモダリティの観点から分析することも必要である。第７章

次のような例では，記憶に照らせば，当然そのような事実があったことになるという認識を表している。

(88)　「確かに切れておりました。低い方の弦が」
　　　「おかしいな，夕方調律した<u>はず</u>なのに」
　　　　　　　　　　　　　　　　（三谷幸喜『古畑任三郎（1）』p.176）

この例がそうであるように，「はずだ」は，「自分は当然こうであると考えているのに，現実の状況はそれに反している」というような文脈で使用されることが少なくない。とくに，聞き手も当然それを知っているにもかかわらず，それと矛盾した言動をしているというような場合には，「はずだ」は，確認要求相当の機能をもつ。

(89)　「どういうつもりだ。二度と顔は見せるなと言った<u>はずだ</u>」
　　　　　　　　　　　　　　　　（三谷幸喜『古畑任三郎（1）』p.120）

この例の「はずだ」は，「ではないか」に置き換え可能であろう。

「にちがいない」や「にきまっている」に見られない，「はずだ」だけの特徴として，それ自体が否定形式になるということがある。

(90)　三原は，ぽかんとなった。
　　　　（発信しない電報が届く<u>はずがない</u>。奴，どこから打ったのだろう？）　　　　　　　　　　　（松本清張『点と線』p.346）

「はずがない」（「はずはない」）は，道理や法則，常識からして，そのようなことはありえないという認識を表す。つまり，当然性の否定ではなく，可能性の否定である。

4.3　証拠性

「ようだ，みたいだ，らしい，（し）そうだ，（する）そうだ」などのいわゆる推定や伝聞を表すとされる形式類の認識的な意味を，ここでは，〈証拠性〉(evidentiality)と呼ぶ。

4.3を参照。

(91) この本は結構{売れているようだ／売れているみたいだ／売れているらしい／売れそうだ／売れているそうだ}。

これらの形式は，話し手が何らかの証拠——話し手自身の観察や他者からの情報など——に基づいて当該事態を認識しているということを表すという性質を共有している。

1)「ようだ」

まず，次のような「ようだ」の用法から見てみよう[34]。

(92)「年のせいかな。どうも疲れる<u>ようだ</u>」
　　　　貞行はそういって，家の中でぶらぶらするようになった。
　　　　　　　　　　　　　　　　　　　　　　　（三浦綾子『塩狩峠』p.188）

話し手自身の疲労感は，話し手が直接知ることのできることであって，このような用法をもつ「ようだ」の基本性質は，真偽不明の事柄を証拠に基づいて推定して述べるというものではないと言わざるをえない。次のような，事実を婉曲的に述べる用法をもつことも，「ようだ」の特徴であるが，この用法も，真偽不明なことを推定するというものではない。

(93)「山口さんとはすこし御意見が違っていらっしゃる<u>ようですね</u>」
　　　　　　　　　　　　　　　　　　　　　　　（開高健「裸の王様」p.355）

これらの用法の存在から，「ようだ」の基本性質は，「話し手が観察したこととして命題内容の成立を認識する」とするのが妥当であると考えられる。たとえば，「雨が降っているようだ」は，雨が降っているという認識が，雨音が聞こえたり，雨がかすかに見えるというような観察を通じて成立する，ということを「ようだ」によって表していると考えられる。

「ようだ」が話し手の観察の結果を述べる形式であることは，次のような例からも明らかである。

---

[34]「ようだ」と「みたいだ」は，文体的には異なるが，文法的機能はほぼ同一であると見られるので，ここでの記述は，「ようだ」を両者の代表として取り上げる。

(94)　「おれは勝つ。万が一，おれが負けたとすればおれの死骸から衣類，槍，刀を奪え。ところが，むこうは六人もいる。しかもおれの見たところ，三人は，なかなか上等の刀を帯びている<u>ようだ</u>。むこうを負かすほうが得だぞ」(司馬遼太郎『国盗り物語』p.540)

(95)　一周して帰って見ると，ドアから出入りする者はいないし，静かになっている<u>ようだ</u>。

(藤原正彦『若き数学者のアメリカ』p.258)

これらは，話し手が視覚や聴覚によって観察した結果を述べている。

また，「ようだ」には，いわゆる比況の用法があることが知られているが，これについても，そのように観察されることを述べるという基本性質から説明されるであろう。

(96)　「夜の八時に行水を使わせる。海水浴で日に焼けたのがまだ直らない。ちょうど海水着を着ていたところだけが白くて，あとが直っ黒で，私もそうだがナオミは生地が白いから，余計カッキリと眼について，裸でいても海水着を着ている<u>ようだ</u>。(略)」

(谷崎潤一郎『痴人の愛』p.80)

2)　「らしい」

さて，以上にあげたような「ようだ」の例は，いずれも，「ようだ」に固有の用法であって，「らしい」に置き換えることはできない[35]。

(92')　＊どうも疲れる<u>らしい</u>。

(93')　＊山口さんとはすこし御意見が違っていらっしゃる<u>らしい</u>ですね。

(94')　＊しかもおれの見たところ，三人は，なかなか上等の刀を帯びている<u>らしい</u>。

(95')　＊一周して帰って見ると，ドアから出入りする者はいないし，静か

---

[35]　「ようだ」と「らしい」の相違について考察した研究としては，寺村秀夫(1984)，早津恵美子(1988)，中畠孝幸(1990)，田野村忠温(1991)，菊地康人(2000a)などがある。

かになっている<u>らしい</u>。

(96')＊ちょうど海水着を着ていたところだけが白くて，あとが直っ黒で，私もそうだがナオミは生地が白いから，余計カッキリと眼について，裸でいても海水着を着ている<u>らしい</u>。

「らしい」は，観察されたことそのものを述べる形式ではなく，「観察されたことを証拠として，未知の事実を推定する」形式であるからである。

(97) 追って来る気配に，岡みどりは振り向きざま，バッグで相手の顔のあたりを思い切り打った。
「ウッ！」
と相手が呻く，命中した<u>らしい</u>。
(赤川次郎『女社長に乾杯！』p.863)

(98) 「食べないのか？」
と広田佑介がむかいの席からきいた。
「うん。風邪をひいた<u>らしい</u>」　　　(立原正秋『冬の旅』p.1139)

(97)では，「相手が呻いたこと」を，(98)では，「風邪らしい自覚症状があること」を証拠として，それぞれ，「バッグが相手に命中したこと」，「自分が風邪をひいたこと」を推定している。つまり，(92)〜(96)のように，観察されたこと(証拠)と命題内容とが分化していない場合は，命題内容を未知のこととすることができず，したがって，「らしい」は使用できない。(97)(98)では，観察されたこと(証拠)と命題内容とが区別されており，後者を未知のことと捉えることができるので，それを推定することが可能になっているのである。

ところで，(97)(98)では，「ようだ」を用いることも可能であり，一見したところ，意味の違いもさほど大きくないように思われる。

(97') 「ウッ！」
と相手が呻く，命中した<u>ようだ</u>。
(98') 「うん。風邪をひいた<u>ようだ</u>」

だが，(98')には，話し手が観察したこととして命題内容の成立を認識する

4章●4 認識のモダリティの諸形式　155

という「ようだ」の性質をそのまま認めてよいだろう。「風邪らしい自覚症状があること」と「自分が風邪をひいたこと」とは、「証拠」と「そこから推定されること」の関係で捉えることもできるが、「風邪らしい自覚症状があること」をもって、直接「自分は風邪をひいた」と認識することもできるからである。一方、(97')では、「相手が呻いたこと」と「バッグが相手に命中したこと」とを等価のことと捉えることには無理があると思われる。

このように、本来、話し手の観察結果を述べる「ようだ」は、観察されたことを証拠として未知のことを推定する用法をも有しており、その場合、「らしい」にかなり近い意味になる。こうした場合には、「ようだ」と「らしい」の差異は、ニュアンスの問題になり、これについては、話し手と事態の心理的距離(「ひきよせ」の態度をとる場合は「ようだ」、「ひきはなし」の態度をとる場合は「らしい」)(早津恵美子(1988))や、観察対象と判断内容の距離(近いと捉えれば「ようだ」、遠いと捉えれば「らしい」)(菊地康人(2000a))の相違として説明する見解が提出されている。

「らしい」には、伝聞用法があると言われることがある。たとえば、次のようなものである。

(99) 「世田谷区の保護司の話では、現在、きみの兄さんは、四谷にすんでおり、去年の秋に自動車事故をおこしている<u>らしい</u>。(略)」

(立原正秋『冬の旅』p.473)

確かに、この例の「らしい」を伝聞専用形式である、「(する)そうだ」に置き換えることは可能であり、意味の違いもあまりないようにも思われる。が、「らしい」のこの用法は、厳密には、伝聞した内容をそのまま伝えるものではなく、やはり、伝聞情報を証拠として、その情報のもとになった事実が存在することを推定する用法と言うべきであろう。「どうやら」との共起の可否が「らしい」と「(する)そうだ」を区別する。

(99') 世田谷区の保護司の話では、どうやら、現在、きみの兄さんは、四谷にすんでおり、去年の秋に自動車事故をおこしている{らしい／＊そうだ}。

また，同じ文脈で「ようだ」を使用することも不可能ではない。
　　(99″) 世田谷区の保護司の話では，現在，きみの兄さんは，四谷にすんでおり，去年の秋に自動車事故をおこしている<u>ようだ</u>。
この文は，世田谷区の保護司の話の中に観察される，聞き手の兄の近況を述べていると思われる。

3）「(し)そうだ」
　では，続いて，「(し)そうだ」について述べることにする。「(し)そうだ」は，形態論的な性質が他の形式と異なり，助動詞ではなく，動詞・形容詞の語基に接続する接辞であり，疑問の形で使用されることもある（「ようだ」や「らしい」はきわめて稀である）。
　　(100) 二人はビュッフェを後にした。連結通路を歩きながら中川は尋ねた。
　　　　「事件はどうですか，解決し<u>そう</u>ですか」
　　　　　　　　　　　　　（三谷幸喜『古畑任三郎（２）』p.138）
また，それ自体が否定形式をもつ（「ようだ」や「らしい」は否定の形にならない）。
　　(101) 雨はまだやみ{そうにない／そうもない}。
　　(102) あの選手はさほど強そうではない。
「そうにない」（「そうにはない，そうにもない」）「そうもない」は，動詞に接続する場合の否定形式，「そうではない」は，形容詞に接続する場合の否定形式である[36]。
　「(し)そうだ」の表す認識的な意味は，動詞に接続する場合と形容詞に接続する場合に分けて記述する必要がある。
　動詞に接続する「(し)そうだ」の用法として，まず，ある出来事の実現

---

[36] 動詞に接続する場合にも「そうではない」という形が用いられることがないわけではないが，非常に稀である。また，動詞接続の「そうにない」と「そうもない」は，後者にいくらか悲観的なニュアンスが感じられはするが，明確な違いはない。

を予想させる兆候が存在することを表すものがある。

(103) むし暑いどんよりと曇った午後だった。壁の上空には西からはりだしてきた黒い雲がかかり，いまにも雨が降りだし<u>そうだった</u>。

(村上春樹『世界の終りとハードボイルド・ワンダーランド』p.358)

この例では，雨が降りだす直前の空模様を描写している。この例のように過去形の例や，「雨が降りだしそうな空模様」「壊れそうな椅子」のような連体形の例，「このシャツはボタンがとれそうだ」「この椅子は壊れそうだ」のような，主体の状態を述べるタイプの文で，このような兆候の存在を表す用法が実現しやすい。

これに対して，次の例は，現時点での状況観察に基づいて，以後にある出来事が実現することが予想されるということを表している。

(104) 「なんでしたら僕も一緒に行ってもいいんです。いま，しかけている仕事の方も，丁度それまでには片がつき<u>そうですから</u>……」

(堀辰雄「風立ちぬ」p.164)

この例では，現在の状況を兆候として捉えているのではなく，今の仕事の進み具合から，それがいつ頃片づくかを予想している。つまり，推し量り的な意味が実現している。さらに，次のような例では，あることを仮定した場合の事態の推移を予想しており，かなり「だろう」に近づいている。

(105) 「原料の輸入については，私たちが共同で当ることにしたらどうでしょう。各社がそれぞれ，外国市場に別個に問合せたら，不利なことになり<u>そうです</u>。(略)」

(星新一『人民は弱し　官吏は強し』p.137)

以上のように，動詞接続の「(し)そうだ」には，兆候の存在を表すもの，現状観察に基づく予想を表すもの，ある事態が別の事態を引き起こすことを予想するもの，がある。

「(し)そうだ」が形容詞に接続した場合は，主体のもつ性質や内情が外観として観察されることを表す[37]。

---

[37] ただし，「*この図形は丸<u>そうだ</u>」や「*あの女性は美し<u>そうだ</u>」とは言えないよ

(106)「おいし<u>そうだ</u>な，食べていい？」
　　　「どうぞ」
　　　太郎はちょっと考えてから，一番外側の一切れをつまんだ。
　　　　　　　　　　　　　　　　　　　　（曽野綾子『太郎物語』p.600）
(107) せめてあなたは，野島に親切にしてやって下さい。野島は淋し<u>そうです</u>。本当にうちくだかれて参っています。
　　　　　　　　　　　　　　　　　　　　（武者小路実篤『友情』p.199）

動詞であっても，時間的な展開が問題にならない場合には，形容詞の場合に準じた意味になる[38]。

(108) 困惑の視線を京子は畳の上に向け，釣られて彼も眼を向けた。そこには，部厚い札束が転がっていた。一万円札で，三，四十枚あり<u>そうだった</u>。　　　（吉行淳之介「砂の上の植物群」p.197）
(109) 登山ナイフはウインドウのなかに並べてあった。いずれも皮革製のサックにはいっており，柄が握りよいようにつくられていた。彼はそれを数本だしてもらい，皮サックから抜きだしてみた。
　　　「これは切れ<u>そうだ</u>な」　　　　　（立原正秋『冬の旅』p.667）

また，次は動作動詞の例であるが，主体の性質を述べる意味構造の中で，形容詞と同様に，主体の性質が外観として観察されることが表されている。

(110)「美幸，もっと日本語を正確に使いなさい。禿げてるくせに強情，とは，何だ」
　　　「あら，そう感じない？　禿の人は，何となく，優しくて，よく人に譲歩し<u>そうだ</u>わ」　　（曽野綾子『太郎物語』p.1155）

なお，形容詞に接続する「（し）そうだ」にも，具体的な証拠なしに，単に予想を述べる用法がある。

うに，形容詞の表す性質が外観そのものであるような場合には，「（し）そうだ」は使用できない。

[38] ただし，「ある」や「切れる」であっても，「来週は臨時の会議があり<u>そうだ</u>」や「この木はもう少しで切れ<u>そうだ</u>」のように，時間的な展開を問題にする用法では，予想の意味が表される。

(111)「しかし,黒田君は認めないだろう。彼はあくまでも霊視で見つ
けたんだと言い張るに違いない。事が超能力だけに,彼の言い分
を崩すのは逆に難し<u>そうだな</u>」

(三谷幸喜『古畑任三郎（1）』p.165)

この例では,「だろう」「にちがいない」の文と並んで,「（し）そうだ」の文も見通しを述べている。

4）「（する）そうだ」等

では,最後に,いわゆる〈伝聞〉を表す形式類について述べることにする。まず,典型的な伝聞形式として,「（する）そうだ」を取り上げる。「（する）そうだ」は,情報伝達に際して,その情報が他者から取り入れたものであることを明示するために使用される形式である。

(112)「（略）おい,この列車番号の7というのは何か,駅にきいてみろ」
刑事の一人が電話をかけていたが,すぐに報告した。
「列車は東京発の下り博多までの特急<u>だそうです</u>。《あさかぜ》という名<u>だそうです</u>」
「なに,博多までの特急だって？」　（松本清張『点と線』p.45)

伝聞情報として扱われるのは,典型的には,この例のように,ある個人の具体的な発話内容であるが,外部から取り入れた情報であれば,何かに書かれていることでもよいし,個人の特定されない,単なる噂でもよい。

(113)夕食のあと,基一郎はその日の新聞をもう一度見なおしながら上
機嫌で言った。
「三瓶,颱風が九州にきているが,これが日本海に抜けてしまえ
ばあとに心配はない<u>そうだ</u>。二百十日もまず無事だねえ」

(北杜夫『楡家の人びと』pp.484-485)

(114)人の噂では,ボウルダーは世界でも二番目に風の強い町<u>だそうだ</u>。一番目はアフリカのどこかの山の頂上付近の町らしい。

(藤原正彦『若き数学者のアメリカ』pp.309-310)

誰（どこ）からの伝聞かという情報源を特定したり明示したりしないことも少なくないが，明示する場合には，「～によると，～によれば，～の話では，（～の）噂では，～から聞いた話では，～が言う（こと）には，～に言わせると」などの表現が用いられる。

また，伝聞内容には人称制限があり，1人称者・2人称者が常に伝聞内容の当事者になれるわけではない。

(115) 彼の話では，{＊僕／＊君／あの人}は40歳だ<u>そうだ</u>。

1人称者・2人称者を伝聞内容の当事者に含むことができるのは，次の場合に限られる[39]。

(116) {僕／君}が歩いているところがテレビに映った<u>そうだ</u>。（話し手・聞き手にとって未知の情報）

(117) 彼に言わせると，{僕／君}はいい人だ<u>そうだ</u>。（他者の判断・意見）

(118) 君，引越した<u>そうだ</u>ね。（「ね」による聞き手情報の確認）

伝聞とは，情報を「取り次ぐ」ことであると言われることがあるが，「(する)そうだ」や伝聞用法の「らしい」は，情報の受け渡しをするというより，話し手が「どのようなことを聞いて知っているか」を伝えるというのが基本的な機能ではないだろうか[40]。そのような意味で，これらを〈認識系〉の伝聞形式と呼びたい。これに対して，「どのようなことが言われたか（言われているか）」を伝えることにその本質があると考えられる，〈引用系〉の伝聞形式がある。以下，それらを概観しておく。

まず，引用助詞の「って」で言いさす形式類がある[41]。

---

[39] (115)も，「僕／君」が実は40歳でなく，彼が誤解しているということを伝える意味なら，一種の未知情報として，「僕／君」でも成立する。

[40] ただし，(117)のような，他者の判断や意見を紹介する用法は，この限りではない。森山卓郎(1989a)や仁田義雄(2000)では，「A紙によれば，今回は首相も証人喚問に応じる<u>そうだ</u>が，僕はそうは思わない」のように，「(する)そうだ」の文を述べた直後にそれを否認できるということが指摘されているが，これも，この用法の「(する)そうだ」において成立する現象であろう。

[41] このほか，「明後日の夜七時にここへ来てくれ<u>だって</u>」（井上靖『あすなろ物語』

(119)「はい社長室です。――はい」
　　　純子が伸子の方へ、「お電話です__って__。何か男の人で名前は分かんない__って__」
　　　「ありがとう」　　　　　　　（赤川次郎『女社長に乾杯！』p.545）
(120)「美幸さん、学校やめるの？」
　　　「やめない__んだって__。来年の春結婚して、ずっと続ける__んだって__」
　　　　　　　　　　　　　　　　　（曽野綾子『太郎物語』p.1343）

このうち、「って」は、意志・勧誘・命令・依頼の形式に接続可能であったり、情報源が主語として現れたりする点で、多分に引用構文の性質を残している。

(121) お父さんが、早く帰ってきなさい{って／＊んだって}。

「って、んだって」の特徴としては、疑問文で使用されるということが指摘できる。ただし、「って」と「んだって」とは、伝聞自体が疑問の対象になるか否かという点で異なる。

(122) 彼も来る__って__？

(123) 彼も来る__んだって__？

すなわち、(122)は、彼が来るということを聞き手が聞いているか否かを尋ねているのに対して、(123)は、すでに話し手は彼が来ると聞いていて、聞き手にも同じ情報があるかを確認している。こうした違いから、聞き手の情報について尋ねる場合には、「んだって」しか使えないことになる[42]。

(124) 君も行く{??って／んだって}？

次のような例の「とのことだ、ということだ」も、一種の伝聞形式と見てよいだろう。

(125)「上司の命令です。あなたと柳さんを、都内のホテルの一室に保護せよ__とのことです__」　　　（赤川次郎『女社長に乾杯！』p.546）

---

p.129)のように、元の発話を完全に再現したうえで付加される「だって」がある。伝聞というより、直接引用である。

[42] こうした用法の「んだって」は、ほぼ「そうだね」に置き換えられる。

(126) ところが，その次にお婆さんがきたときの話では，その手紙は番兵に見つけられ，お婆さんはきびしくしかられ，これから二度とこんなことをしたらもう捕虜に近づくことは絶対にゆるさない，といわれたそうです。そしてしかも，その傷病兵たちはよその病院にうつされ，もうこの町にいなくなった，ということです。

(竹山道雄『ビルマの竪琴』p.130)

これらの例から，情報の受け渡しや内容を要約して伝えるという特徴が窺える。伝聞した情報内容だけでなく，過去においてそのような情報の受け渡しがあったということまで含ませて述べるときには，過去形が使用される。

(127) 「今，お宅のお嬢さんから電話がありました。お宅さんへ伝言してくれとのことでした。思いきって隣村の九一色病院へ入院したが，容態は大して悪くないから安心してくれとのことでした」

(井伏鱒二『黒い雨』p.509)

(128) 親戚の家の話では，加島家では，一人息子の心中事件があってから，毎年のように，十二月になるとこの村へやって来て，村の寺で二人の供養をするということだった。

(井上靖『あすなろ物語』p.102)

これらは，基本的に，情報源が特定されている場合でなければ，使用できない。

(129) 専門家の分析では，あの会社はもうすぐ倒産するかもしれない｛そうだ／とのことだ／ということだ｝。

(130) 噂では，あの会社はもうすぐ倒産するかもしれない｛そうだ／＊とのことだ／＊ということだ｝。

次のような「という」も，伝聞的な意味を実現させている。

(131) 若い人たちは何者かの目に見えない大きな手によってさしまねかれるかのように，次々と出てゆき，一ころ，この歌は朝に夕に校内にたえることがなかったといいます。

(竹山道雄『ビルマの竪琴』p.227)

(132) また，新聞によれば，佐山とお時とは深い関係があり，そのことで佐山は悩んでいる口吻をもらしたこともある<u>という</u>。

(松本清張『点と線』pp.60-61)

(131)のような，言い伝え的な用法をもつことが「という」の特徴であるが，(132)のような，通常の伝聞にも使用される。なお，普通体の「という」が使用されるのは，書きことばに限られる。

「とか」は，噂や又聞きなど，伝聞内容が不確実である場合に使用される形式である。

(133)「六條院に引きとられた姫君は，難のない方のようですね。兵部卿の宮が熱心に求婚されている<u>とか</u>」

(田辺聖子『新源氏物語』p.1521)

また，「とか」は，「そうだね」や「んだって」と同じく，聞き手の情報を確認する用法をもつ。

(134) 小野は手を差し出した。迫坪はそれを握り締めた。

「私に何かお話がある<u>とか</u>」

小野はゆっくりとうなずいた。

(三谷幸喜『古畑任三郎（2）』p.196)

5. 思考動詞による認識表現

5.1 「と思う」と「だろう」

思考動詞「思う」のスル形式は，発話行為時現在における話し手の思考活動を表現することから，モダリティ表現と認定され（中右実(1979)），また，働きが「だろう」に近似すると言われている（仁田義雄(1991b)）。たとえば，次のような「と思う」は，「だろう」に置き換えることが可能である。

(135)「いつ出てこれるんだい？」

黒が行助に訊いた。

「秋になる｛と思う／ダロウ｝」　　（立原正秋『冬の旅』p.1046）

ただし，「と思う」が「だろう」に近似する条件としては，「思う」自体が

スル形式をとるということに加えて，引用文の述語が無標形式であるということが必要であり，次のような例の「と思う」は「だろう」に置き換えられない[43]。

　　(136)「カシアス内藤に会ってみようと思う」
　　　　　　　　　　　　　　　　　　　　　(沢木耕太郎『一瞬の夏』p.223)
　　(137)「そういうことはないだろうと思う」とかれは疑懼をおしきって
　　　　　いった。　　　　　　　　　　　(大江健三郎「戦いの今日」p.405)

　また，引用文の述語が無標形式であれば，「と思う」が「だろう」相当になるというわけではなく，引用文の内容にも制約がある。すなわち，引用文は，真偽判断で構成されていなければならない。主観的な評価を表す引用文を受ける「と思う」は，「だろう」に置き換えられない[44]。

　　(138) この小説はなかなか面白い{と思う／＊だろう}。

「と思う」の引用文が話し手の記憶内容で構成される場合があるが，この場合も，「だろう」には置き換えられない。話し手自身が記憶していることを真偽判断の対象とすることはできないからである。

　　(139)「患者さんですか。どういった病気だったか覚えていますか」
　　　　　アリは，充分に時間を取ってからおもむろに答えた。
　　　　　「確か，そう，盗癖だった{と思います／＊デショウ}」
　　　　　　　　　　　　　　　　　　　(三谷幸喜『古畑任三郎(1)』p.19)

「だろう」は，「と思う」の引用文に埋め込まれる((137))ことからもわかるように，それ自体が思考内容を構成する。これに対して，「と思う」は，思考内容の外側にあって，それを対象化する表現である。このような表現レベルの違いから，「と思う」には，独話的文脈で使用できないという制約が課せられ（思考内容そのものをつぶやくことはできても，それを対象化して

---

[43] 森山卓郎(1992b)では，(135)のようなものを「不確実表示用法」，(136)～(138)のようなものを「主観明示用法」と呼び，この区別は，引用文の情報内容が客観的か主観的かの違いによるとしている。

[44]「この作品は非常に優れている{と思う／だろう}」のように，「だろう」に置き換えられる場合がないわけではないが，推量用法から婉曲用法への変更を伴う。

自分に伝えるということは普通でない)，これが「だろう」との重要な相違点となる（仁田(1991b)）。

 (140)　[独り言で]　この分じゃ，あいつは来ない{だろう／#と思う}。

5.2　「と思う」と「と思っている」

 「と思う」は，思考内容を対象化する表現であるが，思考活動そのものは対象化されていないために，話し手の，発話行為時現在の思考しか表せない。これに対して，シテイル形式の「と思っている」は，思考活動そのものを対象化する表現であるために，話し手以外の思考も表現できる。

 (141)　おれが何を考え，何を望み，何を計画し，また努力しているか。母なんかに解りはしないのだ。母は今でも息子が自分の手の中で生きていると思っている。ところがおれの世界は母の世界より十倍も広いのだ。……　　　　　　（石川達三『青春の蹉跌』p.225）

 ところで，3人称者を主語にとる「と思っている」は，この例がそうであるように，他者が誤解しているという意味を表現することが少なくない。言い換えれば，話し手が引用文の内容を偽であると考えているということが含意される場合が少なくない。とくに，「彼は今日が金曜日だと思っている」のように，話し手が引用文の内容の真偽を知りうる立場にある場合には，ほぼ間違いなく，この含意を伴う。

 1人称者を主語にとる場合にも，思考活動が対象化されているか否かという違いから，「と思う」と「と思っている」の間には，次のような認識的な意味の相違が認められる。

 (142)　**司馬**　(略)その唯円坊が「南無阿弥陀仏を唱えると本当にお浄土へ行けるんですか」と問うと，親鸞いわく「私もわからない。ただ，大好きな法然さんがそうおっしゃるから，私はそうだと思っている」と(笑)。(略)

 　　　　　　　　　（司馬遼太郎・井上ひさし『国家・宗教・日本人』p.23）

 これは，「本当かどうかは別にして，法然さんの教えに従って，そう考え

ることにしている」という意味である。これを「と思う」に置き換えると，「本当かどうかは別にして」という意味合いはなくなり，むしろ，「法然さんの教えを根拠として，それが本当だと判断する」という意味になる。

　　(142') ただ，大好きな法然さんがそうおっしゃるから，私はそうだ<u>と思う</u>。

　こうした相違は，次のような用法の有無に明確に反映している。

　　(143) 私は彼のことを自分の兄だと{*思う／思っている}。

すなわち，この例のように，「と思っている」は，現実を離れた話し手の解釈や信念を表す用法をもつが，「と思う」は，このように，引用文の内容が偽であることが明らかな状況では使用できない。

5.3 「思う」の過去形のモーダル化

　動詞「思う」の継続相過去形「思っていた」は，2つの異なる時間的意味を表す。1つは，次の例のように，過去における，思考活動の一時的な継続性を表す場合である。

　　(144) 加藤は黙っていた。村野孝吉に悪い<u>と思っていた</u>。月賦で背広を買うつもりだったが，ヒマラヤという目的ができたのだから，それをしないのだとはいわなかった。

　　　　　　　　　　　　　　　　　　（新田次郎『孤高の人』pp.290-291）

もう1つは，次の例のように，思考活動の長期的な継続性を表す場合である。

　　(145) 「ずいぶんあっさりしているんだな」
　　　　　「いつかはこうなる<u>と思っていましたから</u>」

　　　　　　　　　　　　　　　　　　（赤川次郎『女社長に乾杯！』p.635）

　　(146) ラジオ局のプロデューサーであるFさんと仕事をするようになって，私はSKDのファンに意外に男性が多いことを発見した。<u>それまで私は，SKDと宝塚を，ほとんど同じタイプのショウと思っていたのである</u>。　　（五木寛之『風に吹かれて』p.110-111）

さらに，後者の2例を比較すると，(145)は，引用文の内容が「話し手が推

4章●5　思考動詞による認識表現　　167

測していたこと」であることを，(146)は，引用文の内容が「話し手が誤解していたこと」であることを表している。

「思っていた」の文において，話し手が誤解していたということ，つまり，現時点で引用文の内容は事実でないということが判明しているということが意味されるのは，(146)のように，「〜まで」などの期限を表す要素が共起する場合のほか，形式名詞「もの」や取り立て助詞「ばかり」と組み合わされた場合，副詞「てっきり」と共起した場合である[45]。

(147)「つまり，ぼくは，去年の上申書の件以来，君がネズミのことをすっかり投げたと思っていたんだよ。だってあのとき，君は全然抵抗しなかったからね。ぼくは君があきらめた<u>もの</u><u>と思っていた</u>。(略)」　　　　　　　　　　(開高健「パニック」p.68)

(148) 自分は停車場のブリッジを，上って，降りて，そうしてそれが線路をまたぎ越えるために造られたものだという事には全然気づかず，ただそれは停車場の構内を外国の遊戯場みたいに，複雑に楽しく，ハイカラにするためにのみ，設備せられてあるものだ<u>とばかり思っていました</u>。　　(太宰治『人間失格』pp.10-11)

(149)「<u>てっきり</u>クビになる<u>と思っていた</u>。社長にはいくら感謝しても足りないよ」　　　　(赤川次郎『女社長に乾杯！』pp.922-923)

完成相過去形「思った」の用法も，一様ではない。「思った」の基本的な意味は，過去のある時点に思考活動が存在したことの確認である。

(150) 明らさまに云うと，その時私は君をいやに高慢ちきな若者だ<u>と思った</u>。　　　　　　　(有島武郎「生れ出づる悩み」p.42)

だが，「思った」の実際の使用例の中には，(150)のように典型的なアスペクト・テンス的意味を実現させている用法とは明らかに異なる，次のような用法が見られる。

(151)「まずいです，鎌田さんからでした」

---

[45] なお，「私に挨拶して行ったので，あなたも<u>てっきり</u>会ったのだ<u>と思ったわ</u>」(渡辺淳一『花埋み』p.780)のように，シタ形式にも，こうした用法はある。

種一が渋面をつくった。
　　「やっぱりそうか」
　　「そうだと思った」
　　　鯨やんと川ちゃんが言った。（椎名誠『新橋烏森口青春篇』p.63）
(152)「最後は，誰なのよ」
　　　太郎は，答えはわかっているつもりだったが，一応確かめるために尋ねた。
　　「子供自身よ」
　　「そう言うだろうと思った」　　　（曽野綾子『太郎物語』p.735）

こうした用法では，過去の思考活動そのものを確認する文から，発話行為時直前に判明した事実が話し手の事前の認識（予測）と一致すること，すなわち，予測が的中したことを確認する文へと移行していると言うことができる[46]。

　「〜かと思った」は，これとは逆に，発話行為時直前に判明した事実が話し手の事前の認識と食い違っていること，すなわち，話し手の認識が誤っていたことを確認する表現として，固定化が進んでいる[47]。

(153)「反米感情はあるし，日本の車は安いし，小さい道に向いてるし，舗装してない路面にも強いし，何より最近アメリカの車はあちこち故障するし……」
　　「へえ，アメリカの車は壊れにくいのかと思った」
　　　　　　　　　　　　　（曽野綾子『太郎物語』pp.245 246）
(154)「お前いくつだ」
　　「二十歳……」
　　「ほう，若く見えるなア，俺は十七八かと思った」

---

[46] よって，この用法の「思った」は，過去形でありながら，過去の時点を示す時間副詞が共起しない。また，音調面でも，「も」の音節が通常より高く（強く）発音されるという違いがあるようである。

[47] 「石と石が支えあったんだな，知らせを聞いてとんで来たときにはもうだめかと思った」（山本周五郎『さぶ』p.414）のような例は，過去の思考活動を確認する用法であり，ここで取り上げている用法からは，区別される。

(林芙美子『放浪記』p.719)

　次のような用法も，単なる過去の思考活動の確認ではなく，話し手の事前の認識と発話行為時直前に判明した事実の関係を確認する用法と見られる。

　　(155) アパートの二階に登り，入口のドアに附いている呼鈴を，短く二度鳴らした。ドアはすぐ明いた。
　　　　──なあんだ，汐見さんか。お母さんにしちゃ変だと思った。
(福永武彦『草の花』p.310)

(151)(152)が事前の認識と判明した事実の一致を確認する用法であったのに対して，(155)は，事前の認識と判明した事実の整合性を確認する用法である。この用法の「思った」は，副詞「どうりで」と共起しやすい。

　　(156)「からだ具合がおかしいの」
　　　　「ふむ……病気かね。道理で何だか疲れたような顔をしていると思った。胃が悪いのか」　　(石川達三『青春の蹉跌』p.303)

この例の「と思った」は，「はずだ」や「わけだ」に置き換えることができ，説明のモダリティへの近づきを窺わせる。

　さて，「思った」と，ちょうど裏返しの関係にあるのが，その否定形式「思わなかった」である。「～と(は)思わなかった」にも，まず，次のような，過去の思考活動の非存在を表す用法がある。

　　(157) 帳場の銭箱から銭をつかみ出したのはそういうときで，去年の秋から十二，三たび盗みだしたろうか，食いたい一心で悪いことをしたとは思わなかった。　　(山本周五郎『さぶ』p.11)

そして，それとは別に，次のような，発話行為時直前に判明した事実が話し手が事前に認識していなかったことであることを確認する用法がある。副詞「まさか」や指示表現(「これほど，こんな(に)，こうも」など)と共起することが多い。

　　(158) それから，「まさか娘と有馬さんが，こんな関係になっていようとは思いませんでした」と言われたのです。
(宮本輝『錦繡』p.52)

(159)「満員のバスがこんなにいいもんだとは思わなかったよ」
　　　と言って，荒井は笑った。（赤川次郎『女社長に乾杯！』p.922）
これらの文は，意外性の表明というモーダルな意味を実現させている[48]。

　以上のように，動詞「思う」の完成相過去形「思った，思わなかった」を述語にする文には，過去の思考活動の存在・非存在を確認する文から，話し手の事前の認識と発話行為時直前に判明した事実との関係を確認する文への移行が認められる。

6. 第4章のまとめ

最後に，この章で述べたことの要点をまとめておく。
1）機能・意味的なカテゴリーである認識のモダリティは，その中核に，形態論的なカテゴリーとしての認識のムードがあり，無標形式と「だろう」の2項対立によって，現実に対する認識の仕方の相違（〈確認〉と〈推量〉）を表し分けている。
2）形式自体が問いかけ性をもたない，非典型的な疑問形式の「だろうか」「のではないか」は，推量判断の過程性を捉える形式として，認識のモダリティの中に位置づけることが可能である。
3）認識のモダリティの体系は，〈可能性・必然性〉と〈証拠性〉という2つの類型によって成り立っている。
4）思考動詞「思う」は，そのスル形式がある条件の下に「だろう」と近似するばかりでなく，継続相や過去形においても，引用文の内容の真偽値についての含意や，話し手の事前の認識と発話行為時直前に判明した事実との関係を確認する表現への移行が観察される。

---

[48] なお，(158)が「〜とは思っていなかった」に置き換えられるのに対して，(159)は不可能であるという違いがある。後者のような例では，もはや過去の認識がどうであったかということを問題にしていないからだと思われる。

第3部

疑問のモダリティ

　第3部では，情報の欠如・不安定さを前提とし，その解消をめざした述べ方である，疑問のモダリティを取り上げ，疑問文のモーダルな意味・機能について記述を行う。まず，第5章では，**質問**と**疑い**という伝統的な分類に従って，疑問文の基本的な性質を明らかにする。続いて，第6章では，対話において重要な役割を果たす**確認要求**を1つの類型として取り上げ，その体系を記述する。

第5章

質問と疑い

1. はじめに

　話し手が聞き手から自分の知りたい情報を引き出そうとする機能が〈質問〉である。〈質問〉はあらためて言うまでもなく疑問文のもっとも重要な機能であるが，日本語には〈質問〉のほかに〈疑い〉とでも呼べるような機能を実現する形式がある。これらが疑問文の中心的な機能である。

　本書では疑問文のもつモダリティを〈基本叙法〉レベルには位置づけていないが，機能・意味的なレベルで〈疑問〉系のモダリティを設定する必要があると考えている[1]。そこで，この章では疑問文の担う〈質問〉と〈疑い〉の2つの機能を取り上げて考えていくことにしたい。

　〈質問〉は疑問文の機能のもっとも中核をなすものであるが，それだけにその特徴を考えるのには手がかりがつかみにくいということがある。その一方で，〈疑い〉は〈質問〉のもっている性質のある側面だけを特化した機能をもっているものなので，比較的特徴をつかみやすいのではないかと思われる。そこで以下では，とくに〈疑い〉を表す形式を中心に据えて，それとの対比の中で〈質問〉のもっている特徴もまた明らかにしていきたい。

　この章では，まず2．で〈質問〉と〈疑い〉の関係を捉え，両者がもっている特徴の類似と相違をあらかじめつかんでおくために，〈質問〉の性質についてまとめる。次に3．で，〈疑い〉を表す「だろうか」「かな」の用法を整

---

[1] 疑問文とモダリティの関係をどう把握するかについては，はっきりしないところが多い。安達太郎(2002b)では，別の方向からこれを捉えることが試みられている。

理しながら，疑問文の中で〈疑い〉がどのような役割をもった存在なのか考える。4．では，詠嘆や感嘆を表す文を例として，〈疑い〉を表す文からどのような機能が派生されるのかという実態を見ていくことにする。

2. 〈質問〉の性質

　この節では〈質問〉を表す疑問文がもつ一般的な性質についてまとめておきたい。以下では，まず〈質問〉を表す疑問文がもっている基本的な性質を見る（2.1）。次に，文型的な面から見た疑問文の種類を導入し，この疑問文の種類が命題・モダリティの区別とどのように結びついているか確認する（2.2）。さらに否定疑問文と対比させることによって，肯定疑問文の持つ性質について触れることにする（2.3）。

2.1 〈質問〉の条件

　疑問文のもつ，聞き手から情報を引き出そうとする機能を〈質問〉と呼ぶ。疑問文はこれ以外にもさまざまな機能を果たすが，〈質問〉がもっとも基本的な機能であることは間違いないだろう。

　よく知られているように，疑問文における〈質問〉の機能は，基本的に次の2つの条件によって特徴づけられると考えられる[2]。

（1）　a.　話し手には何らかの情報が欠けているために，判断が成立していない。
　　　b.　話し手は聞き手に問いかけることによって，その情報を埋めようとする。

（1a）で規定される条件を不確定性条件，（1b）で規定される条件を問いかけ性条件と呼ぶことにする。

　不確定性条件は疑問文の意味的な側面を特徴づける条件である。この条件によって規定されるように，疑問文の意味的な特徴は，情報に欠落があるために話し手が判断の形成を未成立なまま放棄するという点にあると考えられ

---

[2]　〈質問〉の条件については，南不二男（1985），安達太郎（1999a）を参照のこと。

る。

　疑問文の意味的な側面を規定する不確定性条件に対して，問いかけ性条件は疑問文の機能的な側面を規定する条件だと考えられる。この条件はさらに2つの帰結を導く。1つは〈質問〉の文が問いかけられる対象としての聞き手を必要とする聞き手存在発話であるということ，もう1つは，聞き手はその問いかけに解答しうる存在として認識されているということである。
　ここで典型的な〈質問〉の機能をもった文をあげて，(1)としてまとめた2つの条件を具体的に確認しておくことにしよう。

　　（2）「母さん」
　　　　　出し抜けに話を中断されて，母はちょっと言葉を呑んだ。「なあに」
　　　　　「おじいちゃんに友達，いた？」（宮部みゆき「八月の雪」p.163)
　　（3）「なぜ，僕に，それをかくしていた？」
　　　　　「かくしてなんかいない。そのときがはじめてだ」
　　　　　竜雄は頑張ったが少し顔が赭くなった。内心を見透かされたようでこたえた。
　　　　　　　　　　　　　　　　　　　　（松本清張『眼の壁』p.428)

(2)では，話し手は祖父に友人と呼べる人物がいたかどうかという真偽情報が不明であり，(3)では，話し手は相手が何かを隠していたことは前提として知っているが，その理由がわからないために判断を形成することができないでいる。そして，それらを問いかけることによって疑問点を解消しようとしている。このように，典型的な〈質問〉は，不確定性条件と問いかけ性条件の2つによって規定されるものである。
　しかし，疑問文の範囲に入るさまざまの文の中にはこの2つの条件のいずれかを満たさないということによって特徴づけられるものがある。〈確認要求〉の文と〈疑い〉の文がそれである。
　〈確認要求〉の文とは，次例の「だろう」のようなものである。

　　（4）向田　先生，お勤めになったことがおありなんでしょう。
　　　　 中川　そう。為替貯金局に勤めていた。

(向田邦子『向田邦子全対談』p.151)

この例において，話し手は相手が以前勤めていた時期があったということは既知的な知識として知っており，判断が未成立であるとは言えない。つまり，不確定性条件を満たしていないと考えられるのである。

〈確認要求〉の機能をもつ文が，すでに話し手にとって判断が成立している事態を聞き手に問いかけ，自分自身にとっての確信度を補強しようとするという機能をもつことは，2つの現象から明らかとなる。直接的な根拠は，このタイプの疑問文が疑問語をとることができないことである。先に述べたように，疑問語をとるということはその部分の情報が欠けているために判断が未成立であることを表すが，〈確認要求〉を表す「だろう」や「ではないか」は疑問語を含むことができない[3]。

（5）＊誰がそんなこと言ったでしょ？
（6）＊君は，昨日，何を食べたじゃないか。

さらに，認識のモダリティの形式が〈確認要求〉には現れることができることも，〈確認要求〉が不確定性条件を満たさないことの根拠となる。「かもしれない」のような認識のモダリティの形式は，話し手の認識的な判断が成立していることの証左と考えられるからである。

（7）　陽子「なんなの？　鈴木さんていうから，誰かと思ったわ」
　　　　健一「岩田じゃ，出て来ないかもしれないだろう」

(山田太一『ふぞろいの林檎たち』pp.350-351)

しかし，（4）（7）いずれの例においても，その知識や判断を確認するために聞き手に問いかけることによって，問いかけ性条件は満たされている。このように，〈確認要求〉の文は不確定性条件を満たさないということで特徴づけられる疑問文であると考えられる。なお，〈確認要求〉の文については次章で詳しく検討されるので，この章ではこれ以上触れない。

---

[3] （5）は〈疑い〉の文の「だろうか」としては文法的である。〈確認要求〉は上昇イントネーションをとり，〈疑い〉は下降イントネーションをとるので，これらは明確に区別できる。

一方，〈疑い〉の文とは，次例の「かな」や「だろうか」のようなものである[4]。

（8）　二十分すぎた。伊瀬は，これは向うに何か都合があって来られないのかな，と思った。　　　　（松本清張『Dの複合』p.155)

（9）　なんでこんなにものごとがうまく運ばないのだろうと思うと，対象のない怒りでいっぱいになる。

（鷺沢萠『ケナリも花，サクラも花』p.12)

（8）において，話し手は相手が来ていない事情に考えをめぐらせているが，何らかの考えをまとめられるほどの根拠がないために自分なりの判断を形成できないでいる。（9）も事態がうまく運ばない理由が不明であるために判断不能であることを表している。これらからわかるように，〈疑い〉の文は不確定性条件は満たしていると考えられるが，ともに思考動詞の補文に埋め込まれていることからも明らかなように，それを聞き手に問いかけようとしていない。このように，〈疑い〉の文は，問いかけ性条件を満たさないということによって特徴づけられる文であると考えられる。言い換えると，判断が未成立であるという〈質問〉の文の意味的な側面だけを独立させたのが〈疑い〉の文だと考えることもできるだろう。〈疑い〉の文の機能と用法については，この章の3．において詳しく考えることにする。

2.2　疑問文の種類と命題・モダリティの区別

　ここでは疑問文の3つの種類について概観し，益岡隆志（1992)の分析を参考にして，これが命題・モダリティの区別に深く結びついていることを述べる。さらに，その知見と〈疑い〉の文との関係について考えることにする。
　2.1で不確定性条件として述べたように，疑問文は何らかの形で話し手にとって不明の情報を含む文である。そして，何が不明なのかという観点から疑問文は真偽疑問文，選択疑問文，補充疑問文の3つの種類に分けられることが多い。(10)が真偽疑問文，(11)が選択疑問文，(12)が補充疑問文の

---

[4]　補充疑問文では「だろうか」の「か」は脱落することが多い。

例である。

(10) 「書き置きはありましたか？」
　　　「そんなものありませんよ」　　　（宮部みゆき『レベル7』p.59)

(11) 待ち合わせの場所は銀座の本屋だった。円紫さんはすぐ近くのビルになっているお店に連れて行ってくれた。
　　　「和食にしますか，洋食にしますか，それとも中華？」
　　　各階ごとに専門が分かれているから，どれでもいい。
　　　　　　　　　　　　　　　　　　　　　（北村薫「赤頭巾」p.266)

(12) 「芙美子，どこから掛けてるの？　会社じゃないの？」
　　　「角の公衆電話から」　　　（岡嶋二人『焦茶色のパステル』p.248)

　真偽疑問文は疑問文を構成する命題の真偽が不明であるものである。(10)では，「書き置き」を主題として取り上げることによって，話し手は書き置きについて言及することを前提とし，それがあったかどうかを焦点として〈質問〉を行っている。

　選択疑問文は選択肢として取り上げた要素のうちどれが適切かという点が不明であるものである。(11)では，食事に行く範囲が3つの選択肢の中に限定されることが前提とされ，そのどれを聞き手が選ぶかを焦点として〈質問〉を行っている。

　補充疑問文はその命題中に不明な情報が含まれるものである。(12)では，相手がどこかから電話をかけているということを前提として，疑問語によってその場所が焦点であることを明示し，〈質問〉を行っている。

　さて，このような疑問文の種類についてここで言及しているのは，この分類が命題とモダリティという区別に密接に関わっているという考えがあるからである。この分析は，〈疑い〉の文を考察するうえでも非常に重要な意味をもつものである。

　益岡隆志(1992)は，文中への埋め込みができるのは命題レベルの要素のみであるということを前提として，疑問文のタイプによって埋め込みが可能である場合と不可能である場合があることを示している。

(13) a. ??私は［太郎が来るか］知らない。
　　 b. 　私は［太郎が来るか次郎が来るか］知らない。
　　 c. 　私は［誰が来るか］知らない。

真偽疑問文を「知らない」の補文として埋め込んだ(13a)は落ち着きの悪さを感じさせるのに対して，選択疑問文を埋め込んだ(13b)，補充疑問文を埋め込んだ(13c)はどちらもまったく自然に感じられる。真偽疑問文を補文として埋め込むには，「かどうか」を付加して選択疑問文の形をとらなければならない。

(14) 　私は［太郎が来るかどうか］知らない。

　この現象は，次のように解釈される。そのままの形で「知らない」の補文として埋め込めない真偽疑問文は，文の構成要素に格下げすることができないので，すでにモダリティとして扱われるべき存在である。そしてその一方で，補文として埋め込むことができる選択疑問文と補充疑問文は，そのまま文の構成要素に格下げすることが可能であり，命題レベルの存在として扱うのが適当である。これらは聞き手に対して用いられることによって，〈質問〉という機能を獲得するのである。

　ここで，〈疑い〉の文に目を向けることにしよう。〈疑い〉を表す形式は補文への埋め込みの可否に関してどのような振る舞いを示すのであろうか。「だろうか」を例として考えてみよう。

(15) a. *私は［太郎が来るだろうか］知らない。
　　 b. *私は［太郎が来るだろうか次郎が来るだろうか］知らない。
　　 c. *私は［誰が来るだろうか］知らない。

これらの例からわかるように，〈疑い〉の文は疑問文の3つの種類のいずれについても明確に容認できない。つまり，〈疑い〉の文は，疑問文の種類には関わらず，それ自体の意味としてモダリティ的な性質を獲得しているということになる。これについては，3.3で〈疑い〉の文のテクスト的機能について触れるところでもう一度考えることにしたい。

2.3 肯定疑問文と否定疑問文

ここでは真偽疑問文における肯定と否定の対立を取り上げる。一般的な〈質問〉の機能は肯定疑問文によって表されるが，否定疑問文もまた特殊化された〈質問〉を表すことができる。否定疑問文の〈質問〉について考えることは，肯定疑問文によるより基本的な〈質問〉のもっている性質を考えるのに役立つものと思われる。

論理的に考えると，肯定疑問文と否定疑問文は同じ意味をもつことになる。次のような例を考えてみよう。

(16) a. 雨は<u>降っていますか</u>？
b. 雨は<u>降っていませんか</u>？

真偽疑問文はその命題の真偽についての聞き手の考えを尋ねるものであるから，「雨が降っているか，降っていないか」という2つの可能性がある。したがって，(16a)のような肯定疑問文を使って尋ねればどちらかの応答が聞き手から引き出せるし，否定疑問文によって尋ねても，結果はまったく同じはずである。

しかし，機能的には否定疑問文には肯定疑問文とは異なる性質がある。これを否定疑問文の有標性と呼ぶことにするが，この有標性こそが否定疑問文の存在理由だと考えられる。この有標性には情意的なものと認識的なものがある。

情意的な有標性とは，疑問文中に表されている事態が話し手にとって望ましい，あるいは望ましくないといった情意的な意味で中立的ではないものである。

(17) 　　激昂している遼介はげしくドアを叩き，ノブをガチャガチャ廻す。
遼　介　「なんか——こわすもの，<u>ないか</u>」
あや子　「そんな」　　　　　　　(向田邦子『冬の運動会』p.49)
(18) 　佐藤首相は心配そうに言った。
「国会で問題に<u>ならないか</u>。野党の攻撃はかわせるのかね」
(城山三郎『賢人たちの世』p.27)

(17)はドアを「こわすもの」があることを望む気持ち，(18)は「国会で問題になる」ことを心配する気持ちが，否定疑問文を使うことによって表されている。

　一方，認識的な有標性とは，疑問文によって問いかけられている内容について話し手がまったく判断できないというわけではなく，何らかの見込みをもっているという点で中立ではないものである。これは「傾き」と呼ばれることがある。

(19)　良雄　「足痛くない？」
　　　晴江　「少しね」
　　　健一　「そうだろ。一晩，何キロ歩くんだ？」
　　　　　　　　　　　　　（山田太一『ふぞろいの林檎たち』p.289）
(20)　向　田　反対に，同じすてきでも，吉永小百合という人は，たまにしか出ないすてきさっていうのを感じませんか。
　　　小田島　うーん，彼女はやはりほかの女優にまねされることのない何かがある。胸の内で，こう白熱していながらね。男から見るとたまらなくいいですね。
　　　　　　　　　　　　　（向田邦子『向田邦子全対談』pp.65-66）

これらの例は，相手の様子から「足が痛そうだ」という見込みをもっていたり，聞き手もきっとそう感じていると考えているという状況で発話されるものである。傾きをもつ否定疑問文では，話し手は問いかけに対する答えはもっておらず，判断が成立してないところは通常の〈質問〉の文と同様であるが，肯定判断の方に判断の傾斜が見られるというところで異なっている。

　以上から，否定疑問文は情意的に，あるいは認識的に有標性を帯びるという特徴がある。そして，一般の肯定疑問文はそのような有標性を帯びないというところに特徴があることがわかる。

3. 〈疑い〉の文の機能と用法

　この節では，日本語の疑問文の中で〈疑い〉が果たしている役割について

考える[5]。日本語には〈疑い〉を表す形式として「だろうか」「かな」「かしら」「かね」といった形式があるが、ここでは「だろうか」「かな」を中心に見ていくことにする。

〈疑い〉の文のこれまでの研究では「だろうか」が中心的に取り上げられてきた[6]。これは、「だろう」以外の認識のモダリティの形式が疑問化することが難しいという事実を前にして、「だろうか」という形式の存在が際立っているという事情によるものと思われる。

(21)　a. ??今年はどのチームが優勝する<u>かもしれませんか</u>？
　　　b. ??彼女はどうやらきちんと食事をとっている<u>ようですか</u>？

(22)　こういう音楽を気兼ねなくきかれる日が、果たしてかえってくるもの<u>だろうか</u>、と自問した、あのころの暗い気持を、私は、今も忘れてはいない。　　　　　　　　（吉田秀和『私の好きな曲』p.267）

しかし、「だろう」との関連において「だろうか」の機能を説明しようとする分析では、「かな」や「かしら」が〈疑い〉の文の機能を共有することが説明しにくくなってしまう[7]。そこで、この章では「だろう」と「だろうか」の連関はひとまず措くこととし、〈疑い〉の基本的な機能がどのような用法として実現しているかということを明確にすることを試みることにしたい。

以下では、まず〈疑い〉の文の基本的な機能が現れる独話的用法の実態を見（3.1）、その後〈疑い〉の文の派生的な機能が現れる対話的用法の実態を見る（3.2）。さらに、テクストにおいて〈疑い〉の文が担っている機能についても触れる（3.3）。

---

[5]　引用論の立場から「疑い」を分析したものに藤田保幸 (1987) がある。この章における〈疑い〉の概念とは一致しないが、示唆に富む分析が提示されている。

[6]　森山卓郎 (1989a) などを参照のこと。三宅知宏 (1993) が「だろうか」を不定推量と呼んでいるのも「だろう」の延長線上で「だろうか」を分析しようとする姿勢の反映だと考えられる。

[7]　三宅知宏 (2000) ではこれを解決することを目指して「かな」「かしら」が分析されている。

3.1 〈疑い〉の文の独話的用法

2.1で見たように，〈質問〉の機能をもつ疑問文が満たすべき2つの条件のうち不確定性条件だけを満たすことによって，話し手が判断形成を放棄したということのみを表すのが〈疑い〉の文である。つまり，〈疑い〉は何らかの意味で話し手にとって不明な情報があるのにも関わらず，聞き手に問いかけることによってそれを解消しようとする志向をもたない文として捉えることができる。

このような基本的性質から，〈疑い〉の文は聞き手に対する伝達性を含まず，聞き手が存在しない状況や心内発話のような独話的な環境で使われるのが一般的であると考えられる。截然と分けられるものではないが，ここでは〈疑い〉の文の独話的な用法を〈判断不明〉，〈思考過程〉，〈疑念〉の3つに分けて見ていくことにする。

〈判断不明〉とは，その命題の真偽や，選択あるいは補充すべき値について，話し手がまったく見当がつかない状態であるということを表すものであり，判断の未成立という〈疑い〉の基本的意味がもっとも直接的に反映される。次のような例が〈判断不明〉を表す〈疑い〉の文である。

(23) 二人は，シネ・ヴィヴァン・六本木の近くにある，「三福」というラーメン屋にいた。裏通りの奥まったところで，ちょっと目につきにくい小さな店だ。
「ドルシネア」の場所を知らない人が，どうしてこんなとこを知ってるん<u>だろう</u>，と思った。

(宮部みゆき「ドルシネアにようこそ」p.79)

(24) 「いよいよ来年は四年生ですね」
また階段を一つ上ることになる。私の誕生日は十二月の末なのである。
「本当に。信じられません」
実感である。ついこの間入学したような気がする。二年と半分，一体何をしてきたの<u>だろう</u>と思ってしまう。

(北村薫『秋の花』p.209)

〈判断不明〉という用法をもっている〈疑い〉の文はしばしばその事態をいぶかしむ気持ち((23))や当惑のニュアンス((24))をもつことがあるが，これらの例が基本的に表しているのは，(25)のような例が明確に示しているように，その命題に対する判断が話し手にわからないということだけである。

(25) 森にはわからなかった。自分が意地を張ったのがいけなかったのだろうか。あのとき，自分があっさり折れていれば，今ごろ村山は奨励会１年生として門出を飾れていたのかもしれない。

(大崎善生『聖の青春』p.70)

したがって，〈判断不明〉を表す〈疑い〉の文は文末を「(の)か」に変えたうえで「わからない」という動詞の補文に埋め込んでもほとんど意味が変わらない。

(23') 「ドルシネア」の場所を知らない人がどうしてこんなところを知っているのかわからない。

(24') 二年と半分，一体何をしてきたのかわからない。

これに対して，判断を形成することができないという点では共通するものの，判断形成への努力が感じられるのが〈思考過程〉を表す〈疑い〉の文である。

(26) さて，席に戻った私は，冷めた紅茶を一口飲んで考えた。この場を救った女性のことである。

缶ペンにルーペとピンセットを入れて，持ち歩いている？　こんな事態に備えて用意していたわけでもなかろう。当然，使用目的があるわけだ。一体，何をする人なのだろう。昆虫学者か，それとも植物の研究家か。

結論は出ない。いずれにしても，この世には，いろいろな人がいるものだ。　　　　　　　　　　　　(北村薫『六の宮の姫君』p.24)

(27) 「被害者，飯を食うた後やったんかな」彼は呟いた。

(東野圭吾『白夜行』p.8)

(26)では，主人公がその場で感じた疑問に対してどのように思考を展開しているかが記されているが，その中に「だろうか」が現れ，すぐに疑問語の値を埋めることができそうな候補があげられている。また，(27)は事件現場の被害者の様子に対する説明を「かな」によって表しているものである。いずれの例においても，〈疑い〉の文は意味的には判断の未成立を表すものの，機能的にはどのように判断を形成してよいのかが話し手にわからないということを表すにとどまらず，もっと主体的に疑問を解決するために思考を展開させて，解答の発見に向けてありうる可能性を検討していることを表すものである。そのため，「わからない」の補文への埋め込みは，文としては可能であるが，同様の意味を表しているとは言いにくくなる。

(26') 一体何をする人なのかわからない。

(27') 被害者は飯を食った後だったのかわからない。

独話的用法の〈疑い〉の文の用法として最後に見るのは〈疑念〉と呼ぶものである。〈判断不明〉が判断が成立していないことを表すのにとどまり，〈思考過程〉が解答に向けての思考活動を表すのに対して，〈疑念〉の特徴はその命題の成立を否定的に捉える気持ちが先行しているところである。

(28) 夜が白々と明ける頃，ついに彼は一つの結論に達した。こんなことがあり得るのだろうかと思いつつも，自分が読み切ったのだから間違いない，とその結論を信じた。

(島朗『純粋なるもの』p.86)

(29) そもそも羽生は奨励会時代から天才の評判が高く，だからデビュー戦を本欄で紹介したのだが，正直いって，あのときは本当に大物なのかな，の疑問もほんの少しだがあった。

(河口俊彦『覇者の一手』p.130)

これらの例で，「だろうか」や「かな」はただ単に判断が未成立であるということを表しているというよりは，そのことが信じられない気持ち，否定的な気持ちが前面に出ているように感じられる。〈判断不明〉に比べて，その命題に対する話し手の態度が色濃く出ているのがこの〈疑念〉であると考え

られるが，日常的な用法での「疑問」や「疑い」という言葉の意味に近いものであるとも言えよう。

その命題に対する否定的な心理を前提とするところから，〈疑念〉を表すのは真偽疑問型の例が多いが，(30)のような補充疑問型も〈疑念〉の例とすることができる。この場合にはいわゆる〈反語〉の例と区別しにくい。

　(30)　こんな不便なところに誰が来てくれる<u>だろうか</u>，と思った。

〈反語〉は疑問文によって話し手の強い主張を聞き手に伝えるものである。これは，通常の〈質問〉の機能をもつ文が，その問いかけに対する解答が明らかに否定的であるという聞き手の知識を前提とし，その知識を聞き手に想起（活性化）させることによって，結果として逆の主張を行うといった機能と考えることができる。

　(31)　「どこに行ってたの」
　　　　一歩も上げないというように，踏ん張って母は言った。
　　　　「吉祥寺の喫茶店」
　　　　「こんな遅くまで，開いてる喫茶店がどこにあります<u>か</u>」

(篠田節子『女たちのジハード』p.58)

(31)は，「こんな遅い時間まで営業している喫茶店はない」という一般常識をあえて問いかけることによって，聞き手にそのことを再認識させるという〈反語〉の例である。(30)のような補充疑問型の〈疑念〉の文は，聞き手に問いかけ，その知識を活性化することによって主張を伝えるのではなく，あくまで話し手の不信感の表明であるという点において〈反語〉とは異なるところがあるが，その差は非常に微妙である。

3.2　〈疑い〉の文の対話的用法

〈疑い〉の文は，〈質問〉という機能を成り立たせる2つの条件のうち，その命題の判断が未成立であるという意味的な規定を行う不確定性条件のみを満たすものである。つまり，聞き手に対して問いかけることを意図せず，判断が未成立なまま文として発話するのが〈疑い〉の文の基本的な特徴である

と考える。

　このような特徴から、〈疑い〉の文は独話的な用法を基本とするが、この種の文は独話や心内発話といった独話的な環境だけで使われるわけではない。この基本的な特徴を生かすことで聞き手に対する対話的な機能を獲得する。以下では、〈疑い〉の文の対話的用法を質問用法と応答用法の2つに分けて、独話的な基本的特徴がこれらの対話的用法の中にどのように活用されているかを考えていくことにする。

　まず質問用法であるが、〈疑い〉の文による質問用法にはここで仮に〈応答を強制しない質問〉と〈聞き手への配慮を表す質問〉と呼ぶ、際立った特徴をもつ2つのタイプがある。

　通常の〈質問〉の文は、聞き手が話し手の疑問に対する解答を知っていると想定し、疑問文を使うことによって、聞き手に応答を強制する機能をもっている[8]。これに対して、〈疑い〉の文による質問の最初のタイプは、聞き手に応答を強制しないところに特徴があるものである。これを〈応答を強制しない質問〉と呼ぶ。このタイプの〈疑い〉の文による質問では、相手が解答を知っているという想定が成り立たないことが応答を強制しないことの動機となる。

(32)　「高山くんのお母さんはどうして岳がお金を盗ったなんて断言できるんだろう」
　　　私は自分が一番不愉快になっている部分がそのあたりだということに気づいてそのことをあらためて聞いた。
　　　　　　　　　　　　　　　　　　　　（椎名誠『岳物語』p.46）

(33)　「うん。警察は、菅野さんが交差点にさしかかるまでの行動は調べているんだろうか」
　　　「さあ……そこまで聞いてみなかったな」
　　　　　　　　　　　　　　　　　（宮部みゆき『魔術はささやく』p.68）

(34)　「浜つねは、もうあいてるかな」

---

[8] ただし、実際の会話においてこの想定が誤っていることはしばしば起こりうる。

父は，駅の近くの寿司屋の名を口にした。良介が，寿司屋に電話
　　　しているあいだ，父とソフィアは，伸介の通訳で話をしていた。
　　　　　　　　　　　　　　　　　　（宮本輝『朝の歓び（下）』p.332）
(32)は夫が妻に質問している状況であるが，質問の対象となるのは第三者である「高山君のお母さん」の考えであり，それを妻が知っているという想定は成り立ちにくい。(33)の警察の行動や，(34)の店の開店時間も同様に，聞き手が解答を知っていると想定しにくい状況だと考えられる。これらの文脈は〈質問〉の文の成立条件を満たしていないので，〈質問〉の文を使って問いかけることは難しい。〈質問〉の文が使われる場合には，話し手はあくまで聞き手が解答を知っていると想定しているというように文脈が変わってしまう。

　　(32')　#高山くんのお母さんはどうして岳がお金を盗ったなんて断言できるの？
　　(33')　#警察は，菅野さんが交差点にさしかかるまでの行動は調べているの？
　　(34')　#浜つねは，もうあいてるか？

つまり，相手が解答を知っているかどうかがはっきりとわからない状況で，もし知っていれば解答を与えてほしいという要求をするのが，〈疑い〉の文による〈応答を強制しない質問〉である。

　〈疑い〉の文による質問のもう1つのタイプは，〈聞き手への配慮を表す質問〉と呼ぶものである。このタイプにおいて「だろうか」と「かな」は聞き手に対する配慮の仕方に異なりを見せる。

　「だろうか」は一般に「でしょうか」という丁寧体で使われて，聞き手に対する丁寧な質問として機能する。

　　(35)　「仕事というのは，どういうことをするのでしょうか」
　　　　　「主にコピーね」　　　　　（北村薫『六の宮の姫君』pp.29-30）
　　(36)　磯貝の妹は，それから二時間もしないうちに病院の待合所にやって来た。磯貝が電話で哲之の着ているセーターの色とか顔立ちの特徴を教えてあったらしく，ほとんど迷うことなく哲之の前で立

ち停まり，

　　「井領さん<u>でしょうか</u>」

　　と訊いた。　　　　　　　　　　　　　　（宮本輝『春の夢』p.290)

(35)はアルバイトが決まった学生が社員に仕事の内容を聞いている場面であり，(36)は初対面の兄の友人に間違いないかどうかを確認している場面である。どちらの例も，〈応答を強制しない質問〉と違って，相手が解答を知っていることは明らかである。つまり，問いかけることによって聞き手から解答を手に入れようとするという機能というだけであれば，これらは通常の〈質問〉の文と変わるところはない。実際，同じ状況で〈質問〉の文を使うこともできる。

　(35')　仕事というのはどういうことをする<u>のですか</u>？
　(36')　井領さんです<u>か</u>？

違うのは，通常の〈質問〉の文によって問いかけるよりも，〈疑い〉の文によって問いかける方が，聞き手に対する丁寧さが加わっているというところである。

　このタイプの「でしょうか」による丁寧さは，〈疑い〉の文が基本的に判断の未成立という独話的な機能を表しており，質問に使われても，聞き手に対して応答を強制しないという聞き手への配慮を表すところから派生してくるものと思われる[9]。そして，「でしょうか」の内部に丁寧体をとる例がしばしば見られるところから，「でしょうか」自体が不確定性や判断の未成立といった意味から移行して，丁寧さという伝達的なレベルで機能していることがうかがわれる。

　(37)　「姉がいつもお世話になりまして」
　　　　と，彼女は上がりもしないで丁寧に頭を下げた。
　　　　「あの，こちらに姉が参っておりません<u>でしょうか</u>？」
　　　　と，彼女はおずおずと訊く。　　　（松本清張『Dの複合』p.175)

[9) 「でしょうか」が丁寧な質問になる派生の仕組みについては三宅知宏(1993)，牧原功(1994)が詳しい。

(38) なんと言おうかと迷っているうちに，向こうからおずおずと近づいて来た。
「失礼でございますが，漆田さんとおっしゃいますでしょうか」
機先を制され，一瞬戸惑う。
(逢坂剛『カディスの赤い星(下)』p.414)

　丁寧な質問を表す「でしょうか」によって問いかけられる内容に目を向けてみよう。「でしょうか」が丁寧な質問で使われるのは，聞き手自身に直接関わらない事柄であることが多く（(35)(37)），聞き手自身に関する内容である場合には非意志的な事柄であることが多い（(36)(38)）。聞き手の意志に左右される事態について使われた例としてはわずかに次のような実例が見られたが，筆者にはやや不自然な印象がある。

(39) 鷹羽　森さん，お正月はどのようにお過ごしになるんでしょう。
　　　森　ここ三，四年は，お正月も東京におりますね。三日間は，わりと，こもるといいましょうか，賀状書きやエッセイ執筆にいそしんでおります。
(『NHK俳壇』2000年1月号　p.36)

(40) 「えーと，大変突然ですが，今月の二十四日，あなたはあいているでしょうか？」　(椎名誠『新橋烏森口青春篇』p.424)

さらに，次のように，聞き手の意志的な動作についての疑問を解消するために通常の〈質問〉の文が使われている例で，文末を「でしょうか」に置き換えると容認性が低くなるように思われる。

(41) 「事故を目撃したとき，あなたはどこにいたの{ですか／??デショウカ}」
「菅野さんのすぐ後ろを歩いていました」
(宮部みゆき『魔術はささやく』p.170)

　丁寧な質問において，問いかけられる内容にどのような制限があるかは今後さらに考える必要がある。
　「でしょか」が丁寧さという方向で聞き手に対する配慮を表すのに対して，

5章●3　〈疑い〉の文の機能と用法　　191

「かな」による聞き手への配慮には，聞き手に対する気づかいを表すという特徴がある。

(42) 「今の話は，若松課長に報告してあるのかな」
「いいえ」
「どうして。大杉警部補にはともかく，課長には報告すべきではないかね」
(逢坂剛『百舌の叫ぶ夜』p.71)

(43) 「隠さないで。大丈夫だから」
そういわれ，江利子は目を伏せてしまった。雪穂に見つめられると，嘘をつけない。
「結構，噂になってるのかな」彼女は訊いてきた。
「そんなことはないと思う。まだ殆ど誰も知らないと思うよ。あたしに教えてくれた子も，そういってた」
(東野圭吾『白夜行』p.56)

(42)は上司が部下に対して「かな」を使っている例であるが，部下の落ち度になりかねない内容について気づかいを示しながら問いかけている。また，(43)は友人が「かな」によって問いかけているが，この例は，質問者自身に関する悪い噂がどの程度広まっているのかを尋ねるものである。問いかけられている「江利子」にとって事実を本人の耳に入れることには心理的な抵抗を感じざるを得ない。ここで「かな」という〈疑い〉の文を使っていることから，話し手が相手のそのような様子に配慮していることをうかがうことができる。

次に，応答として使われる〈疑い〉の文の機能を取り上げよう。ここで問題になるのは，疑問文の一種としての〈疑い〉の文が応答の機能をもっているとき，それをどのように考えるべきなのかということである。以下では，〈疑い〉の文の応答用法を〈不確かな応答〉と〈不信の表明〉の２つに分けて，考えていくことにする。

まず，〈不確かな応答〉と呼ぶ例を見ていこう。このタイプは，独話的用法の〈判断過程〉として位置づけた用法を対話的に用いたものであり，相手

からの問いかけに対して，明確な応答はできないものの，もっとも妥当だと思われる可能性を伝えるといったものである。

(44)　「ところで，どの辺から雨が降り出したのですか？」
　　　「北槍をすぎて五十メートルくらいだった<u>でしょうか</u>。あの辺ですな」
　　　　　　　　　　　　　　　　　　　　　（松本清張「遭難」p.90)

(45)　「どこ泊まるんだ」
　　　「わかんね。友だちんとこ<u>かな</u>」
　　　晶は鮫島にわざとやきもちを焼かそうとでもいうようにいった。
　　　鮫島はうなった。
　　　「上等じゃないか」　　（大沢在昌『無間人形　新宿鮫』p.213)

(44)は確かではない記憶に基づいた応答を，(45)はその時点で決まっていない未来の予定に関する予測を述べている。〈不確かな応答〉は聞き手に十分な情報を与えることができないときに使われるので，(44)のように後続文によって情報を補うことが多い。

このように，〈疑い〉の文には，相手からの問いかけに対して応答していると見られる用法がある。典型的な平叙文が担っている，情報を聞き手に伝達しようとする機能を情報提供機能，典型的な疑問文が担っている，情報を聞き手から引き出そうとする機能を情報要求機能と呼ぶことにすると，〈疑い〉の文は情報提供機能をもっているように見える。しかし，ここでは〈疑い〉の文は，結果として聞き手に情報を提供することがあるとしても，そのような機能を形式に定着させるには至っていないと考える。これについて簡単に見ておくことにしよう。

情報要求機能を本来的な機能としながらも，情報提供機能への機能の移行が生じていると考えられる形式に「のではないか」がある[10]。「のではない

---

[10]　「傾き」を媒介にした情報要求機能からの情報提供機能の派生については安達太郎(1992, 1999a)を参照のこと。なお，本書第6章2.1と3.1では，〈確認要求〉を表す形式の1つとして「のではないか」を取り上げ，この章とは違った立場からの分析が行われているので，あわせて参照されたい。

か」との対比において，〈不確かな応答〉を表す「だろうか」や「かな」に，このような機能の移行が起こっていないことが明らかになるものと思われる。

「のではないか」は否定疑問文のもつ「傾き」を文法化させた形式であり，この「傾き」により事態成立への見込みを含意することによって，情報要求にとどまらず，情報提供機能をも発達させた形式であると考えられる。情報提供機能をもっていることの有力の根拠は，「のではないか」が応答文で使われることである。

(46)　A　「太郎がどこにいるか知らない？」
　　　　B　「自分の部屋にでもいるんじゃない」

この会話において，相手からの問いかけに対して，「のではないか」によって応答することができることは明らかである。はっきりした知識とは言えない話し手の考えをここで見込みと呼ぶことにすると，「のではないか」は何らかの見込みをもっているということを聞き手に伝えることができる。そして，「だろうか」や「かな」のような〈疑い〉の形式も，応答文に現れることがあることは(44)(45)で見たとおりである。「のではないか」と同様，〈疑い〉の形式が情報提供的に用いることができることは間違いない。

しかし，「のではないか」と〈疑い〉の形式には，重要な点で違いがあると思われる。「のではないか」は質疑応答という対話的環境に限らず，非常に一般的に話し手の見込みを伝えることができるのに対して，〈疑い〉の形式が対話において何らかの情報を聞き手に伝えるのは応答に限られるということである。これは〈疑い〉の形式が情報提供機能を担う形式として確立していないことをうかがわせる事実であると思われる。

これに関連する事実を2つ見ておく。1つは副詞の共起，もう1つは「と思われる」への埋め込みである。

「のではないか」は情報提供機能への移行が進んでいるが確信度が指定されているわけではないので，認識のモダリティのさまざまな副詞と共起することが知られている。

(47) a. ひょっとしたら彼はもう来ないんじゃないか。
　　 b. たぶん彼はもう来ないんじゃないか。
　　 c. おそらく彼はもう来ないんじゃないか。

一方,〈疑い〉の形式は「ひょっとしたら」のようなタイプとは共起するものの,ほかの副詞とは共起しにくい。

(48) a. ひょっとしたら彼はもう来ないんだろうか。
　　 b. ?たぶん彼はもう来ないんだろうか。
　　 c. ?おそらく彼はもう来ないんだろうか。

しかし,モダリティの副詞の中で「ひょっとしたら」は〈質問〉を表す真偽疑問文にも現れることがあるので,これが共起するというだけでは文末形式が情報提供的であるとは言えないのである。

(49) ひょっとしたら,君が,こんなことしたの？

(48)は,「だろうか」のような〈疑い〉の形式が「のではないか」と同様の情報提供機能を担っているというわけではないということを示しているように思われる。

　さらに,「と思われる」への埋め込みについて考えてみよう。「のではないか」は判断が未成立でありながら話し手が何らかの見込みをもっているところから,話し手のある種の主張を伝える表現として幅広く使われている。このため,「と思われる」に埋め込まれて主張をやわらげる例がしばしば見られる。

(50) ケンプの舞台姿は悪くいえば聴衆への媚びであり,その温かさも厳しさの欠如から生じる表面的なものに過ぎなかったのではないかと思われる。　　（宇野功芳『名演奏のクラシック』p.137)

一方,〈疑い〉の文による〈不確かな応答〉や〈思考過程〉の例は「と思われる」の補文に埋め込まれて,その主張をやわらげるといったものは見られない。次例は(44)を「と思われる」に埋め込んだものである。

(51) ??雨が降り出したのは,北檜を過ぎて五十メートルくらいのところだっただろうかと思われる。

この現象も，〈疑い〉の文による情報提供的な例が，「のではないか」と違って，積極的に聞き手に何らかの主張を伝えているわけではないことを示していると思われる。〈疑い〉の文が応答でも使われるという事実は，機能の移行として捉えるよりも，判断が未成立ながら解決に向けて思考をめぐらせている過程であることを文として示すことによって，結果として運用論的に聞き手に情報が伝わるというところにとどまっていると分析すべきだと考える。

　ここで述べた立場とは異なる見方として，宮崎和人 (2001b) は，〈可能性〉の選択過程を〈疑い〉と呼び，「だろうか」「のではないか」をともに〈疑い〉の形式として認識のモダリティの中に位置づけている。しかしこの章では，認識のモダリティと〈疑い〉のあいだには，不確かさを表すという点で現象として非常に近づく場合があることは認めながらも，根本的な相違が存在していることを認めるところから出発している。

　疑問文は話し手にとって判断不能の事態に対して使われる。疑問文の一種としての〈疑い〉の文の基本的な機能は，まさにその事態に対する判断を形成できないということを表すところにあるというのがこの章で示した立場である。一方，認識のモダリティは，真偽を知らない事態に対して話し手の何らかの判断を述べるものである[11]。両者が不確かさという機能において接近することはしばしば指摘されるところであるが，判断の成立・未成立という観点からは本質的に異質であると考えられる。

　さて，この節の最後に〈疑い〉の文の応答用法のもう 1 つのタイプである〈不信の表明〉に触れておくことにしたい。〈不確かな応答〉が独話的用法の〈思考過程〉を対話的に使用したものであったのに対して，〈不信の表明〉は独話用法の〈疑念〉を対話的に使用したものであると考えられる。

　(52)　「でも，あまりに漠然としていて雲をつかむようです」

[11) 疑問文と認識のモダリティのこのような特徴づけについては森山卓郎 (1989a, 1992b) を参照のこと。なお，〈疑い〉を (広義の) 認識の中に位置づける分析には仁田義雄 (2000)，宮崎和人 (2001b)，三宅知宏 (1993) などがある。

　　　　円紫さんは、こともなげにいう。
　　　「そうでしょうか」　　　　　　　（北村薫『六の宮の姫君』p.163)
　(53)　「そりゃあ、──わたしに聞かれても困るけど、でも、桜木さん
　　　　に聞いたら分かるんじゃない？」
　　　「かもしれないけどさ。半端仕事もいいとこじゃない。こんなも
　　　　のの替えなんか持って、ホイホイ来てくれるかなあ」
　　　　　　　　　　　　　　　　　　　　　（北村薫『スキップ』p.117)
〈不信の表明〉を表す〈疑い〉の文は、相手が言ってきた内容に対して、話し手が相手の考えに沿った判断を成立させられないということを表しており、これによって否定的な態度を暗に伝えるものである。

3.3　〈疑い〉の文のテクスト的機能

　3.2までで、〈疑い〉の文の独話的な基本的性質と、それが対話的に活用されていく様子について観察した。ここでは、〈疑い〉の文の文章テクストにおける〈問題提起〉の機能について簡単に見ておくことにする。

　論理的なテクストを構成するうえで、これから述べる内容がどのような問題意識から出発しているかを示すために〈疑い〉の文が使われることがある。次例はそのような例である。

　(54)　現代を生きるごく普通の日本人にとって、靖国神社とは一体ど
　　　　のような存在なのであろうか。靖国神社という言葉を耳にしたと
　　　　き、人は、いかなるイメージを思い起こすのだろうか。
　　　　私自身の場合を語りたい。　　　　　（坪内祐三『靖国』p.22)
　(55)　こんな話を聞けば、その競争に加わらなければ損であるし、それ
　　　　に勝った人々には大きな未来が広がっているかのように思う人も
　　　　多いに違いない。反対に負けた人は絶望である。だが、本当にそ
　　　　うであろうか。
　　　　　　（奥本大三郎『博物学の巨人　アンリ・ファーブル』pp.181-182)
(54)はこれまで述べてきた用法の中では〈思考過程〉と名づけたものから派

生した〈問題提起〉であり，(55)は〈疑念〉から派生した〈問題提起〉であると考えられる。判断が未成立のまま読者の前に提示することによって，読者をその問題の解決に引き込もうとするのが〈問題提起〉である。

〈問題提起〉は，次例のように，通常の〈質問〉の文でも行うことができるように見える。

(56)　モーツァルトとバッハのちがいは，どこにある<u>か</u>。その問題にかんする私見をここでは述べたいと思うのだが，その前に，両者の関係をめぐる歴史的事実をたどっておこう。

（磯山雅『モーツァルト＝二つの顔』p.204）

しかし，この種の文は〈質問〉の文であると考えるより，〈疑い〉の文を野田尚史(1989)の意味での虚性モダリティ化したものと考えた方がよいように思われる。テクスト全体を丁寧体で書き直したとき該当部分を〈質問〉の文で表すことができず，〈疑い〉の文に直さなければならないという事実からも，この文がほかの文とは基本的な性質を異にすることがわかる。

(56')　モーツァルトとバッハのちがいは，どこに{#ありますか／あるでしょうか}。その問題にかんする私見をここでは述べたいと思うのですが，その前に，両者の関係をめぐる歴史的事実をたどっておきましょう。

テクスト全体を丁寧体にすることによって，虚性モダリティを文中に使うことはできなくなる。そのために，一見，〈質問〉の文と見えるものが，実は〈疑い〉を表す文であることが浮かび上がってくるのである。こうして，テクストにおける〈問題提起〉の機能は，〈疑い〉の文の〈思考過程〉や〈疑念〉を表す機能から派生されたテクスト的機能として位置づけることができる。

4. 〈疑い〉の文による〈詠嘆〉と〈感嘆〉

この章の最後に，〈疑い〉の文から派生する機能として〈詠嘆〉と〈感嘆〉について見ておく。ともに話し手の感動を表明する文であるという共通性をもつものの，両者には大きな違いも存在する。その点を中心にして，まず

〈詠嘆〉(4.1)，次に〈感嘆〉(4.2)を取り上げる[12]。

4.1 〈疑い〉から派生した〈詠嘆〉の文

頻度や程度の疑問語をとる〈疑い〉の文は，その疑問語で表される内容を契機として〈詠嘆〉という情意的な意味をもつことがある。(57)は頻度の疑問語をとる例，(58)は程度の疑問語をとる例である。

(57) 大阪から広島へ向かう新幹線の中で，トミコは窓に額を当てて走り去っていく暗闇（くらやみ）を見つめながら考える。いったい，こうやって何十回広島と大阪を行き来したことだろう。呼ばれるままに上阪し，聖を病院に連れていき，部屋を掃除（そうじ）してくたくたに疲れ果てて，夜の新幹線に飛び乗る。このことをどのくらい繰り返せば自分は休息できるのだろうか。　　　（大崎善生『聖の青春』p.200）

(58) この時，憲一と室田夫人は，顔を見あわせて，その再会に，心の中でどのように驚いたことであろう。が，その驚愕（きょうがく）がしだいに恐怖に変わったのは，夫人の佐和子の方であったのだ。

（松本清張『ゼロの焦点』p.373）

これらの例において，具体的な回数や程度を思い浮かべるという解釈であれば，前に見た〈思考過程〉を表す〈疑い〉の文と考えることになるが，疑問語によって数量や程度の大きさが漠然と表されているとき，そこに〈詠嘆〉の気持ちが込められることになる。また，疑問語が具体的な程度を受けるより，具体的な頻度を受けるという解釈の方が想定しやすいので，程度の疑問語が使われているタイプの方が，〈詠嘆〉の解釈をより受けやすくなる傾向があるように思われる。

〈詠嘆〉を表す文は，補文として埋め込んで，文の構成要素に格下げすることができる。

---

[12] 〈感嘆〉〈詠嘆〉についてのより詳細な検討については，安達太郎(2002b)を参照されたい。

(59) 自分があの時もう少し努力していれば、雪の寒さの恐怖に打ち勝っていれば、そう何度自分を責めたか分からないだろう。

(真保裕一『ホワイトアウト』p.610)

この性質も、補文への疑問文の埋め込みと同様であり、〈詠嘆〉が一般的な疑問文の性質を強く残していることを示すものである。

頻度や程度の疑問語をとる〈詠嘆〉の文には、ある条件の下での感情の発露を表す例がしばしば見られる。これは、基本的に発話時における感動を表出する〈感嘆〉とは異なるところである。

(60) 隆一に対する気持は、もうずいぶん前から離れてしまっている。しかし、男女が別れるというのは、芙美子が考えているような簡単なものではない。じゃ、さよなら、そう言って出て来ることができたら、どんなにいいだろう。でも、そうはいかないのだ。

(岡嶋二人『焦茶色のパステル』p.30)

4.2 〈疑い〉から派生した〈感嘆〉の文

ここで〈感嘆〉の文と呼ぶのは、疑問語に由来する副詞「何と」をとって、発話時における話し手の驚きを伴った感動を表出する次のような文である。

(61) 僕も初めのうちは、何とひ弱な人たちだろう、と驚きました。僕は自分を主として精神病患者の治療をする精神病医と考えていましたから、このような軽症の、患者と言うことも難しいような人びとが受診してくるのが、正直、わずらわしくさえありました。

(大平健『豊かさの精神病理』p.238)

(62) 僕ってなんて可哀相なヤツなんだろう——と思いながら、床にあぐらをかいて座り込み、ビートルズの『ノー・リプライ』を聴いていると、玄関のチャイムが鳴った。

(宮部みゆき「私はついてない」p.235)

また、文末が「だろう（か）」のように〈疑い〉の形式をとらず、「のだ」で終止するものもある。

(63) 「あの男何て強いんじゃ」
村山は蒲団の中で何度もうめきつづけた。子供のころからの絶え間ない努力やそれによって培(つちか)われてきた将棋への自信が音を立てて崩れていった。　　　　　　　　　　（大崎善生『聖の青春』p.165）

〈感嘆〉を表す文の特徴は，文末が名詞であるか，そうでない場合には「の」や「こと」のような名詞化形式によって名詞化されることである。つまり，何らかの属性によって引き起こされた驚きの気持ちを，名詞を中心として述べるのが〈感嘆〉の基本的性質だと考えられる。

〈詠嘆〉の文も「こと」によって名詞化されることがあるがこれは必須的ではない。

(64) 今日はなんて天気がいい{んだろう／??だろう}。
(65) どんなに君のことを心配した{ことでしょう／でしょう}。

さらに，〈感嘆〉の文はあくまで発話現場における感動の表明であり，〈詠嘆〉の文のようにある条件の下での〈感嘆〉を表すことはできない。

(66) 今度君が来てくれたら，{??何と／どんなに}うれしいことだろう！

さらに，〈詠嘆〉の文が文の構成要素に格下げすることができたのに対して，〈感嘆〉を表す文はこれが不可能である。

(67) *村山は羽生が何と強いのか信じられなかった。

以上の観察は，〈感嘆〉を表す文が，通常の疑問文とは異なる1つの文類型としての独自の位置づけをもっていることを示唆しているように思われる。つまり，〈詠嘆〉と〈感嘆〉は近接する意味関係にありながらも，〈疑い〉からの派生として位置づけられる〈詠嘆〉と，独自の文法的性質をもっている〈感嘆〉といったように大きな相違があるのである。

〈感嘆〉を表す文は，〈疑い〉の文の形式をとることが多いものの，この文型をとらないものもあり，むしろ文末に名詞化形式が入るということの方が重要な意味をもっている。〈疑い〉の文との意味的な関係も今の段階では不明と言わざるを得ないので，ここで〈疑い〉から派生された機能をもつ文の

観察を終えることにしたい。

5. 第5章のまとめ

この章では以下のことについて述べた。

1) 〈質問〉は判断の未成立という意味的性質を規定する不確定性条件と，聞き手に対する働きかけという機能的性質を規定する問いかけ性条件の2つによって把握することができる。

2) 〈疑い〉は，〈質問〉の2つの条件のうちの不確定性条件のみが文として独立したものであり，このため〈判断不明〉を中心とする独話的用法が基本となる。

3) 〈疑い〉は判断の未成立を表すという基本的性質を応用して対話的用法を派生する。対話的用法には質問と応答の2つがあるが，応答が可能であると言っても，機能的な移行として捉えるよりも，運用論レベルで分析すべきである。

4) 〈詠嘆〉は〈疑い〉からの派生として捉えることができるが，〈感嘆〉は文末の名詞化という特徴の方が重要であり，独自の位置づけが必要である。

第6章

確認要求

1. はじめに

　対話においては，情報の提供や要求に加えて，〈確認要求〉という言語行為がしばしば営まれる。たとえば，次のようなものが，確認要求機能をもつ文の例である。
　　（1）「ともかく，どこかで夕ご飯食べましょ。まだなん<u>でしょ</u>？」
　　　　「うん。でも……金，ないよ」
　　　　　　　　　　　　　　　　　　（赤川次郎『女社長に乾杯！』p.575）
　　（2）「木暮さん，本当は部下の刑事が張り込んでいること，ご存じ<u>だったんじゃないですか</u>」
　　　　「何を言ってるんだ」　　　（三谷幸喜『古畑任三郎（2）』p.234）
　　（3）「沢村さんを殺したのはあなたです<u>ね</u>」
　　　　たか子は答えなかった。　　（三谷幸喜『古畑任三郎（2）』p.94）
これらの文の共通性として，話し手の情報の捉え方が妥当であることの確認を聞き手に求める，という特徴が窺える。
　この章では，こうした確認要求の機能をもつ諸形式について，体系的な記述を行う[1]。

---

[1] 確認要求形式の体系を記述したものとしては，蓮沼昭子（1995），三宅知宏（1996），宮崎和人（2000b）などがある。

2. 否定疑問と確認要求

確認要求の機能を有する形式の代表として、いわゆる否定疑問の形式がある。そこで、この節では、否定疑問文の有標性と確認要求機能の相関について述べる。

2.1 否定疑問形式の類型と確認要求機能

真偽疑問文の述語形式は、肯定・否定の対立と「のだ」の有無の対立を組み合わせると、動詞述語では、次のような4つの形に分化する[2]。

(4)

	肯定疑問	否定疑問
「のだ」なし	書くか 書いたか	書かないか 書かなかったか
「のだ」あり	書くのか 書いたのか	書くのではないか 書いたのではないか

この表の中に存在すると考えられる、「のだ」を伴う否定疑問形式とは、たとえば、次のようなものである。

(5) 君は、寝坊したから、<u>遅刻したのではないか</u>？

(6) 君が遅刻したのは、<u>寝坊したのではないか</u>？

(5)は、「寝坊したから」を疑問の焦点にする(スコープを拡張する)ために「のだ」をとっていると解釈でき、(6)は、「君が遅刻した」ことの理由についての説明であることを示すために「のだ」をとっていると解釈できる[3]。これらの文では、「のだ」の機能は実質的であり、「のだ」がなければ、文が成立しなくなる。

(5') *君は、寝坊したから、<u>遅刻しなかったか</u>？

(6') *君が遅刻したのは、<u>寝坊しなかったか</u>？

ところが、「のではないか」の中には、次の例のように、「のだ」を使用す

---

[2] 実際の話しことばでは、「か」が省略されたり、「(の)では」の部分が「(ん)じゃ」となることが多い。なお、ここに掲げた否定疑問形式は、「書かない<u>の</u>か」「書くのではない<u>の</u>か」のように、さらに「のだ」をとることがあるが、ここでは、こうした形式の位置づけを保留する。

[3] 「のだ」の機能についての詳細は、第7章を参照。

る根拠がはっきりしないものが少なからず存在する。

(7) 降水確率が50パーセントだから，明日は雨が降る<u>のではないか</u>？

この例の「のだ」は，スコープを拡張するためのものでも，何かについての説明であることを示すためのものでもない。こうした「のではないか」は，スコープ拡張や説明の機能と関係なく，「のだ」をとっていると言わざるをえない[4]。実際，(7)から「のだ」を取り去っても，文が成立しなくなることはない（意味も大きくは変わらない）。

(7') 降水確率が50パーセントだから，明日は雨が<u>降らないか</u>？

そこで，以下，(7)のようなものを「のだ」の否定疑問形式とせず，そのまま「のではないか」と呼んで，1つの形式として扱うことにする。また，「のだ」を含まない否定疑問形式を，単に「否定疑問形式」と呼ぶことにする。

さて，「のではないか」が実質的に「のだ」の否定疑問形式でないとすれば，通常の否定疑問形式とどのような関係にあるのだろうか。実際の使用例で，両者の違いを観察してみよう。

(8) 枝にまたがっていたグルカ兵は足をぶらぶら揺らながら，大声でききました。
「おい，日本兵を｛見なかったか／見タンジャナイカ｝？」
水島は手をあげて，はるか遠くの山の麓を指しました。

(竹山道雄『ビルマの竪琴』pp.26-27)

一般に，事態の成立・不成立に関して中立的な立場で質問するときには，肯定疑問文が使われるのに対して，否定疑問文は，事態成立への〈傾き〉を有していると考えられている[5]。こうした有標性は，否定疑問形式と「のではないか」の双方に認めてよい性質だと思われるが，(8)を見ればわかるように，両者の間には，〈傾き〉の質の違いがある。「のではないか」には，話し手の見込みが強く現れるのに対して，否定疑問形式は，可能性があるとい

---

[4] 田野村忠温(1990a)では，これを「のだ」の「流用」「空用」と呼んでいる。
[5] この観点からの詳細な記述が安達太郎(1999a)に見られる。

う程度のものである。このように,「のではないか」の〈傾き〉が話し手の判断としての意味合いをもつことは,これが「たぶん」のような確信度を表す副詞と共起可能であるということにも窺える[6]。

　　(9)　たぶん,雨はまだ{*降ってないか／降ってるんじゃないか}?

　また,「のではないか」の〈傾き〉が文脈から自立しているのに対して,否定疑問形式の〈傾き〉は,文脈との関係のうえに成立している。

　　(10)　髪が濡れてるけど,君,傘{*持ってたか／持ってなかったか}?

この文脈では,「相手の髪が濡れている」→「相手は傘を持っていなかった」ということが示唆されている。そして,話し手の認識は,「確か,相手は傘を持っていたはずだ」という方向に傾いている。否定疑問形式が選択されるのは,このように,話し手の認識が文脈と対立する方向に傾いている場合である[7]。一方,「のではないか」は,話し手の認識が文脈と対立していなくても使用できる。

　　(11)　[震えている人に]{寒い／#寒くない／寒いんじゃない}?

〈傾き〉が文脈と対立していると考えられる状況としては,(10)のように,当該文脈において事態成立の可能性が否定されている場合と,次の例のように,事態成立の可能性が想定されていない場合とがある。

　　(12)　私の留守中に山田さんという人から電話が{??かかってきた／かかってこなかった}?

この例で,否定疑問形式を選択しなければならないのは,話し手が何も告げずに外出したために,「山田さんから電話がかかってくるかもしれない」という想定が文脈内に存在しないからであると考えられる[8]。一方,電話があ

---

[6] このようなところから,「のではないか」を認識のモダリティ形式として位置づける議論が成立する。詳しくは,宮崎和人(2001b)や本書第4章3.2を参照。
[7] 井上優・黄麗華(1996)では,「Pナイカ」の形式を「対立仮説Pを文脈にわりこませる」タイプの真偽疑問文(誘導型真偽疑問文)と性格づけている。ただし,そこでは,「のではないか」を「Pナイカ」に含めている。
[8] (7')についても,たとえば,雨が降る可能性を考慮せずに話が進んでいるというような状況を想定することができるだろう。

るかもしれないということをあらかじめ告げていた場合には，「山田さんから電話あった？」と，肯定疑問文で尋ねることができるだろう。

さて，(4)の表の中には，次の例のような，動詞に続く「ではないか」は見当たらない。また，これと対立する肯定疑問形式も存在しない。

 (13) そんなこと，できるわけない<u>じゃないか</u>。

 (14) [傘を探している人に] 君の傘は，そこにある<u>じゃないか</u>。

こうした「ではないか」は，話し手の認識を聞き手に押しつけて確認させるものであり，もはや，本来的な疑問文の機能をもちあわせていない。

では，こうした「ではないか」が，否定疑問形式の機能と無縁かというと，そうではない。先に見た，否定疑問形式が有する有標性は，こうした「ではないか」にも認めうる。すなわち，(13)の文脈では，聞き手が話し手と異なる認識を有しているという点で，事態成立の可能性が否定されており，また，(14)の文脈では，聞き手に傘の存在が気づかれていないという点で，事態成立の可能性が想定されていない，と解釈できる。

以上の観察から，否定疑問形式，「のではないか」「ではないか」の関係は，否定疑問形式に未分化に内在する有標性のうち，話し手の見込みを伝えるという，認識レベルの有標性を「のではないか」が受け継ぎ，当該文脈にそれと対立するような認識を持ち込むという，文脈レベルの有標性を「ではないか」が受け継ぐ形で，確認要求形式としての機能を特化させている，というように考えることができる[9]。

なお，広義の否定疑問形式である，否定疑問形式，「のではないか」「ではないか」の3形式を類別するにあたっては，次のような点に注意が必要である[10]。まず，次のような例は，聞き手に認識を押しつける意味であること

---

[9] もちろん，これは，これらが確認要求専用の形式であることを意味するものではない。確認要求以外の用法として，「のではないか」には，「もしかして，あの人は私のことを疑っている<u>のではないか</u>……」(疑い)，「ではないか」には，「なんだ，こんなところにある<u>じゃないか</u>」(発見)，「君も遊びに行こう<u>じゃないか</u>」(勧誘)，「その挑戦，受けて立とう<u>じゃないか</u>」(決意宣言)などの用法がある。

[10] 否定疑問文の類型を記述したものとしては，田野村忠温(1988)がよく知られてい

からもわかるように,「ではないか」の例であり,「のではないか」ではない。

(15) 何を言ってるんだ。君が約束を破ったんじゃないか。

つまり,「のではないか」には「のだ」が固定的に含まれているが,「ではないか」には「のだ」の有無の対立があり,(15)は,「ではないか」が「のだ」をとった例である。

また,名詞述語文では,否定疑問形式と「ではないか」の外形的な区別がない。

(16) ひょっとして,これ,君の傘じゃないか？　　（否定疑問形式）

(17) おい,よく見ろよ。それ,僕の傘じゃないか。（「ではないか」）

さらに,名詞述語文では,否定疑問形式と「のではないか」の機能的対立がない。

(18) 明日もたぶん雨｛じゃないか／なんじゃないか｝？

この例のように,名詞述語の否定疑問形式は,文脈と関係なく話し手の見込みを伝える形式として使用できるという点で,「のではないか」と区別がなくなっている。

2.2 否定疑問形式のテンス

否定疑問形式の確認要求機能の記述においては,テンスとの相関も重要である。まず,テンス対立を視野に入れた,広義否定疑問形式のパラダイムを示す（形容詞述語は割愛する）。

る。本書の「ではないか」は,田野村の第1類に,否定疑問形式と「のではないか」は第2類に対応する。ただし,田野村は,「のではないか」を名詞述語の否定疑問形式と見ており,独立した形式とは認めていない。

(19)

		動詞述語		名詞述語	
		非過去	過去	非過去	過去
否定疑問形式	普通体	書かないか	書かなかったか	本ではないか	本ではなかったか
	丁寧体	書きませんか 書かないですか	書きませんでしたか 書かなかったですか	本ではありませんか 本ではないですか	本ではありませんでしたか 本ではなかったですか
のではないか	普通体	書くのではないか	書いたのではないか	本なのではないか	本だったのではないか
	丁寧体	書くのではありませんか 書くのではないですか	書いたのではありませんか 書いたのではないですか	本なのではありませんか 本なのではないですか	本だったのではありませんか 本だったのではないですか
ではないか	普通体	書くではないか	書いたではないか	本ではないか	本だったではないか
	丁寧体	書くではありませんか 書くではないですか	書いたではありませんか 書いたではないですか	本ではありませんか 本ではないですか	本だったではありませんか 本だったではないですか

　この表の中の過去形は，基本的に，出来事の成立時が発話時以前であることを表すものである。たとえば，次のような例では，過去の出来事の存在を確認している。

(20)　［自分のカップのコーヒーが減っているのを見て］もしかして，僕のコーヒー，飲ま<u>なかった</u>？

ところが，否定疑問形式の過去形には，次のような，過去の出来事の存在ではなく，話し手の記憶の中にある事柄を確認する用法がある。

(21)　［コーヒーが嫌いではないと思っていた相手がコーヒーを飲もうとしないのを見て］あれ？　君，コーヒー，飲ま<u>なかった</u>？

そして，(20)は，「のではないか」に置き換えられる（(20')）が，(21)を「のではないか」に置き換えようとすると，「のではなかったか」という，(19)の表の中には見当たらない形になる（(21')）。

(20') もしかして，君，僕のコーヒー，飲んだんじゃない？

(21') あれ？　君，コーヒー，飲むんじゃなかった？

　さて，問題は，(21')のような「のではなかったか」という形式の位置づけである。「ではないか」は，それ自体が過去形になることはない。

(22) 君，またコーヒーを飲むのか。ついさっき飲んだ{じゃないか／*じゃなかったか}。

では，「のではないか」は，それ自体が過去形になると考えるべきだろうか[11]。確かに，形のうえではそのように見えるが，意味・機能と形の関係を整合的に捉えるためには，以下のように位置づけるのが妥当であると考えられる（宮崎和人(1998)）。

　「のではなかったか」は，(21')のように，話し手の記憶の中にある事柄を確認するときに用いられる形式であるが，確認要求の一タイプとして，それがどのような性質のものであるのかを見ておく。

(23) ［コンパの2次会に来た相手に］あれ？　今日は早く帰るんじゃなかった？

(24) ［タバコを買おうとしている相手に］君，禁煙したって言ったんじゃなかったか？

これらの例では，単に記憶内容が不確かであるということではなく，そこに生じている状況が自分の記憶内容と食い違っているということが確認の動機となっている。このように，話し手の認識が文脈と対立する場合に使用されるという特徴をもつのは，すでに見たように，「のではないか」ではなく，否定疑問形式であった。そして，「のではなかったか」が，「のではないか」の過去形ではなく，否定疑問形式だとすると，対立する肯定疑問形式が存在することになる。

　「のだ」の過去形「のだった」には，話し手が想起したことを表す用法がある。

---

[11] 田野村忠温(1988)では，「のではないか」(第2類)の特徴として，過去形になることが指摘されている。

(25) 忘れてた。この映画，前に1度見たんだった。

この〈想起〉を表す「のだった」の肯定疑問形式が「のだったか」であり，それと対立する否定疑問形式が「のではなかったか」である。

(26) この映画，前に1度見た{んだったか／んじゃなかったか}？

これが問題の「のではなかったか」であると考えれば，「のではなかったか」が記憶内容が文脈によって否定されている場合に使用される形式であることが整合的に説明できる。

傍証を示そう。田野村忠温（1990a）は，存在や状態，性質を表す述語の想起形に，次のような同義的な置換関係が成り立つことを指摘している。

(27) そうだ，あさっては試験が{あるんだった／あったんだ／あったんだった}。

同じ関係が，「のではなかったか」にも平行的に成立する。

(27') 確か，あさっては試験が{あるんじゃなかったか／あったんじゃないか／あったんじゃなかったか}？

ところで，確認要求とは関係ないが，「のではなかったか」には，次のような用法がある。

(28) そういう父親が，なぜあのような陳腐な褒め言葉を口にしたのか。茶の間の話題が，江美子に向ったとき，父親は平素の闊達さを失ったのではなかったか。

(吉行淳之介「砂の上の植物群」p.231)

こうした用法が見られるのは，小説の地の文などの内的独白に限られるようである。そして，「のではないか」に置き換えられることも，この用法の特徴である。「のではないか」に過去形があるとすれば，このようなものに限られるだろう。

さて，すでに見たように，「のではなかったか」のほか，「しなかったか」も，記憶内容の確認に使用されることがあった。だが，「のではなかったか」をいつも「しなかったか」に置き換えられるわけではない。

(23') あれ？　今日は早く{帰るんじゃなかった／*帰らなかった}？

(24') 君，禁煙したって{言ったんじゃなかったか／言わなかったか}？

このように，「したのではなかったか」は「しなかったか」に置き換え可能だが，「するのではなかったか」は不可能である。ただし，次の例のように，述語が存在や性質，状態を表す場合には，置き換えが可能になる（(21')も同様）。

(29)　太郎には妹が{いるんじゃなかったか／いなかったか}？

これは，存在や性質，状態を表す述語では，やや不安定ではあるが，「した」が〈想起〉を表しうることと関係があるだろう。

(29')　そうそう，太郎には妹が{いるんだった／いた}。

以上のように，動詞述語文では，基本的には，記憶内容の確認を表す形式は「のではなかったか」であり，否定疑問形式には，その過去形「しなかったか」の一部にそうした用法が認められるにすぎない。つまり，(23')のように，未来の出来事の場合には，「しなかったか」は記憶内容の確認に使用できない。一方，名詞述語文の否定疑問形式の過去形「Nではなかったか」の用法には，動詞述語文の場合のような制限がない。

(30)　確か，あさっては試験じゃなかったか？

その理由は，はっきりしている。動詞述語文では，〈想起〉の形式は「のだった」で，単純過去形の「した」とは形が異なるが，名詞述語文は，「Nだった」が単純過去形としても〈想起〉の形式としても使用されるからである。

(31)　昨日は太郎の誕生日だった。　　　（単純過去）

(32)　そうだ，今日は太郎の誕生日だった。（想起）

このように基になる形が共通するので，その否定疑問形式も形が同じになり，「Nではなかったか」が，テンスと関係なく，記憶内容の確認にも使用されることになる。

しかも，名詞述語文は基本的に性質や状態を表すので，〈想起〉の形式の

バリエーションも，通常の動詞に比べて多くなる（(33)）。それに応じて，記憶内容の確認に使用される形式のバリエーションも多様である（(33')）。

(33) そうだ，今日は太郎の誕生日｛だった／なんだった／だったんだ｝。

(33') 今日は太郎の誕生日｛じゃなかった／なんじゃなかった／だったんじゃない｝？

3. 〈事実性の傾き〉を有する形式

前節では，広義否定疑問形式と確認要求の関係を見たが，確認要求に使用される代表的な形式としては，このほかに，「だろう」「ね」がある。この節では，これに比較の対象として「のではないか」「ではないか」を加えた4形式の確認要求機能について記述する。

3.1 「だろう」の確認要求機能

ここでは，まず，「だろう」の確認要求機能を「のではないか」と比較しながら記述する。この2形式は，確認要求の専用形式ではなく，第4章3.2で見たように，推量形式としても機能する。この章では，これらの形式の確認要求用法は，推量用法から派生したものと考える。

「だろう」と「のではないか」の確認要求機能の相違は，次のような文脈で明らかになる。

(34) 「ゆみちゃん，あんたいい人がある｛んじゃない／デショウ｝？　私そう睨んだわ。」　　　　　　　　（林芙美子『放浪記』p.156）

(35) 「ほら，あすこにあの，ピンク色の洋服を着たお嬢さんと一緒に踊っている｛でしょう／＊ンジャナイ｝，あれがまアちゃんよ」
（谷崎潤一郎『痴人の愛』p.220）

(36) 「しかし，そうすぐに動くとも思えませんがね」
と谷口は言った。
「でも，何かある｛んじゃない／＊デショウ｝？　口をつぐむ代

わりに，きっと何かを手に入れるはずだもの」

「そうですねえ，あの女を黙らせるのは，金ぐらいのものだろうからな」　　　　　　　　　（赤川次郎『女社長に乾杯！』p.811）

　まず，(34)のように，「だろう」と「のではないか」は，話し手の認識が不確かで聞き手の認識が確かである状況で使うことができる（もちろん，ニュアンスは異なる）。この用法が確認要求としては典型的であろう。ところが，(35)(36)のように，話し手の認識が確かだと，「のではないか」が使えなくなり，聞き手の認識が不確かだと，「だろう」が使えなくなる。

　「だろう」しか使えない(35)は，すでに話し手の認識は確かなものであって，話し手の認識が妥当であるか否かを聞き手に尋ねる必要はない。この用法は，命題内容の真偽の確認ではなく，その事柄の存在を聞き手にその場で意識化させることを目的としている。

　また，「のではないか」しか使えない(36)は，聞き手にも知りえないことであって，これも命題内容の真偽の確認ではない。だが，「自分はこう思うが，どうだろうか」と，聞き手にも意見を求めるニュアンスがあり，消極的ながら問いかけ性がある。なお，上昇イントネーションでなければ，ここで「だろう」も使えるが，それは要するに推量用法であり，聞き手に意見を求めるニュアンスはまったく出ない。

　話し手・聞き手の認識の確か・不確かという観点から，2形式の用法の分布を整理すると，次の表のようになる。

(37)

	聞き手の認識が確か	聞き手の認識が不確か
話し手の認識が確か	だろう((35))	
話し手の認識が不確か	だろう((34)) のではないか((34))	のではないか((36))

　さて，(37)を見ると，「のではないか」は，話し手の認識が不確かでなければ使えないということがわかる（聞き手の認識はどちらでもよい）。つまり，「のではないか」は，諸用法を通じて，話し手の認識の不確かさを表す。第4章3.2で，認識のモダリティ形式としての「のではないか」は，推量判断が形成途上にあることを表すことを見たが，そうした機能は，(34)や

(36)のような用法でも同様に実現していると考えてよいだろう。結局,「のではないか」の確認要求機能とは,話し手が判断を形成しつつある状態を聞き手に見せることによって,間接的に聞き手の関与を求めることになるという,運用論的な現象であると解釈できる[12]。つまり,聞き手がその情報を直接知りうる立場にあるとき,聞き手に判断形成への関与を求める働きがもっとも強くなり,(34)のような典型的な確認要求用法となると考えられるのである。

一方,「だろう」は,このような方法で確認要求機能を実現させているのではない。「のではないか」が推量的な意味と問いかけ性の共存という方法で確認要求機能を実現させているのに対して,(35)のように,話し手の認識が確実である場合でさえ使用できる「だろう」の確認要求用法は,推量用法から決別したところに成立していると言えるだろう。

「だろう」の確認要求用法の特質を探るうえで重要なのは,(37)を見ればわかるように,聞き手の認識が不確かな状況では,確認要求として使用できないということである(そのような状況で使用すれば,推量用法になり,問いかけ性をなくす)。このことから,確認要求の「だろう」は,聞き手にそのような認識がある,あるいは,そのように認識できる,ということを確認する形式であると仮定される。(35)のような用法も,聞き手にその人物の存在が(視覚的に)認識できるということについての確認であると解釈できよう。そして,このように,確認要求の「だろう」が命題内容を直接確認の対象としているのではなく,聞き手の認識内容を確認の対象としているのだと考えれば,「だろう」の確認要求用法が推量用法と無縁でないことが理解される。つまり,現実の事態に対する推し量りから聞き手の認識内容についての推し量りへと推し量りの対象をずらすことによって,「だろう」は確認

---

[12] つまり,ここでは,「のではないか」という形式自体は,情報提供・要求という点に関して中立的であると見ているのだが,これに対して,安達太郎(1999a)は,「のではないか」は,本来的には情報要求の形式であり,「傾き」を媒介として,その機能が情報提供へと移行するという把握を行っている。

要求用法を成立させていると見られる[13]。

　以上のような確認要求機能を発現させるメカニズムの違いから、「だろう」と「のではないか」の間には、さらに次のような相違が観察できる。

(38)　「山本君、行く{でしょ／#ンジャナイ}」
　　　三吉さんに言われて、太郎は、行かなきゃなるまいなあ、と心の中で考えていたが、多少おっくうであった。
　　　　　　　　　　　　　　　　　　（曽野綾子『太郎物語』p.868）

このように聞き手の意志を確認する場面では、聞き手の認識を確認する機能をもつ「だろう」を使用するのが適切である。「のではないか」を使うと、推量的な意味が拭い切れず、聞き手の行動を詮索しているようでおかしい。

　また、聞き手に許容を求める文脈においても、両者の違いがはっきりと観察できる[14]。

(39)　――土曜日の晩なの、音楽会、行ってもいい{でしょう／#ンジャナイ}？　　　　　　　　　　（福永武彦『草の花』p.330）

聞き手に許容を求めるには、聞き手の認識に働きかけなければならない。「だろう」が使われるのは、そのためである。「のではないか」を使うと、本来聞き手に決定権のあることについて話し手が意見していることになり、文脈に合わない。

　次のような例も興味深い。

(40)　[冗談で] おまえ、バカ{#だろう／なんじゃないか}？

「のではないか」が冗談として通用するのに対して、「だろう」を使うと洒落にならない。聞き手の自覚を問題にすることになってしまうからである。

　「だろう」の確認要求用法が聞き手の認識について確認するという特質をもつことは、「ではないか」との対称性[15]を見ることで、補強できる。

---

[13]　「だろう」の推量用法と確認要求用法の関係については、金水敏 (1992)、宮崎和人 (1993, 1996) の説明も参照。
[14]　この事実については、すでに安達太郎 (1992) が注目している。
[15]　「だろう」と「ではないか」の機能の対称性に注目した記述は、安達太郎 (1991, 1999a) や宮崎和人 (1993, 1996) に見られる。なお、安達は、これを問いかけ性の有無

(41)　「あら，元気そう{じゃないの／*デショウ}」

(山本周五郎『さぶ』p.475)

この例で，「ではないか」が使え，「だろう」が使えない理由は，これまで述べてきたことから，容易に説明できる。これは，話し手から聞き手がどう見えるかということを述べる文であるから，話し手の認識を聞き手に押しつける「ではないか」が使え，聞き手の認識についての確認である「だろう」が使えないのである。逆に，聞き手から話し手がどう見えるかを確認する場合には，この関係が逆転する[16]。

(42)　最近，体調がいいんだ。元気そう{だろう／*じゃないか}。

さて，「だろう」と「ではないか」が次のような共通認識を喚起する用法((43))や聞き手に認識形成を要請する用法((44))を共有しているということが，従来から指摘されている(蓮沼昭子(1995)など)。

(43)　「ねえねえ，父さん，ほら，軽井沢へ行くと，いろんなところで，若い男と女がさア，抱きあったり，ひっついたりしてる{でしょう／ジャナイ}。(略)」　　(曽野綾子『太郎物語』pp.258-259)

(44)　「だけど被害者が自分で食べたのかも知れない{じゃないですか／デショウ}」　　(三谷幸喜『古畑任三郎(2)』p.135)

確かに，これらは相互に置き換え可能であり，置き換えたときの意味の異なりも小さい。

だが，次のように，(43)を聞き手の知識についての確認であることを明示する形に書き換えると，「ではないか」が使えなくなる。

(43')　ねえねえ，父さん，ほら，軽井沢へ行くと，いろんなところで，若い男と女がさア，抱きあったり，ひっついたりしてるの，知ってる{でしょう／*ジャナイ}。

と考えている。

[16] 相手を褒める，「君の絵，上手{*だろう／じゃないか}」と，話し手の自慢である，「僕の絵，上手{だろう／*じゃないか}」のようなペアについても，同じような説明が可能である。

つまり，(43)で，「だろう」と「ではないか」のいずれもが使えるのは，命題内容が聞き手の認識であるとも話し手の認識であるとも解釈できるからである。この例のように，聞き手がその情報を有していることが明白な状況では，「だろう」は問いかけ性を弱め，「ではないか」は押しつけ性を弱める。それによって，両者が近づきを見せると考えられる。

また，(44)では，「だろう」にも「ではないか」と同じような押しつけ的なニュアンスがある。相手にも認識できるにちがいないという見込みの強さが，問いかけから押しつけへと機能を変更させるのであろう（これには，イントネーションが連動している）。

3.2 「ね」の確認要求機能

終助詞「ね」は，対話的な文脈で，次のように使用される。

(45)「私たちが狙われているとか言って。つまりあれは口実だったんです<u>ね</u>」
「そうです。（略）」　　　　（赤川次郎『女社長に乾杯！』p.915）

(46)「行助さんがいないと，さびしいです<u>ね</u>」
「そう<u>ね</u>。……でも，じきに戻ってくるわよ」
（立原正秋『冬の旅』p.137）

(47)「氷を食べない<u>かね</u>」
居残りをしている同僚のひとりが誘いに来た。
「氷？　食べたくない<u>ね</u>」　　　（新田次郎『孤高の人』p.1133）

(37)に準じて，用法を分類し，暫定的に命名すると，次の表のようになる。

(48)

	聞き手の認識が確か	聞き手の認識が不確か
話し手の認識が確か	同意要求・同意表明((46))	自己確認((47))
話し手の認識が不確か	確認要求((45))	

これらの用法のうち，〈自己確認〉や〈同意表明〉は，確認要求とは無縁であり，〈同意要求〉も，相手に応答を求める働きはあるものの，確認要求としては典型的ではない。(45)のような用法が典型的な確認要求用法である。

では、確認要求用法の「ね」を、「だろう」と比較してみよう。(45)の「ね」は「だろう」に置き換え可能である。

(45') つまりあれは口実だったん{ですね／デショウ}？

また、次のような、聞き手に決定権のある事柄について確認する用法で、「ね」が「だろう」とほぼ同じように使用できることから（もちろん、ニュアンスはやや異なる）、両者の機能は類似するのではないかと思われる。

(38') 山本君、行く{でしょ／ネ}？

(39') 土曜日の晩なの、音楽会、行ってもいい{でしょう／ネ}？

ところが、次のような例文では、「だろう」と「ね」は、正反対の振る舞いを見せる（ただし、(50)の「ね」は、同意要求になる）。

(49) 私、元気そう{でしょう／＊ですね}。

(50) あなた、元気そう{＊でしょう／ですね}。

「ね」のこのような振る舞いは、先に見た「ではないか」と同様のものであり、これは、「ね」が話し手の認識を提示する形式であることを示唆している。

また、次のように、聞き手の自覚を促すような場面で「だろう」が使われることがあるが、これを「ね」に置き換えることはできない。

(51) ねえ、勇気を出しなさい。男{でしょ／＊ダネ}？

(大江健三郎「他人の足」p.114)

こうした点を考慮すると、(45')や(38')(39')のように、「だろう」と同様の機能を実現しているように見える場合でも、「ね」は、聞き手にそのような認識があることを確認しているのではなく、あくまでも、話し手の認識を聞き手に提示し、そのように認識することについて聞き手の承認を求めているのだと考えられる[17]。

確認要求用法の「ね」は、話し手の認識が不確かであるといっても、それ

---

[17] 「ね」がこのような確認要求機能をもつに至る経緯の説明には、「ね」の用法全体を視野に入れた考察が必要になる。宮崎和人 (2002) は、そうした試みの1つである。なお、終助詞としての「ね」についてのより詳しい記述は、第8章4．を参照。

は、「のではないか」のように判断が未成立ということではなく、話し手だけが認識していることにすぎず、聞き手の承認を受けていないという意味での不確かさであると考えるべきであろう。また、「ね」は、話し手の認識を提示しているといっても、「ではないか」のようにそれを聞き手に押しつけるのではなく、聞き手の承認を待つという姿勢になる。「だろう」との類似は、その点にある。

　この節で取り上げた、「だろう」「のではないか」「ではないか」「ね」が確認要求機能を実現させているメカニズムはそれぞれに異なるが、これらは、当該事態は事実であるという方向での〈傾き〉を有している。これは、説明するまでもないことであり、この段階ではあまり強調する必要はないが、次節で取り上げる形式の有する〈傾き〉は、そうした単純なものではなく、ここでいったん、これらが〈事実性の傾き〉を有する確認要求形式であることを確認しておきたいと思う。

4. 〈当然性の傾き〉を有する形式

　この節では、前節で取り上げた形式とは確認要求機能が根本的に異なる形式類を取り上げ、その機能について記述する。

4.1 「だろうね」「よね」の確認要求機能

　確認要求形式には、複合的な構成をもつものがいくつか存在する。そのうち、ここでは、まず、次の例のような、「だろうね」「よね」を取り上げることにする。

　　(52)　「でも、手ちがいは向うなんだから、報酬はきちんと、はらってくれるでしょうね」
　　　　　「まるで必要のない仕事をしてかい？」と助教授は冷淡にいった。
　　　　　　　　　　　　　　　　　　　（大江健三郎「死者の奢り」p.81)
　　(53)　「お医者様でいらっしゃいますよね。ぜひとも、力を貸して頂きたいのです」　　　　　　　　　（三谷幸喜『古畑任三郎（2）』p.118)

さて，前節で取り上げた，「だろう」「のではないか」「ね」は，いずれも副詞「さては」と共起する。次の例は，生徒に対する教師の発言である。

　　(54)　さては，君，宿題やってない{だろう／んじゃないか／ね}？

このような確認要求文と共起する「さては」は，隠された事実を推理するという態度を表すものであろう。

　これと同じ文脈で，「だろうね」「よね」を用いることはできない。

　　(55)　＊さては，君，宿題やってない{だろうね／よね}？

この事実は，「だろうね」「よね」が，「だろう」「のではないか」「ね」と異なるタイプの確認要求の形式であることを示唆しているだろう。

　ところで，(55)は，「さては」を取り外したうえで，否定文から肯定文に変えれば，教師から生徒への発言として成立する。

　　(56)　君，宿題やってる{だろうね／よね}？

この事実は，「だろうね」「よね」の文の命題内容の選択基準が，「だろう」などとは異なるということを意味する。すなわち，「だろう」や「のではないか」「ね」の文で問題にしているのは，事実関係そのものである（「さては」の共起は，このことの反映である）。これに対して，「だろうね」「よね」の文が差し出しているのは，「こうでなければならない（こうあるべきだ，こうあるはずだ）」という話し手の判断であり，事実がそれに合致しているかを確認しているのである。すなわち，(56)は，「当然やっていなければならない宿題が現にやられているか」といった趣旨の確認である。

　このことを別の文脈で確かめてみよう。

　　(57)　あなた，田中さん{ですね／でしょうね／ですよね}？

通常の人物確認であれば，「ね」を使うところであろう。もし，「だろうね」や「よね」が使われるとしたら，相手が自分を田中であると偽っている可能性や人違いの可能性があるといった，やや特殊な状況においてであろう（もちろん，「ね」も，そうした状況で使用できるが，「ね」自体にそのような文脈を構成する力があるわけではない）。つまり，この例で「だろうね」「よね」が使用されるのは，「相手が田中でなければ問題が生じる」といった場

合であると考えられる。

　このように,「だろうね」「よね」は,そうでなければならないと話し手が考える事柄を示し,事実がそれと合っていることを確認する形式である。前節で取り上げた形式が,それが事実であろうと話し手が考える事柄を示す〈事実性の傾き〉を有する形式であったのに対して,「だろうね」「よね」が有する傾きとは,〈当然性の傾き〉であると言うことができる。

　なお,「だろうね」「よね」を,「だろう」＋「ね」,「よ」＋「ね」と分析し,意味の合成によって,その機能を説明する方法が考えられるが,ここでは,そのような方法はとらないことにする。確かに,次のような「だろうね」は,「〜だろう」という推量文に「ね」を添えたものとしてまったく問題ないだろう。

　　(58)　たぶん,明日は雨になるだろうね。

では,(56)(57)の「だろうね」は,確認要求文の「〜だろう」に「ね」を付加してできたものかというと,そうとは考えにくい。そもそも,確認要求文の「〜だろう」にさらに「ね」を付加することはできないからである[18]。

　　(59)　[落ちているハンカチを拾って] これ,君のハンカチ｛だろう／
　　　　　＊だろうね｝?

　また,「よね」についても,次のようなものは,「〜よ」の文に「ね」を付加したものと見られる。

　　(60)　私って,すぐ泣いちゃうんですよね。

だが,(56)や(57)の「よね」は,そのようなものではない。

　少なくとも,(58)や(60)のようなものに比べて,ここで対象としている「だろうね」「よね」は,文法形式としての一体化の度合いがきわめて高いということは言えるだろう。「だろう」「ね」「だろうね」「よね」をそれぞれ1

---

[18]　確認要求の「だろうね」を複合形式として分析する議論は,井上優(1990)や宮崎和人(1999)を参照。なお,「いつになったら雨が降るだろうね」のような補充疑問文に現れる「だろうね」は,「だろうかね」の「か」が脱落したもので,ここで取り上げているものとは関係ない(宮崎(1999))。

つの形式として記述した方が，少なくとも，確認要求の体系化においては，見通しがよいのではないかと思われる。

では，「だろうね」と「よね」の相違点は，どのようなところにあるのだろうか。「だろうね」が〈当然性の傾き〉を有する形式であることは，次のような例からも窺える。

(61) 悪いけど，手伝ってくれる{でしょう／??でしょうね}？

聞き手に手伝う気があることを確認する「だろう」は，「悪いけど」といった謝罪の前置き的表現と共起するが，「手伝うのが当然である」といった態度をとる「だろうね」は，そうした表現となじまないのである。

ところが，「よね」は，「悪いけど」を前置き的表現として用いても，不自然ではない。

(62) 悪いけど，手伝ってくれますよね？

これは，同じく〈当然性の傾き〉を有する形式であるという共通性をもちながら，その当然性の意味のタイプが，「だろうね」は「べきだ」(価値判断)に，「よね」は「はずだ」(真偽判断)に類するものであるという違いに起因すると考えられる(「手伝ってくれるはずだ」という見込みをもつことは謝罪の態度と矛盾しない)。

また，次の例のような文脈で「よね」しか使用できないことも，この観点から説明できる。

(63) 明日電話します。休みだから，家に{#いるでしょうね／いますよね}？

つまり，「よね」が使用可能なのは，「相手はいつも休日には家にいるから，明日もいるはずだ」というような判断を示してもおかしくないからであり，「だろうね」が使用できないのは，「休みの日には家にいるべきだ」という判断がこの文脈にふさわしくないからであると考えられる。

逆に，次のような文脈では，「だろうね」しか使えない。

(64) A 「もう僕は二度と嘘をつかない」
　　　B 「本当{だろうね／#だよね}？」

相手の言っていることが信用ならないので、念を押しているのだが、ここでBが「Aが嘘をつかないと言っているのは本当であるべきだ」という判断をもっていることは自然であるが、Aを信用していないBが「Aが嘘をつかないと言っているのは本当であるはずだ」という判断をもっているわけはない。ちなみに、ここで「ね」を用いて、「本当だね？」と念を押すことは可能である。「あなたの言っていることは本当であると、この場で認識してよいね」という確認の仕方になるからである。

「だろうね」になく、「よね」にだけある用法として、次のような、常識に属する事柄を確認する用法がある。

 (65) 「ファックスというのは、受信が終わるとピーという電子音が鳴りますよね。あなた、それを確認しなかったんですよ。(略)」

         (三谷幸喜『古畑任三郎(1)』p.125)

これは、次に述べることの前提を確保するために、わかりきっていること（当然そうあるはずのこと）をあえて確認する用法と位置づけることができるだろう[19]。

4.2 「のではないだろうね」「のではなかったか」の確認要求機能

〈当然性の傾き〉を有する形式である、「だろうね」「よね」に共通する性質としては、副詞「まさか」との共起（ただし、否定命題の場合）を指摘することができる。

 (66) まさか、嘘ついてない{だろうね／よね}？

ここで、「まさか」は、この文が「相手が嘘をついている」ことを懸念しながらの確認であるということを明示している。「そうでなければならない」と思っている話し手にとっては、「そうでないかもしれない」といった懸念の存在こそが確認要求の動機となると言ってよいだろう。とくに、「だろうね」には、(52)や(56)のような肯定命題の場合にも、懸念が含意として潜

---

[19] この用法の「よね」は、(43)のような用法の「だろう」や「ではないか」と置き換え可能である。

在していると思われる。この懸念に基づく確認要求の形式として特化したのが,「のではないだろうね」である。

(67) 「まさか,加藤さん,このぐらいの吹雪をおそれている<u>のではないでしょうね</u>」
「おそれているよ。吹雪を衝いて槍へ登るなどということはあまり讃められたことではない」　　（新田次郎『孤高の人』p.1497）

この文は,「この吹雪をおそれているのではない」ということに対して,そうであるべきであるという当然性判断を示すものから,「この吹雪をおそれている」ということに対して,そうであってはいけないという懸念を示すものへと,意味的構造が変化している。つまり,次の図のように,「のではない」は,「だろうね」と複合して,モダリティ要素になっているのである。

(68) [[　　　　　]$_P$のではないだろうね]$_M$

その根拠としては,次のように,肯定的応答と否定的応答が「この吹雪をおそれている」ということに対して行われることを指摘できる。

(67') A 「まさか,加藤さん,このぐらいの吹雪をおそれている<u>のではないでしょうね</u>」
B_1 「その通りだ。{おそれているよ／#おそれていないよ}」
B_2 「そんなことはない。{#おそれているよ／おそれていないよ}」

こうした構造変化によって,命題内容は懸念される可能性を表示することから,「だろうね」には無理である,副詞「もしかして」との共起が,「のではないだろうね」に言い換えると可能になる((69)は,「もしかして」がなければ成立する)。

(69) *もしかして,君,宿題やってる<u>だろうね</u>。

(70) もしかして,君,宿題やってない<u>んじゃないだろうね</u>。

このように,懸念される事態が事実と一致していないことを確認する「のではないだろうね」は,〈当然性の傾き〉をマイナス方向にもつ形式として位置づけられる。

さて、2.2では、「のではなかったか」を記憶内容の確認に使用される形式として位置づけた。この「のではなかったか」が〈当然性の傾き〉を有するタイプの形式であることは、これまでの考察から明らかであろう。

(71)　**みのり**　ねえ、そういうことから解放されるために花嫁修業っぽくないお稽古始めたんじゃなかった？

　　　　恵子　あ、そうそう。だからサ、物欲し気にしないで、ひとつのことに打ちこめば女はきれいになれるのよ。

(内館牧子『ひらり(1)』p.464)

また、「のではなかったか」の基底にある当然性判断は、「確か～はずだ」というようなものであると考えられるが、その点で、「だろうね」ではなく、「よね」に類似すると見られる。実際、「のではなかったか」は、「確か」と共起したり、「はずではなかったか」や「よね」に言い換えたりすることができる。

(71')　ねえ、確か、そういうことから解放されるために花嫁修業っぽくないお稽古始めた{はずじゃなかった／んだよね}？

5. 第6章のまとめ

最後に、この章で述べたことの要点をまとめておく。

1) 広義否定疑問形式は、否定疑問形式と「のではないか」「ではないか」に区分される。このうち、否定疑問形式は肯定疑問形式と対立する有標形式として、〈傾き〉を有する。この〈傾き〉には、認識レベルのものと文脈レベルのものとがあり、「のではないか」は前者を、「ではないか」は後者を特化させる形で、確認要求形式としての機能分化が成立している。

2) 確認要求形式は、〈傾き〉の性質という観点から、〈事実性の傾き〉を有するタイプと〈当然性の傾き〉を有するタイプに類型化される。

3) 〈事実性の傾き〉を有するタイプの形式としては、聞き手の認識について確認する「だろう」、話し手の見込みを伝え、その妥当性を伺う「の

ではないか」，話し手の認識を聞き手に押しつけて確認させる「ではないか」，話し手がそのように認識することについて聞き手に承認を求める「ね」がある。

4)〈当然性の傾き〉を有するタイプの形式としては，「べきだ」に類する当然性判断を〈傾き〉とする「だろうね」，「はずだ」に類する当然性判断を〈傾き〉とする「よね」，「そうであってはいけない」という話し手の懸念を〈傾き〉とする「のではないだろうね」，「確か～はずだ」という記憶内容を〈傾き〉とする「のではなかったか」がある。

第4部

テクスト・談話とモダリティ

　モダリティの中には，本書の第3部までで取り上げたモダリティと共起・共存しながら，テクスト・談話のレベルで機能するものがある。この第4部では，そういったモダリティの代表的なものとして，文と文の関係などを示す**説明のモダリティ**を第7章で，**終助詞の機能**を第8章で取り上げる。

第7章

説明のモダリティ

1. はじめに

　この章では，〈説明〉のモダリティについて，「のだ」と「わけだ」の性質・機能を比較しながら見ていく。
　〈説明〉のモダリティとは，典型的には，先行する文で示された内容が聞き手にわかりやすくなるように，〈事情〉〈帰結〉などを後の文で示すものである。次の(1)(2)のように，主に「のだ」「わけだ」によって表される。
　(1)　翌日は，朝，早く目が覚めた。電話が鳴った<u>のである</u>。
(北村薫『スキップ』p.283)

　(2)　「《あさかぜ》が十五番線のホームにはいってくるのは，十七時四十九分で，発車は十八時三十分です。四十一分間ホームに停車している<u>わけです</u>。(略)」　　(松本清張『点と線』pp.158-159)
(1)では，「朝，早く目が覚めた」〈事情〉が，「電話が鳴った」の部分で説明されている。(2)では，「《あさかぜ》が十五番線のホームにはいってくるのは，十七時四十九分で，発車は十八時三十分」であることからの〈帰結〉が，「四十一分間ホームに停車している」の部分で説明されている。
　一般に，ある事物や状況について，聞き手が十分に理解できていないとき，あるいは十分に理解できないだろうと予想されるとき，話し手は，わかりやすくかみくだいて述べたり，詳しい事情などを述べたりして，聞き手の理解を助けようとする。そして，そういった行為は，説明と呼ばれる。
　「のだ」や「わけだ」は，そのような〈説明〉を表す機能をもつため，〈説

明〉のモダリティの形式と呼ばれるのである。

　以下，まず，2.で考察の対象について述べ，次に3.で「のだ」と「わけだ」の比較のための視点を考える。それをふまえて，4.で主な用法の比較を，5.で周辺的な用法の比較を行い，6.で結論をまとめる。

　先取りして述べると，この章では，「のだ」「わけだ」を並べて扱いながらも，両者は完全にパラディグマティックな（範列的な）関係ではないということに注意したい。たとえば，「ようだ」と「らしい」のような横並びの対立では，両者がともに選択されることはない。しかし，「のだ」と「わけだ」に関しては，「わけなのだ」という接続がある。一方，「*のなわけだ」という接続はない。「のだ」と「わけだ」は，厳密にはパラディグマティックではないが，機能が非常に接近する場合があるという関係だと考えられる。

2.　考察の対象

　この節では，考察の対象を明らかにする。まず，2.1で，〈説明〉のモダリティの範囲を述べる。次に，2.2から2.5で，「のだ」「わけだ」それぞれの基本的な性質と全体像をとらえる。

2.1　〈説明〉のモダリティとは

　1.で述べたように，〈説明〉のモダリティの「のだ」「わけだ」は，典型的には，聞き手に対する，先行文脈などの〈説明〉を表す。

　ただし，「のだ」「わけだ」の用法には広がりがあり，〈説明〉という語の一般的な意味にはそぐわない場合もある。たとえば，次の(3)のように秘密を告白する「のだ」の文は，先行する文や状況の〈説明〉とは言いがたい。

　　（3）「今度はいつ会えるかしら」
　　　　　石山が沈黙した。その時間が長く感じられて心配になる。会えなくなること。カスミはそれだけを怖れていた。
　　　　「俺，別荘買うことにした<u>んだ</u>」
　　　　　なぜ，今そんなことを言うのだろう。

(桐野夏生『柔らかな頬』p.10)

（3）の「のだ」の文は，聞き手に「俺(は)，別荘(を)買うことにした」ということを認識させようとしている点では，典型的な〈説明〉と共通性がある。しかし，先行する文や状況と関係づけてはいないという点で異なる。

一方，次の（4）（5）のように，心内発話や独話で用いられる「のだ」「わけだ」もある。

（4）「少しドライブしようよ」

　　こちらを見ずに浜崎は言う。展開があまりにも思ったとおりなので，私は怖いと思うのと同時に落胆もしていた。くだらない。この男は出来の悪いドラマの見すぎな<u>のだ</u>。私はただ黙っていた。　　　　　　　　（山本文緒「どこかではないここ」p.145)

（5）「インドネシアにはどのくらい？」

　　「一年はいなかったけど……」

　　「そんなに長かったのか。それじゃあ……」

　　来ない<u>わけだ</u>，と私は口の中で呟いた。

(沢木耕太郎『一瞬の夏』p.145)

（4）の「のだ」や（5）の「わけだ」は，先行する文や状況と「のだ」「わけだ」の文を関係づけているという点で，典型的な〈説明〉と共通性がある。しかし，聞き手に伝えようとしているのではないという点で異なる。

以上のような，「のだ」「わけだ」による典型的な〈説明〉と，その周辺の関係は，（6）のようにまとめられる。

（6）

	聞き手に認識させようとする	話し手自身が認識する
先行する文や状況と関係づけている	(a)典型的な〈説明〉 例文（1）（2）	(c) 例文（4）（5）
先行する文や状況と関係づけていない	(b) 例文（3）	(d) 例文（7）

（6）の表の(d)に該当するのは，次の（7）のような例である。

（7）　あ，そうだ。今日はお客さんが来る<u>んだ</u>！

(7)のような「のだ」は、話し手が、認識していなかった事態を把握したときに用いられるものである。聞き手に何かを認識させようとしているわけでもなく、先行する文などと関係づけているわけでもないので、〈説明〉とは言いがたい。しかし、話し手が、認識していなかった事態を把握したことを表すという点で、(c)に類似している。

(6)の表のうち、〈説明〉の一般的な意味にもっとも合致するのは、(a)である。しかし、(a)から(d)は互いに関連しているので、この章では、(b)から(d)のような「のだ」「わけだ」も考察の対象とする。

2.2 「のだ」の基本的性質と〈説明〉の関係

「のだ」は、その前の部分を名詞化する働きをもつ「の」に「だ」が接続して、助動詞となったものである。文を、名詞文に準じる形に変えるというのが、「のだ」の基本的な性質である[1]。

その「のだ」が、なぜ〈説明〉を表すのかを、次の(8)(9)で示す。(8)は名詞文、(9)は典型的な〈説明〉を表す「のだ」の文である。

(8) これは、国産品です。
　　　x　　　y

(9) 明日は休みます。[熱がある]んです。
　　　　P　　　　　　　Q

まず形を見ると、(9)の「のだ」の文は、(8)の名詞文の述語の部分だけが一文になったような形をしていることがわかる[2]。

意味・機能の面から見ると、(8)のような名詞文「xはyだ」は、聞き手が指示対象を同定できるxについて、それが何であるかを、聞き手にとって意味のあるわかりやすい形、yで示している[3]。

同様に、(9)の「のだ」の文は、Pという事態について、その〈事情〉

---

[1] 文を名詞文に準じる形に変えることを、「のだ」の基本的な性質とすることについては、佐治圭三(1991)、野田春美(1997)などを参照。
[2] 三尾砂(1948)、寺村秀夫(1984)などを参照。
[3] 高橋太郎(1984)による名詞述語文の分析を参照。

を，聞き手にとって意味のあるわかりやすい形Qで示している。言い換えれば，「のだ」は，文を名詞文「xはyだ」の述語部分と同じ形にすることによって，このような［P－Q］の関係を示す。つまり，〈説明〉を表すのである。具体的には，Pの〈事情〉や〈意味〉を示す。

Pの〈意味〉としてQを示すのは，次の(10)のような例である。

(10) 客も多く，評判も上々でした。成功だったんです。

(10)では，P「客も多く，評判も上々だった」ということが，どういう〈意味〉をもつかが，Q「成功だった」という形で示されている。

以上，「のだ」の基本的性質から〈説明〉の機能が生じることを見たが，「のだ」の文がすべて〈説明〉を表すわけではない。そこで，次の2.3では，〈説明〉以外の「のだ」についても見ておく。

2.3 「のだ」の全体像

まず，次の(11)に，「のだ」の全体像を示す[4]。

(11) ┌〈説明〉などのモダリティを表す「のだ」
　　　│　┌対人的「のだ」─┬関係づけ〈事情・意味の提示〉…(a)
　　　│　│（聞き手必要）　└非関係づけ………………………(b)
　　　┤　│対事的「のだ」─┬関係づけ〈事情・意味の把握〉…(c)
　　　│　└（聞き手不要）　└非関係づけ………………………(d)
　　　└否定などのスコープを表す「の(だ)」……………………(e)

(11)の(a)が典型的な〈説明〉であること，(b)から(d)も考察の対象とすることは，2.1で述べた。対人的な(a)(b)は，聞き手に対して事態を認識させようとするもの，対事的な(c)(d)は，話し手自身が事態を把握するものである。関係づけの(a)(c)は，状況や先行する文との関係づけがあるもの，非関係づけの(b)(d)は，それがないものである。

(11)の(e)で示した，否定などのスコープを表す「の(だ)」というのは，次の(12)(13)のような「の(だ)」である。

---

[4] 「のだ」の全体像については，詳しくは野田春美(1997)を参照。

(12)　「あたし，悲しいから泣いたんじゃないのよ」。

(向田邦子『寺内貫太郎一家』p.155)

(13)　その人間がポリシーを決めるのではない。
　　　ポリシーがその人間を決定するのだ。

(村上龍『すべての男は消耗品である』p.226)

(12)の「の(だ)」は，次の(12')で示すように，「悲しいから泣いた」の部分を否定のスコープに入れることによって，「悲しいから」の部分を否定のフォーカス(焦点)にするために用いられている。

　(12')　[悲しいから　泣いた]の　ではない
　　　　　否定のフォーカス

(13)も同様に，「その人間がポリシーを」「ポリシーがその人間を」の部分をフォーカスにするために「の(だ)」が用いられている。

　このような，否定などのスコープを示すために用いられる「の(だ)」は，名詞化された内部に助詞の「は」を含まない点などで，モダリティを表す「のだ」とは異なる。次の(14)は，〈説明〉のモダリティを表す「のだ」であり，「のだ」によって名詞化される中に「は」が自然に含まれるが，(15)の「の(だ)」で表される否定などのスコープには，「は」は含まれない。

　(14)　明日は欠席します。[今週は私はとても忙しい]んです。
　(15)　*[妹は泣いた]のではない。[弟は泣いた]のだ。

以上のように，スコープを表す「の(だ)」は，〈説明〉のモダリティとは異なるが，「のではない」は，「わけではない」に似た機能を果たす場合があるので，5.3で考察する。

2.4　「わけだ」の基本的性質と〈説明〉の関係

「わけだ」は，名詞「わけ」に，「だ」が接続して助動詞になったものである。

名詞である「わけ」と，助動詞化した「わけだ」を比べておこう。次の(16)(17)のような名詞の「わけ」は，「理由」といった語で言い換えることができるが，(18)(19)のような「わけだ」は助動詞化しており，「理由だ」

といった言い換えはできない[5]。

(16) 遅れたわけを言いなさい。
(17) ここに書いてあるのが，私が遅れたわけです。
(18) 高速道路が渋滞していた。それでこんなに遅れたわけだ。
(19) 1時に来て，1時半には帰った。30分しかいなかったわけだ。

ただし，助動詞の「わけだ」には，名詞「わけ」との共通性もある。(16)から(19)を見ると，(16)の「遅れた」，(17)の「私が遅れた」，(18)の「こんなに遅れた」は〈結果〉であり，(19)の「30分しかいなかった」は〈帰結〉である。つまり，何らかの事態があり，そこから生じた〈結果〉や，導き出された〈帰結〉が「わけ」の直前の部分で表される。

そして，助動詞「わけだ」は，単に〈結果〉や〈帰結〉を示すのではなく，〈論理的必然性〉を表す。(18)の「こんなに遅れた」は，必然的に生じた〈結果〉として示されており，(19)の「30分しかいなかった」は，論理的な道筋を経て導き出された必然的〈帰結〉として示されている。

なお，「わけだ」の文には，次の(20)のように〈結果〉や〈帰結〉自体を提示することに重点がある場合と，(21)のように〈結果〉や〈帰結〉に至る道筋P→Qを提示することに重点がある場合がある[6]。

(20) じじつ，一九七五年までは，アメリカでも睡眠専門の病院は五ヵ所しかなかった。ところが，一〇年後には七〇ヵ所をこえ，いまではその倍にもなった。たいていの医科大学や病院には，睡眠クリニックがあるわけだ。　　（井上昌次郎『睡眠の不思議』p.188)

(21) 「(略)さいわいぼくは，砂についての多少の研究もつんでいる。とくに深い関心を持っているんですよ。だから，こうして，わざわざこんな所までやって来たわけだ。(略)」

(安部公房『砂の女』p.286)

(20)では，〈帰結〉Q「たいていの医科大学や病院には，睡眠クリニックが

---

[5] 「わけ」と「わけだ」の異同については，寺村秀夫 (1984) が詳しい。
[6] 松岡弘 (1987, 1993)，奥田靖雄 (1992) も参照。

ある」こと自体を聞き手に認識させようとしている。一方，(21)では，Q「こうして，わざわざこんな所までやって来た」ことは聞き手も知っており，P「だから（＝ぼくは砂について研究をつんでおり，深い関心をもっているから）」という〈事情〉を示すことによって，〈結果〉Qの必然性を認識させようとしている。重点が〈結果〉〈帰結〉自体を提示することなのか，〈結果〉〈帰結〉に至る道筋を示すことなのかという違いはあるが，いずれにしても，Qが〈論理的必然性〉のある〈結果〉〈帰結〉であることが示される。

ただし，「わけだ」による〈説明〉にもさまざまなものがあり，〈論理的必然性〉の意味合いが薄い場合や，聞き手を必要としない場合もある。次の2.5では，それらも含めた「わけだ」の全体像を見ていく。

2.5 「わけだ」の全体像

「のだ」の「の」が実質的な意味をもたないのに対し，「わけだ」の「わけ」には，「理由」「道理」といった意味があり，「わけだ」にもその性質が残っている。そのため，「わけだ」は，「のだ」のようにスコープを示すためだけに用いられることはなく，常に，モダリティを担う。

では，〈説明〉のモダリティを担う「わけだ」の全体像を，(22)に示す。

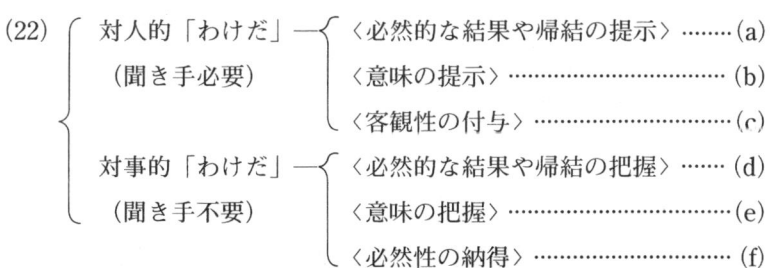

(22) 　対人的「わけだ」 ─┬─ 〈必然的な結果や帰結の提示〉……(a)
　　　（聞き手必要）　　├─ 〈意味の提示〉…………………(b)
　　　　　　　　　　　　└─ 〈客観性の付与〉………………(c)
　　　対事的「わけだ」 ─┬─ 〈必然的な結果や帰結の把握〉……(d)
　　　（聞き手不要）　　├─ 〈意味の把握〉…………………(e)
　　　　　　　　　　　　└─ 〈必然性の納得〉………………(f)

(a)の〈必然的な結果や帰結の提示〉については，2.4で見たとおりである。そして，〈論理的必然性〉が薄くなると，(b)の〈意味の提示〉になる。次の(23)では，「父親が……読んでおりまして」の部分が，どういう〈意味〉をもつかを「（自分は）ませた子供だった」という形で提示している。換言していると言ってもよい。

(23) ただ，父親がいろいろなことに趣味を持っていたので田舎の家庭としてはいささか文化的な雰囲気もあり，わたしも家にある小説などを読んでおりまして，まあ，ませた子供だった<u>わけ</u>ですな。
(筒井康隆『エディプスの恋人』p.281)

ただし，(a)と(b)は連続的であり，峻別は困難である。(24)のような例は，論理性が高いので(a)の〈帰結〉とするが，(b)との共通性もある[7]。

(24) 「《あさかぜ》が十五番線のホームにはいってくるのは，十七時四十九分で，発車は十八時三十分です。四十一分間ホームに停車している<u>わけです</u>。(略)」　(松本清張『点と線』pp.158-159)

次に，(c)の〈客観性の付与〉というのは，〈論理的必然性〉がかなり薄れており，先行文脈などとの関係づけがないものである。寺村(1984)で，「Qということを，自分がただ主観的にそう言っているのではなく，ある確かな根拠があっての立言なのだということを言外に言おうとする言いかた」(p.285)と指摘されている用法で，次の(25)のようなものである。

(25) 椎名　ところが，(映画を)二本つくって，そういった人たちと仲よくして，三本目ほとんど同じメンバーで行った<u>わけ</u>。そうすると，(略)。　(群ようこ他『解体新書_{たべるあなたみあ}』p.157)

次に，対事的な「わけだ」を見る。(d)の〈必然的な結果や帰結の把握〉は，対人的な(a)の用法と対応している。次の(26)のような例である。

(26) いよいよ大畑が帰って来たのか。すると尾島体制にまた戻る<u>わけだ</u>。　(赤川次郎『女社長に乾杯！』p.628)

(e)の〈意味の把握〉は，対人的な(b)の用法と対応している。次の(27)のような例である。対人的な場合と同様，(d)と(e)は連続している。

(27) 「(略)俺は認知されていたんで，十八歳の時，国籍を選ぶことができたんだ。日本でも，アメリカでも，どっちでもね」

---

[7] 劉向東(1996)は，接続表現の違いによって分類を明確化しようと試みているが，(24)のような例を見ると，これらの分類は連続したものとしてとらえるしかないように思われる。

「それで……」
　　「日本の国籍を選んだ」
　　「なるほど，君の意志で選んだ<u>わけだ</u>。しかし，それはなぜなんだろう」
　　　　　　　　　　　　　　　（沢木耕太郎『一瞬の夏』p.553）
(f)の〈必然性の納得〉というのは，次の(28)のような例である。
　(28)　駅前の電光掲示板に，台風が接近している旨のニュースが流れていた。なるほど，道理で風が強くなってきた<u>わけである</u>。
　　　　　　　　　　　　　（加納朋子「一万二千年後のヴェガ」p.188）
(28)のような「わけだ」は，「風が強くなってきた」という，話し手がすでに知っていた事態について，事情を知ることによって，その事態が生じた必然性を納得する場合に用いられる。原則として「はずだ」と言い換え可能な用法で，音声上は，「わ」にプロミネンスが置かれやすい。

3. 「のだ」「わけだ」の比較のための視点

　この節では，「のだ」と「わけだ」の比較のための視点を考える。まず，3.1と3.2で，「のだ」と「わけだ」の比較に関する先行研究を検討しながら，この章の立場を述べ，その後，3.3で，「のだ」と「わけだ」の比較にあたって注意すべき点を述べる。

3.1　〈説明〉の種類

　益岡隆志(1991)は，説明を背景説明と帰結説明に二分し，「のだ」と「わけだ」の異同を論じている[8]。しかし，益岡隆志(2001)では修正があり，結果的には，「のだ」に関しては，野田春美(1997)で示した体系に近づいている。そこで，(29)で野田(1997)の体系を示し，益岡(2001)との対応を示す。大まかには，このように対応しているものと思われる。

---

[8]　奥田靖雄(1992)の「ひきだし的な説明」「つけたし的な説明」の区別も参照。

(29)

	対人的：(益)説明系	対事的：(益)判断系
関係づけ	事情の提示：(益)事情説明 意味の提示：(益)**帰結説明**	事情の把握：(益)事情判断 意味の把握：(益)**帰結判断**
非関係づけ	既定の事態として提示： (益)**実情説明** (益)当為内容の説明	既定の事態として把握： (益)実情判断

このほか，野田(1997)でスコープの「の(だ)」と呼んだ，否定などのスコープを表す「の(だ)」は，益岡(2001)では「叙述様式説明」と呼ばれている。

さて，「わけだ」に関して，益岡(2001)は，上の(29)でゴシック体で示した，「帰結説明」と「実情説明」の用法を認めている。「わけだ」のそのほかの用法としては，「説明系」として，「結果説明」（この章の〈必然的な結果の提示〉）と「根拠のある立言」（この章の〈客観性の付与〉）を，「判断系」として，「因果判断」（この章の〈必然性の納得〉）をあげている。

したがって，益岡(2001)によると，「のだ」と「わけだ」がいずれも用いられるのは，「帰結説明」と「実情説明」だけだということになる。しかし，「のだ」と「わけだ」は，対事的な用法においても，もっと機能の接近が見られる。詳しくは，4．で考察する。

3.2 論理性表示の有無

「のだ」と「わけだ」は，次の(30)のように，置き換え可能な場合もあるが，置き換えた場合には意味の違いが感じられる。

(30) 炭そ菌は，細菌学の祖といわれるコッホが明らかにし，パスツールが免疫法を確立したそうだ。近代医学の始まりとともにあった｛わけだ／ノダ｝。（『朝日新聞』2001.10.14 朝刊 p.1「天声人語」）

(30)の「わけだ」と「のだ」の違いは，「わけだ」の文では「近代医学の始まりとともにあった」ということが論理的な道筋を経て導き出されたものであることが示され，「のだ」の文では，それがとくに示されないということであろう。

松岡弘(1987)は,「わけだ」の文では,「関係の設定を聞き手,ないしは不特定多数に委ねる,あるいはそれらと共有するという感じが濃厚」(p.15)なのに対して,「のだ」の場合は,「関係の認定を,話し手が自己の判断と責任において行なうという意味合いが強くなる」(p.15)と指摘している。

　また,益岡隆志(1991)では,「のだ」による「帰結説明」について,「話し手の主観的な判断を表す」(p.145)と述べ,「推論のプロセスが聞き手にも了解できる客観的なものであるという意味で,ワケダによる帰結説明は客観的な表現であるということができる」(p.145)と述べている。

　このような違いは,たしかに,「のだ」も「わけだ」も用いられる場合の違いを考察するために重要であり,的を射ている。しかし,最大の問題は,「わけなのだ」という接続がありうることである。益岡(1991)に従えば,客観的でありかつ主観的である〈説明〉,という矛盾が生じてしまう。

　この問題は,終助詞の「ね」と「よ」に関する記述が抱えていた問題と似ている。「ね」は話し手と聞き手の知識や意向が一致する方向にあるという判断を表し,「よ」はそれらが対立する方向にあるという判断を表すといった指摘がある[9]。明快な分析であり,次の(31)のような例における「ね」と「よ」の違いを説明するには有効である。

　　(31)　雨です{ね／よ}。

しかし,「よね」という接続を説明しようとすると矛盾が生じてしまう。そこで,「よ」と「ね」の研究が進められ,記述が精密化されてきた。

　「のだ」と「わけだ」についても同様である。「わけなのだ」という連なりは,「よね」ほどよく用いられるものではないので見過ごされやすいが,その存在を無視しないことによって,「のだ」「わけだ」それぞれの分析が,より精密なものになるのではないだろうか。

　「のだ」と「わけだ」の違いを,「主観的」と「客観的」といった対立でとらえるのは,正確ではない。「わけだ」には〈論理的必然性〉を示す性質があり,「のだ」にはそういった性質はない,と言った方が正確だろう。

---

[9] 益岡(1991)参照。

3.3 「のだ」「わけだ」の比較にあたって

　以上の先行研究をふまえ,「のだ」「わけだ」をどのように比較していくかを述べる。

　繰り返すが,両者は完全にパラディグマティックな関係ではない。「*のなわけだ」という接続はないが,次の(32)のような「わけなのだ」という接続はありうる。

　　(32)　「僕は,姉と僕と姉弟二人だけです。父も職人でしたけど三年前死にましてね。姉の夫も,同じ仕事してます。というより,父は,うちで働いていた腕のいい職人と,姉を結婚させた<u>わけなんだ</u>な」　　　　　　　　　　(曽野綾子『太郎物語』p.900)

(32)では,先行文脈「父も職人でしたけど三年前死にましてね。姉の夫も,同じ仕事してます」ということの〈意味〉を,「父は,うちで働いていた腕のいい職人と,姉を結婚させた」と提示していることが「わけだ」によって示されており,「のだ」は,「〜わけだ」全体を聞き手に認識させようといった話し手の態度を示していると考えられる。つまり,大まかに言うと,〈説明〉の対事的・論理的な面を「わけだ」が受けもち,対人的な面を「のだ」が受けもっている。

　「わけなのだ」の例をもう1つあげる。

　　(33)　「それとね,事故現場に花を供えてね。そのあとうちに寄ったの。寒かったせいもあったんでしょうけど,ちょっと涙目になっててね。高井和明さんのこと,本当に悲しんでるんですよ,彼。見ていると気の毒で,慰めてあげたくなって,食事や飲み物を運びながらいろいろ話しかけた<u>わけなの</u>。そしたら彼の方から,素敵なお店ですねって。(略)」　　　(宮部みゆき『模倣犯(下)』p.529)

(33)では,「食事や飲み物を運びながらいろいろ話しかけた」ことが必然的な〈結果〉であることが「わけだ」によって示されており,「のだ」は,やはり,それを聞き手に認識させようといった対人的な面を担っている。

　そもそも,「のだ」は,「の」が実質的な意味をまったくもたないので,P

と「Qのだ」との関係は「わけだ」に比べると漠然としている。そして，「のだ」は，関係づけを表すのではなく，聞き手が認識していない事態を認識させようといった対人的態度だけを表すために用いられる場合もある。そのため，〈結果〉〈帰結〉の必然性が表された「～わけだ」に，さらに接続して，対人的なモダリティを表すことができるのだと考えられる。

一方で，「のだ」には，モダリティを表さず，スコープだけを表す用法もある。つまり，「のだ」は，モダリティ形式としての色合いが薄い場合から濃い場合まで，用法に広がりがある。

次の4.以下で，「のだ」と「わけだ」の異同を見ていく。とくに，「のだ」の用法には広がりがあり，「わけだ」と置き換えられるのは，その一部であることに注意したい。

4. 「のだ」と「わけだ」の比較

2.3で「のだ」の全体像を，2.5で「わけだ」の全体像を述べた。それに基づいて，〈説明〉のモダリティに関わる「のだ」と「わけだ」の関係をごく大まかに整理すると，次の(34)のようになる。

(34)

		のだ	わけだ
対人的	関係づけ	○	○
対人的	非関係づけ	○	○
対事的	関係づけ	○	○
対事的	非関係づけ	○	×

(34)の表中の○は用法が存在する場合，×は存在しない場合である。4.1以下では，表の一番上の，「対人的・関係づけ」から順に見ていく。

4.1 関係づけの対人的「のだ」と「わけだ」の比較

「のだ」と「わけだ」の違いを見る前に，まず，それぞれの基本的な性質を確認しておきたい。

関係づけの対人的「のだ」は，先行文脈や状況について，その〈事情〉や〈意味〉を提示するときに用いられる。話し手は認識しているが，聞き手は

まだ（十分）認識していない内容を「のだ」の文で提示することによって，聞き手にそれを認識させようとする話し手の心的態度が表される。

一方，対人的「わけだ」は，先行文脈の内容から自然に起きた〈結果〉や，必然的に導き出された〈帰結〉を，聞き手に提示するときに用いられる。「わけだ」を用いることによって，その〈結果〉や〈帰結〉の〈論理的必然性〉が表される。2.5で述べたとおり，〈必然的な結果や帰結の提示〉の場合もあれば，〈意味の提示〉の場合もある。〈客観性の付与〉については，次の4.2の，非関係づけの中で考察する。

では，例を見ながら，「のだ」と「わけだ」の違いを考えていこう。まず，「のだ」は，言語化されていない状況について，〈事情〉を示す場合がある。次の(35)のような例である。「わけだ」を用いることはできない。

 (35) ［会話中に1人がくしゃみをした後］
   「風邪かい？」
   「いえ，花粉症な{んです／＊ワケデス}。」
        （北村薫「覆面作家と謎の写真」p.40)

次に，先行文脈に関連することを「のだ」「わけだ」が示す場合を見ていく。「のだ」の場合，先行文脈と「のだ」の文との関係は漠然とはしているが，大まかに分けると，次の(36)のような〈事情の提示〉の場合と，(37)のような〈意味の提示〉の場合がある。(36)で「わけだ」を用いるのは不自然だが，(37)では，「わけだ」を用いることもできる。

 (36) 翌日は，朝，早く目が覚めた。電話が鳴った{のである／＊ワケデアル}。   （北村薫『スキップ』p.283)
 (37) 彼女には夫がおり，彼もまた教師で，彼女と同じ時期に四小で教えていた。つまり，二人は昔，四小で職場結婚をした{のだ／ワケダ}。   （宮部みゆき「とり残されて」p.32)

(37)の「のだ」と「わけだ」の違いは，3.2で見たように，「わけだ」を用いた方が〈論理的必然性〉が表されるということで説明できる。「わけだ」は，〈意味の提示〉の用法であっても，「のだ」に比べると，〈論理的必然性〉

が感じられる。

「のだ」による〈意味の提示〉と,「わけだ」との違いをもう少し見ていこう。「のだ」の場合は,〈意味の提示〉といっても,いろいろな示し方がある。たとえば,次の(38)は,先行文脈の表現をより正確な表現に言い換えている例だが,「わけだ」では多少不自然である。

(38) 新宿駅で降車し,南口の改札を抜けるところまで,二人の娘といっしょだった。というより,二人があとを尾いてきた{のだ/？ワケダ}。　　　　　　　　(宮部みゆき「居合わせた男」p.187)

また,「のだ」の文は,先行文脈の内容を,より具体的に示すときにも用いられる。次の(39)(40)のような例である。(39)では,「わけだ」は多少不自然だが,(40)では,「わけだ」も自然に用いることができそうである。

(39) 単純な手仕事で,頭は使わない。だからわたしは別のことを考えていた。

　　人を殺せたらどんなにいいだろうと思っていた{のだ/？ワケダ}。　　　　　　　　(宮部みゆき「とり残されて」p.10)

(40) グループカウンセリングの基本は語ることです。ＡＣＧⅡにおいても語ることから始まります。ひたすら自分のことだけを,自分と親との関係を子どもの立場で語る{のです/ワケデス}。

　　　　　(信田さよ子『アダルト・チルドレンという物語』p.96)

(39)と(40)の違いは何だろうか。(39)では,「別のこと」というだけでは,「人を殺せたらどんなにいいだろう」という内容は,まったくわからない。一方,(40)では,「ＡＣＧⅡにおいても(グループカウンセリングは)語ることから始ま」るということを,「ひたすら自分のことだけを,自分と親との関係を子どもの立場で語る」と言い換える道筋が,多少なりとも読み手と共有できるととらえられ,それで「わけだ」が用いられうるのであろう[10]。

以上,関係づけの対人的「のだ」の中で,先行文脈の〈意味〉を提示する

---

[10] 奥田靖雄(1992)は,「具体化」「精密化」に用いられる「わけだ」の例があることを指摘したうえで,「いまのぼくには使用の根拠がみえない」(p.202)と述べている。

場合の一部が、「わけだ」と接近することを述べた。

　では、次に、「わけだ」が〈必然的な結果や帰結の提示〉を表す例をあげ、「のだ」との異同を見ていく。

　次の(41)は、「わけだ」によって、〈論理的必然性〉のある〈帰結〉が表されている。「のだ」を用いると、〈論理的必然性〉は表されず、単なる〈意味の提示〉になってしまう。

　　(41)　同天文台の香西洋樹助手の調査によると、夜空の明るさは、人口比の1.4倍でふえるという。人口が10倍になったら、明るさは14倍になる{わけだ／ノダ}。

　　　　　　　　　　　　　　　　(『朝日新聞』1989.7.23 朝刊 p.1「天声人語」)

次の(42)では、〈結果〉の必然性が「わけだ」によって表されている。「のだ」を用いることもできる。

　　(42)　「(略)さいわいぼくは、砂についての多少の研究もつんでいる。とくに深い関心を持っているんですよ。だから、こうして、わざわざこんな所までやって来た{わけだ／ンダ}。(略)」

　　　　　　　　　　　　　　　　　　　　　(安部公房『砂の女』p.286)

(42)で、「わけだ」を用いると、「こうして、わざわざこんな所までやって来た」という〈結果〉の必然性が明示される。「のだ」を用いた場合、「のだ」自体は、「だから、こうして、わざわざこんな所までやって来た」をスコープにし、「だから」をフォーカスにするという機能を果たすだけである。したがって、「わけだ」の文に比べると、〈結果〉に至る論理的道筋を聞き手にもたどらせるということはない。

　なお、「というわけだ」は、「というのだ」には置き換えにくい。

　　(43)　子猫の目が青灰色をしている間は、物がはっきりとは見えていないとされている。目が見えるようになるにしたがって、子猫の動きはやたら活発になってくる。要するに、物が見え始めるがゆえに子猫は「目の色を変えて」そこいらを探索し、大冒険に挑戦し始める{というわけだ／*トイウノダ／ワケダ／ノダ}。

(加藤由子『雨の日のネコはとことん眠い』p.23)

「というわけだ」は、「わけだ」同様、〈必然的な帰結や結果の提示〉や、〈意味の提示〉を表すが、「というのだ」になると、「言う」の実質的な意味に近くなってしまう[11]。

「というのだ」は、次の(44)のように、発言の内容などを具体的に示すのに用いられ、「というわけだ」に置き換えることはできない。

(44) 「不発弾」というから、東京大空襲のときの残りかと思ったが、調査が進むにつれ、違う説が有力になってきた。
　　　終戦の際、ひそかに遺棄された砲弾ではないかという{のである／＊ワケデアル}。　(宮部みゆき「とり残されて」pp.57-58)

以上、関係づけの対人的「のだ」の一部が「わけだ」に接近することを見た。

4.2　非関係づけの対人的「のだ」と「わけだ」の比較

非関係づけの対人的「のだ」は、聞き手は認識していないがすでに定まっている事態を聞き手に提示し、認識させようとするときに用いられる。

たとえば、次の(45)の「のだ」は、「(気にしなくて)いい」ということをすでに決まっていたこととして示している。「わけだ」では不自然である。

(45) 時　子　「ゆっくりすればいいのに、男と別れたときぐらい――
　　　　　　　　あ、ごめん」
　　　さとみ　「(微笑って)いい{の／＊ワケ}いい{の／＊ワケ}」
　　　(柴門ふみ(原作)・坂元裕二(脚本)『東京ラブストーリー』p.158)

次の(46)のような、教示的な指示や命令を表す「のだ」も、非関係づけの対人的「のだ」であり、「わけだ」を用いることはできない。

(46) [自転車の後ろに子供を乗せて走り出す場面]
　　　私はペダルに足をかけた。
　　　「――つかまってる{の／＊ワケ}よ」　(北村薫「夜の蝉」p.184)

また、書きことばでは、物語の進行の中で重要な意味をもつ出来事の発生

---

[11] 「わけだ」と「というわけだ」の違いについては、鈴木美加(2000)を参照。

を述べるときに，非関係づけの対人的「のだ」が用いられることがある。次の(47)のような例である。「わけだ」を用いることはできない。

(47) 頭がおかしいんじゃないのかな。新手の訪問販売だろうか。頭の半分で，僕は目まぐるしく対策を考えた。
　　 すると，彼女はこう答えた{のだ／??ワケダ}。
　　「あのね，あたしはサトシ君のお父さんの恋人よ。で，この子はあたしと彼の子供」　　　　（宮部みゆき「この子誰の子」p.80）

以上のように，非関係づけの対人的「のだ」は，「わけだ」には置き換えられない場合が多い。「わけだ」は，関係づけに用いられるのが基本である。ただし，〈客観性の付与〉を表す「わけだ」は，「のだ」と接近することがある。次の(48)のような場合である。

(48) 椎名　ところが，（映画を）二本つくって，そういった人たちと仲よくして，三本目ほとんど同じメンバーで行った{わけ／ノ}。そうすると，（略）。　（群ようこ他『解体新書(たあへるあなとみあ)』p.157）

こういった「のだ」「わけだ」は，本来の意味が薄れ，聞き手に何かを伝えようというニュアンスだけが残ったものである。「わけ」の方が，もともと〈論理的必然性〉を表す性質をもつため，「乱用すると独断的な，押し付け的な印象を与える」（寺村秀夫(1984:p.285)）といった指摘も多い[12]。

次の(49)でも「わけだ」と「のだ」が，一部接近している。

(49) ずうっと本を読んでますとね，時々飯を食わなきゃいけないんで，飯を食うわけですね。そこで家族と顔を合わせるんですけれども，三分の一ぐらいまで読んでますと，もう自分は『罪と罰』の主人公に成りきってるわけです。ロジオン・ロマーノヴィチ・ラスコーリニコフという名前になっているんですね。（略）
　　だから，ハルコというシンプルな名前の母親がいて飯を食わせてもらっている世界に十分か十五分ぐらいいてね，それでまた，ロジオン・ロマーノヴィチ・ラスコーリニコフという名前に戻る

---

[12] 「わけだ」のこういった用法については，北川千里(1995)も参照。

わけですね。
　で，周りにはペテルブルグの石造りの町が広がってる<u>わけです</u>。自分はもう斧(おの)で婆さんを殺してしまっている<u>んです</u>。殺人犯として追われている<u>わけですね</u>。
　　　　　　　　　　　(三田誠広『深くておいしい小説の書き方』pp.48-49)

(49)の例は，大学の講義の録音をもとにして原稿化されたものである。生の話しことばではないが，講義などの口調にかなり近いものと考えられる。聞き手の知らないことを説明しようとする文章であり，「のだ」「わけだ」が頻繁に用いられている。

　(49)の，「時々飯を食わなきゃいけないんで，飯を食うわけですね」の「わけだ」は，必然的な〈結果〉を表していると考えられるが，「で，周りにはペテルブルグの石造りの町が広がっているわけです」の「わけだ」では，〈論理的必然性〉がかなり薄れており，「のだ」に置き換えても自然である。同様に，「ロジオン・ロマーノヴィチ・ラスコーリニコフという名前になっているんですね」の「のだ」を「わけだ」に置き換えることもできる。

　以上のように，非関係づけにも用いられるのは，基本的には「のだ」のほうだけであるが，「わけだ」の〈論理的必然性〉の意味が薄れた，〈客観性の付与〉の場合のみ，両者は接近する。

　ここで，「わけなのだ」という接続についても，もう一度見ておきたい。次の(50)のような例である。

(50)　純子が，尾島逃亡のいきさつを，講談顔負けの名調子で語ってやると，柳は，
　　　「よっ！　女虎造(とらぞう)！」
　　　とは言わなかった。
　　　ただ唖然(あ)として聞き入っていた。
　　　「——まあ，こんなわけでね。手錠のままの逃亡って<u>わけなのよ</u>」
　　　　　　　　　　　(赤川次郎『女社長に乾杯！』p.511)

「わけなのだ」という形が成立する場合，「わけだ」は，〈論理的必然性〉の

ある〈結果〉〈帰結〉を表している。「のだ」は，この4.2で見てきたような，非関係づけの対人的「のだ」で，聞き手に「〜わけだ」の内容を認識させようとするために用いられている。

4.3 関係づけの対事的「のだ」と「わけだ」の比較

関係づけの対事的「のだ」は，状況や先行文脈の〈事情〉や〈意味〉を話し手が把握したことを示す。

対人的な場合と同様，「のだ」の文では，言語化されていない状況について，その〈事情〉が把握される場合がある。次の(51)のような例である。「わけだ」は多少用いられにくいように思う。

(51) タクシーの窓からちらりと横を見た村井は，駅の周囲がトタンで囲まれていることに気付いた。はりめぐらされた鉄板のむこう側に，鎌首をもたげた黄色いクレーン車の先端が見える。
——駅を建て直す{んだ／？ワケダ}な。

(鷺沢萠「帰れぬ人びと」p.202)

次に，先行文脈と関係づけて把握する場合を見る。対人的「のだ」の，〈事情の提示〉と〈意味の提示〉の区別に比べると，対事的「のだ」の，〈事情の把握〉と〈意味の把握〉の区別は難しい。次の(52)から(55)を見よう。

(52) 明日は休みます。用事があるんです。　　　〈事情の提示〉
　　　　　P　←　事情Q　　（Qという事情でPが生じている）
(53) 引っ越します。大学に近くなるんです。　　〈意味の提示〉
　　　　　P　→　意味Q　　（Pという事態はQを意味する）
(54) 純がいない。きっと用事があるんだ。　　　〈事情の把握〉
　　　　　P　←　事情Q　　（Qという事情でPが生じている）
　　　　　⇒　　　　　　　（話し手がPをもとにQを導き出す）
(55) 純が引っ越すのか。きっと大学に近くなるんだ。　〈意味の把握〉
　　　　　P　→　意味Q　　（Pという事態はQを意味する）
　　　　　⇒　　　　　　　（話し手がPをもとにQを導き出す）

対人的「のだ」の場合は，(52)のように，Pを成立させている〈事情〉を提示するか，(53)のように，Pがどういう〈意味〉をもつかを提示するかという違いがわかりやすい。しかし，対事的「のだ」の場合は，話し手がPをもとに，Qを導き出して把握するという認識の道筋（⇒）と，PとQの命題間の関係（「←事情」か「→意味」）が重なるため，区別が難しくなる。

　例を見よう。次の(56)の「のだ」は〈事情の把握〉，(57)の「のだ」は〈意味の把握〉と一応考えられるが，いずれにしても話し手は，Pをもとにして Q を導き出している。

　　(56)　「あいつ，まだ，出席の返事をしないよ」
　　　　　「そうか，あんまり出たくない{んだ／わけだ}」
　　(57)　川崎　数にすると，どのくらいできるんですか。たとえば一週間
　　　　　　　　に。
　　　　　俵　　どのくらいかしら。月に平均二十ぐらいは作っているよう
　　　　　　　　に思いますが。
　　　　　川崎　とすると，年間二百ぐらいは作っちゃう{んだ／ワケダ}。
　　　　　　　　　　　　　　　　　　　　　　（俵万智『魔法の杖』p.10）

そして，(56)でも(57)でも，「わけだ」を用いることができる。(56)で「わけだ」を用いると，先行文脈からの必然的な〈帰結〉として把握したことが表される。(57)も，「わけだ」を用いると，「のだ」の文に比べて論理性が表される。〈事情〉であっても，〈意味〉であっても，論理的な道筋を経て把握できる場合には，「わけだ」が用いられうるのである。

　したがって，次の(58)のように，論理的な道筋を経ていない単純な把握の場合には，「わけだ」は用いにくい。

　　(58)　「パートも有給休暇や退職金がもらえるんだって。だから，みん
　　　　　　なで店側に要求しましょうって」
　　　　　「へえー，そうなんだ。有給休暇なんてある{んだ／＊ワケダ}」
　　　　　　　　　　　　　　　　　　　　　　（奥田英朗『邪魔』p.174）

では，次に，「わけだ」が〈必然的な結果や帰結の把握〉を表す例をあげ，

「のだ」との異同を見る。次の(59)では，「わけだ」によって必然的な〈結果〉の把握が表されている。「のだ」を用いることもできるが，〈論理的必然性〉は表されない。

  (59) いよいよ大畑が帰って来たのか。すると尾島体制にまた戻る｛わけだ／ンダ｝。   (赤川次郎『女社長に乾杯！』p.628)

次に，〈必然性の納得〉を表す「わけだ」を見る。話し手が，すでに知っていたが納得していなかった事態について，その事情を知ることによって，その事態が生じた〈論理的必然性〉を納得する用法である。このような「わけだ」は，原則として「はずだ」に置き換えられるもので，「のだ」に置き換えることはできない。

  (60) 「私，図鑑とか百科事典とかって，好きよ。見てるだけで，何だか楽しくなっちゃうもの」
    「道理でいろいろと妙なことを知ってる｛わけだ／ハズダ／＊ンダ｝」   (加納朋子「クロス・ロード」p.126)

「のだ」を用いると，「いろいろと妙なことを知ってる」こと自体を話し手が認識したという発言になってしまい，不自然である。

以上，関係づけの対事的「のだ」の一部が，「わけだ」と接近することを見た。

4.4　非関係づけの対事的「のだ」

非関係づけの対事的「のだ」は，先行文脈などとは関係づけずに，事態をすでに定まっていたものとして把握したことを表す。次の(56)のような例である。「わけだ」を用いることはできない。

  (61) その時，襖が開いて，入ってくる三上。
    一同，歓声。
  さとみ　「――」
    さらに続いて入ってくる，リカ。
  リ　カ　「え，こんなに一杯いる｛んだ／＊ワケダ｝――」

(柴門ふみ(原作)・坂元裕二(脚本)『東京ラブストーリー』p.12)

非関係づけの対事的「のだ」は、初めて知ったことを把握する場合が多いが、次の(62)のように、以前知っていた事態を思い出した場合や、(63)のように、以前認識していたことを、再度体験することによって、あらためて認識した場合にも用いられる。いずれも「わけだ」を用いることはできない。

(62) 何度かむなしい努力をしているうちに、身体の奥の方がひやりと痛んだ。それで記憶が戻ってきた。
そう。刺された｛んだ／＊ワケダ｝。
(宮部みゆき「私の死んだ後に」p.114)

(63) ［仕事の後にビールを飲んで］
そう、これがうまい｛んだ／＊わけだ｝なあ。

以上のように、対事的な「わけだ」には、非関係づけの用法はない。

4.5 「のだった」

4.1から4.4で、「のだ」と「わけだ」の異同を考察してきた。「のだ」の方が用法が広く、「わけだ」と接近するのは、「のだ」の一部だけであることがわかった。ここで、もう1つ、「わけだ」に置き換えにくい「のだ」を見ておく。

「のだ」は、「のだった」という形をとることがあるが、「わけだ・った」という形はあまり用いられない。次の(64)は、関係づけの対人的「のだ」のタ形が、書きことばに現れた例である。書き手が、物語の進行している過去の時点に視点を移したうえで、「のだった」を用い、先行文脈の〈事情〉を提示している。「わけだった」を用いることはできない。

(64) 彼は、机の引き出しから、航空便用の便箋と封筒を出し、それを持って事務所を出た。デダニに手紙を書きたくなった｛のだった／＊ワケダッタ｝。 (宮本輝『海岸列車(上)』p.133)

次の(65)のように、関係づけの「わけだった」の例もわずかに見られる

が，例外的と言っていいだろう。

(65) 同じ雪国のうちでも駒子のいる温泉村などは軒が続いていないから，島村はこの町で初めて雁木を見る<u>わけだった</u>。

(川端康成『雪国』pp.241-242)

次の(66)は，非関係づけの対人的「のだ」のタ形である。物語の進行の中で重要な意味をもつ出来事の発生を述べる場合に用いられる。「わけだった」を用いることはできない。

(66) わたしは額に手をあてて，大きくため息をついた。どうかしていると思った。そして目をあけ，苦笑しながら校舎へ向かおうとしたとき，何か白いものがプールから突き出しているのを見つけた{のだった／＊ワケダッタ}。(宮部みゆき「とり残されて」p.25)

また，話しことばでは，次の(67)のように忘れていたことを想起したときや，その次の(68)のようにある行動を実行しなかったことに対する後悔を表すときに，非関係づけの対事的「のだった」が用いられる。いずれも「わけだった」を用いることはできない。

(67) そうだ，今日は早く出なきゃいけない{んだった／＊わけだった}。

(68) こんなときに限って電車は揺れる。居眠りするのもわざとらしい。仕方ないから新聞を広げて読むのだが，活字がすんなり頭に入らない。こんなことなら立つ{んだった／＊ワケダッタ}…。

(『朝日新聞』1994.1.27 夕刊 p.1「窓」)

次の(69)では，〈必然性の納得〉の「わけだ」が「わけだった」の形をとっているが，例外的である。

(69) しかし実際，改めて周囲を見回してみると，背広姿の男ばかりが目についた。商談に使う客が多いのだろう。クーラーが効き過ぎていると文句を言う客がいない<u>わけだった</u>。

(加納朋子「お終いのネメゲトサウルス」p.252)

以上，「のだった」は自然に用いられるが，「わけだった」はほとんど用い

られないことを見た。

5. 「のだ」と「わけだ」の比較の周辺

この節では,「のだ」と「わけだ」の比較の周辺として,5.1で質問文に現れる場合,5.2で前置きの「のだが」「わけだが」,5.3で否定の「のではない」「わけではない」を,簡単に見ていく。

5.1 質問文における「のだ」と「わけだ」

「のだ」は,質問文においても頻繁に用いられる。次の(70)は,言語化されていない状況と関係づけて〈事情〉を聞く質問文である。

(70) ［夜遅く,布団に寝転がって本を読んでいる妹に］
　　「——もう寝る<u>の</u>？」　　　　　（北村薫「夜の蝉」p.201）

(70)と同じ場面で「わけだ」を用いると,「もう寝る」ということを問い詰め,非難するようなニュアンスが生じてしまう。

次の(71)では,聞き手の発言の〈意味〉を,「会ってくださる」と把握していいのかどうかを確かめる質問文に,「のだ」が用いられている。「わけだ」を用いることもできるが,「のだ」の方が自然であろう。

(71) 「高井さん,電話ではうまく話せませんよ。お目にかかることは
　　できませんか？」
　　相手の声音が晴れた。「会ってくださる{んです／ワケデス}
　　か？」　　　　　　　　　　　（宮部みゆき『模倣犯(下)』p.222）

次の(72)では「わけだ」が用いられており,聞き手を非難している。

(72) 「学費はどうなるの？　払ってるのは誰？」
　　君恵はカッとなった。頬が赤くなった。
　　「お金のことを言う<u>わけ</u>？　あらそう,じゃあ働いて返すわよ！
　　それでいいでしょ？　何よ,親のくせに！」
　　　　　　　　　　　　　　　　（宮部みゆき『模倣犯(下)』p.522）

(70)から(72)の例を見ると,「わけだ」を用いた質問文は,非難や詰問の

ニュアンスを帯びやすい性質があるようである。

　ただし,「わけだ」の質問文が自然に用いられることもある。(73)では,聞き手の発言の〈意味〉を確かめる質問文で「わけだ」が用いられている。話し手が,論理的な道筋で〈意味〉を導き出していることが示されている。

　　(73)　「できかかっているということは,まだできてはいないという<u>わけですか</u>」と私が訊くと,氏はいやに恐い顔をして,もう時間の問題というところだと答えました。　　　(宮本輝『錦繡』p.384)

(70)から(72)の例と,(73)を比べると,「Qわけですか」と質問するQの内容が,聞き手自身の行動や意志の場合には,詰問のニュアンスを帯びやすく,Qが客観的な事実の場合には,自然に用いられうると言えそうである。また,「わけですか」の例は,(73)のように,「という」を伴う場合も多い。

　質問文の「のだ」は,非関係づけの場合もある。次の(74)では,「特価ワゴンのも社員割引で買える」ということを,聞き手のその場での判断としてではなく,規則ですでに決定されたものとして聞いている。「わけだ」を用いると不自然である。

　　(74)　「浜崎さん。特価ワゴンのも社員割引で買える{んです/?ワケデス}か?」　　　　(山本文緒「どこかではないここ」p.140)

なお,「なぜ」「どうして」を用いた質問文は,通常,(75)のように「のだ」を用いるのが自然であり,「のだ」を用いないと不自然になる。

　　(75)　「どうして,{来なかったんです/??来ませんでした}か?」

しかし,次の(76)のように,「なぜ」「どうして」の質問文が,「わけだ」を伴って成立する場合もある。

　　(76)　「なあ,朝倉ってさあ,なんであんなに悦(よろこ)んでくれる<u>わけ</u>?」

　　　　　　　　　　　　　　　(田口ランディ『コンセント』p.183)

(76)は詰問調ではないが,次の(77)のように丁寧体で聞き手の行動などの理由を質問すると,不自然になりやすいと思われる。

　　(77)??どうして,あんなに喜んだ<u>わけ</u>ですか?

何か必然的な理由があるのかと,聞き手を問い詰めることになってしまい,

それが聞き手に対する丁寧さと矛盾するのだと考えられる。

以上のように,「わけだ」を用いた質問文は,非難や詰問になりやすい。これは,〈論理的必然性〉を表すという「わけだ」の性質によるもので,そういった性質をもたない「のだ」が質問文で多用されるのと対照的である。

5.2 前置きの「のだが」と「わけだが」

接続助詞「が」は逆接を表すことも前置きを表すこともあるが,ここでは,前置きを表す「のだが」と「わけだが」の違いを見る[13]。

前置きの「のだが」の前の部分で示されるのは,話し手は認識しているが,聞き手は認識していない内容である。つまり,対人的「のだ」が文末で用いられる場合と同じである。次の(78)では,依頼を行う〈事情〉を前置きで提示しており,その次の(79)では,情報源についての〈事情〉を前置きで提示している。「わけだ」を用いると不自然である。

(78) 「そう。ねえ,わたし小花井村に行ってみたい{んだ/*ワケダ}けど,あなた,道を知らないかしら。教えてくれない? 案内してくれてもいい。(略)」(宮部みゆき「おたすけぶち」p.92)

(79) 長嶋茂雄さんに聞いた{のだ/*ワケダ}が,キューバの野球には面白い特徴があるそうだ。 (村上龍『龍言飛語』p.239)

前置きの「わけだが」が用いられるのは,聞き手が当然認識しているとみなされることを確認のために提示する場合である。次の(80)では,それまでの話に出てきた内容が「わけだが」で示されている。

(80) メールでは形式的なフレーズは意味がないと,これまでさんざん書いてきた{わけだ/*ノダ}が,「使い古されたフレーズ」が役立つ場合もある。(村上龍『eメールの達人になる』pp.44-45)

「わけだが」のこのような性質は,文末の「わけだ」の性質と関連性がある。「わけだ」は,〈論理的必然性〉が明確に示される場合もあれば,その性質が薄まった,〈客観性の付与〉の用法もある。〈客観性の付与〉では,P→Qと

---

[13] 前置きの「のだが」と「が」の違いについては,野田春美(1995b)を参照。

いう道筋はなく，単に，Qに客観的なニュアンスを付与するだけである。
　前置きの「わけだが」の場合も，P→Qという道筋はなく，単に，Qが聞き手も認識しているはずの，客観的な事実であるということを示している。同様の例は，次の(81)のように，「わけだ」の形でも現れることがあるが，単独の文ではなく，その後の文の前置きとして用いられる。

　　(81)　さて，皆さんは，今，ここに，晴れの日を迎えた<u>わけです</u>。この
　　　　　日を迎えるまでには，それぞれ苦労があったことと思います。

　以上のように，前置きの「のだが」と「わけだが」は，節の内容が，聞き手が認識していることか否かという点において，対照的である。

5.3 「のではない」と「わけではない」

　ここでは，「のではない」と「わけではない」の異同について，簡単に述べる。2.3で述べたように，「のではない」は否定のスコープだけを表すものであり，モダリティを担う「わけではない」とは異なる。しかし，次の(82)(83)のような例を見ると，「のではない」と「わけではない」には類似性があり，置き換えることもできる[14]。

　　(82)　父も，すでに何年か前から，勝沼に女がいることに気づいています。私が言った{のではありません／ワケデハアリマセン}。父はちゃんと見抜く人でございます。　　　　（宮本輝『錦繡』p.322）
　　(83)　「そう。心理療法士とか，精神科の先生とかに会ってさ，治療というと大げさだけど，要するに話を聞いてもらうのさ。いや，君が病気だって言ってる{わけじゃない／ンジャナイ}よ」と，善之は早口になった。　　　　　　（宮部みゆき『模倣犯(上)』p.120）

(82)(83)は，いずれも，話し手がその前に書いたことや言ったことから，読み手や聞き手が推論しそうなことを予想し，それを否定している。しかし，「わけではない」が〈推論の否定〉を表すのに対し，「のではない」自体

---

[14]　「のではない」と「わけではない」の異同については，詳しくは，野田春美 (1992)，工藤真由美 (1997) を参照。

には,〈推論の否定〉という機能はない。(82)のような文脈に支えられて,〈推論の否定〉にも用いられうるというだけである。

たとえば,次の(84)のように,〈推論の否定〉でない場合には「のではない」が用いられ,「わけではない」は不自然である。

(84) エディは,どちらかと言えば,ファイターを好んだ。そこには,プロである以上,人気を獲得し,金を獲得するには,逃げる{のではなく/*ワケデハナク}打ち合わなくてはならない,という判断があった。　　　　　（沢木耕太郎『一瞬の夏』p.160）

逆に,次の(85)のように,〈推論の否定〉であることを先回りして示す場合は,「わけではない」が用いられ,「のではない」は不自然である。

(85) 「話をそらす{わけじゃない/??ンジャナイ}けど,夕飯を食べる気はないかな」　（山田太一『飛ぶ夢をしばらく見ない』p.168）

以上のように,「わけではない」は,〈推論の否定〉を表す。これは,〈論理的必然性〉のある〈帰結〉を表すという「わけだ」の性質によるものである。一方,「のではない」自体に,〈推論の否定〉を表す機能はなく,〈推論の否定〉でない場合にも用いられる。

6. 第7章のまとめ

この章では,〈説明〉のモダリティを表す「のだ」「わけだ」について,比較しながら考察した。この章で述べてきたことを簡単にまとめる。

1) 〈説明〉のモダリティとは,典型的には,先行する文で示された内容が聞き手にわかりやすくなるように,〈事情〉や〈帰結〉などを後の文で示すものである。しかし,「のだ」「わけだ」の,聞き手を必要としない対事的な用法や,先行文脈との関係づけがない用法も,典型的な〈説明〉と隣接するものとしてとらえられる。

2) 「のだ」は文を名詞文に準じる形にするという基本的な性質から,〈説明〉の機能を生じさせている。〈説明〉の用法は,対人的か対事的かと,関係づけの有無によって,4つに分類できる(2.3参照)。

3）「わけだ」は，〈論理的必然性〉のある〈結果〉〈帰結〉を表すという基本的な性質をもつ．対人的な用法は，〈必然的な結果や帰結の提示〉〈意味の提示〉〈客観性の付与〉の3種類，対事的な用法は，〈必然的な結果や帰結の把握〉〈意味の把握〉〈必然性の納得〉の3種類に分けられる（2.5参照）．
4）「のだ」と「わけだ」は，完全にパラディグマティックな関係ではない．「わけなのだ」という形では，〈説明〉の対事的・論理的な面を「わけだ」が，対人的な面を「のだ」が受けもつ．
5）関係づけの「のだ」のうち，先行文脈の〈意味の提示〉の用法の一部と，先行文脈の〈事情・意味の把握〉の用法の一部は，「わけだ」と接近する．その際の「のだ」と「わけだ」の違いは，〈論理的必然性〉の有無である．
6）非関係づけの用法は，主に「のだ」だけに見られるが，対人的「わけだ」の〈客観性の付与〉の用法だけが，「のだ」と接近する．
7）「のだった」は用いられるが，「わけだった」はほとんど用いられない．
8）「わけだ」による質問文は，非難や詰問のニュアンスを帯びやすい．
9）前置きの「のだが」は，聞き手が認識していないことを提示するが，前置きの「わけだが」は，聞き手が認識していることを提示する．
10）「わけではない」は〈推論の否定〉を表す．「のではない」自体にはそういう機能はないが，文脈によって〈推論の否定〉に近づくことがある．

第8章

終助詞の機能

1. はじめに

　日本語において，モダリティを表す形式の1つに，終助詞がある。文末に現れる助詞であり，会話では，次の（1）のように，頻繁に用いられる。
　　（1）　3124 I　でもあの手のなんかハードボイルド系のやつとかってゆうのはへたに映画化すると，難しいです<u>よねえ</u>。
　　　　　3125 A　そうそうそう，やっぱりキャラクターだから<u>ねー</u>，絶対。
　　　　　3126 O　でも後味よくない<u>ねえ</u>，あの顔ねえ。
　　　　　3127 A　うん，そうです<u>ね</u>。
　　　　　3128 N　最近小説読んでない<u>なあ</u>，しかし全然，んん。
　　　　　3129（発言者不明）　あーでもー，けっこう，はまります<u>よ</u>，読むと。
　　　（現代日本語研究会（1997）自然談話データ。発話前の英字は発言者。）
上の（1）で終助詞がまったく用いられないと，不自然な会話になってしまう。

　このように，終助詞は重要な働きをもっているが，すべての終助詞に共通する機能を指摘するのは容易ではない。陳常好（1987）は，「よ」「ね」「さ」「わ」「ぞ」「ぜ」「な」を取り上げ，「話し手と聞き手のあいだの認識のギャップをうめることにかかわる表現手段」（p.94）と性格づけている。主な終助詞の主な機能を適切に言い表しているが，「ぞ」の独話での用法などは，

特殊なものとして扱われる。この章では，対話での用法を中心としながらも，独話での用法も軽視せずに考察していきたい。

終助詞の先行研究は，「ね」「よ」に関するものが多い。そして，金水敏(1993)が指摘するように，「ヨやネが話し手と聞き手の間での，ある種の情報・知識の調整に関わっている」(p.118)とする研究の多かった時期を経て，「伝達行為上の「使用の習慣」と，ヨやネの「意味」とを分けて考えよう」(p.121)とする研究が進んできている。

この章では，そのような研究も参考にしながら，「ね」「よ」以外の終助詞の性質・機能も考察し，終助詞全体を把握する足がかりとしたい。

以下，まず，2.で考察の対象について述べる。次に3.と4.で，それぞれの終助詞の性質・機能を考察し，5.で残された問題について述べる。

2. 終助詞の概観

この節では，2.1で終助詞の範囲について，2.2で基本的性質と分類について，2.3で終助詞をめぐる問題点について述べる。

2.1 終助詞の範囲

終助詞とは，文末に用いられる助詞であるが，どこまでを終助詞として認めるかについて，共通の認識があるわけではない。

まず，終助詞として認めることにあまり問題がないものをあげる。この章でも，これらの終助詞を考察の対象とする。

（2）よ，ぞ，ぜ，わ，さ，ね(え)，な(あ)

(2)であげている「な」は，次の(3)で用いられるような「な」である。

（3）「今日はなんか変だな」(山本文緒「不完全自殺マニュアル」p.66)

次に，終助詞として扱うかどうかが問題になるものをあげる。命令の「な」，禁止の「な」は，動詞の活用形とみなす[1]。終助詞「か」は，モダリ

---

[1] 命令については第2章の3.を，禁止については第2章の5.を参照。

ティの体系に関わるものであり，第3部の疑問のモダリティにおける重要な要素なので，この章では扱わない。同様に，「かしら」「かな」も扱わない。

次の(4)のような「の」が，終助詞として扱われることがある。しかし，このような「の」は，基本的に「のだ」と同じ機能をもっているので，「のだ」の異形態とみなし，終助詞とは考えない[2]。

（4）「どうした{の／ンデスカ}？」

(山本文緒「不完全自殺マニュアル」p.75)

ただし，次の(5)のように「のだ」の後に用いられる「の」は，終助詞と考えられる。使用は女性の一部に限られ，上品に述べるときに用いられる。

（5）綾：この娘が学校へ行った後は私一人ぼっちで，まあ淋しくって淋しくって困っているんです<u>の</u>。

(山田洋次・朝間義隆『男はつらいよ・寅次郎純情詩集』)

同様に，形式名詞がもとになった助動詞「ものだ」「ことだ」と共通性をもつ「もの」「こと」にも，終助詞と考えたほうがいい用法がある。

（6）「頭使わないヤツは大嫌い。だから，母親も嫌いなんだ<u>もん</u>」

(宮部みゆき『R.P.G.』p.269)

（7）「まあ，ひどい汗だ<u>こと</u>」　　(新田次郎『孤高の人』p.965)

(5)のような「の」，(6)のような「もの」，(7)のような「こと」，そのほか「とも」「ってば」「っけ」は，終助詞とみなすが，考察は行わない。

2.2　終助詞の基本的性質と分類

では，主な終助詞の分類について考えていく。佐治圭三(1957)は，次の(8)のように分類している。

---

[2] 「のだ」と終助詞「の」の異同については，野田春美(1993)を参照。

(8)

第一類　　　　　ね・な…………………話しかけ問いかける気持。
（聞き手めあて）　よ・や・え・い……呼びかけ押しつける気持。
　　　　　　　　さ………………………突っぱなし放り出す気持。

第二類　　確かだという態度　　　　わ………聞き手をおしのける。
（判断　　（聞き手に対する　　　とも……聞き手を受け入れる。
めあて）　働きかけを含む）　　　ぞ・ぜ…聞き手に押しつける。
　　　　　不確かだという態度……か……一般に不確か。
　　　　　（聞き手に対する働きかけを含まない）　　　　　(p.31)

　聞き手めあてかどうかというのは，終助詞の性質を考えるために重要な観点だと思われる。しかし，佐治(1957)が，「わ，とも，ぞ，ぜ」について，「判断めあて」としながらも，「聞き手に対する働きかけを含む」としているところに，この観点で分類することのむずかしさが現れている。

　上野田鶴子(1972)は，「わ，ぞ，ぜ，さ，よ」を「話し手の判断を聞き手に主張する」ものとし，「ね(な)，ねえ(なあ)」を「話し手の判断を示し，聞き手に最終的判断をゆだねる」として二分している(p.75)。陳常好(1987)の分析も，上野(1972)と共通している。

　この章でも，上野(1972)や陳(1987)の二分をもとに，考察を進めていく。

2.3　終助詞をめぐる問題点

　終助詞は，それぞれ個性があり，体系化は困難である。それぞれの終助詞の使用者の性別の偏り，独話での使用の可否，接続の可否を，(9)の表に示す。「わ」は，女性専用と言われる上昇イントネーションの「わ」である。

　なお，(9)の表中に記号で示した判定は，大まかな傾向である。○がついていても，たとえば「行けよ」のように使用に男女差がある形もある。

(9)

	男女差	独話	雨です―	雨だ―	雨―	高い―	行く―	行け―	行って―	行こう―	だろう―	らしい―
よ	—	×	○	○	○	○	○	○	○	○	○	○
ぞ	男	○	△	○	○	○	○	×	×	×	×	○
ぜ	男	×	△	○	○	○	○	×	×	○	△	○
わ	女	○	○	○	×	○	○	×	×	×	×	○
さ	男	×	×	○	○	×	×	×	×	×	○	×
ね	—	×	○	○	○	○	○	×	○	○	○	○
ねえ	—	×	○	○	○	○	○	×	○	○	○	○
な	男	○	△	○	○	○	×	×	×	○	○	○
なあ	—	○	△	○	×	○	×	×	×	○	○	○

(9)の表で，接続の可否の分布を見ただけでも，終助詞の体系化が容易でないことがわかる。

そのうえ，終助詞は，男女差に加えて地域差も大きく，世代差，個人差もある。こういった点も，終助詞の体系化をむずかしくしている。なお，この章では，基本的に，共通語における終助詞の用法を考察の対象とする。

3. 〈伝達〉の終助詞「よ」「ぞ」「ぜ」「わ」「さ」

この節では，〈伝達〉を表すと考えられる「よ」「ぞ」「ぜ」「わ」「さ」を考察する。まず，3.1から3.5で個別に考察し，その後，3.6で，説明のモダリティを表す「のだ」との関係を参考にして，全体を見直す。

3.1 「よ」

「よ」は，次の(10)のように，幅広く，いろいろな形に接続できる。

(10)

	男女差	独話	雨です―	雨だ―	雨―	高い―	行く―	行け―	行って―	行こう―	だろう―	らしい―
よ	—	×	○	○	○	○	○	○	○	○	○	○

「よ」で言い切る形は，基本的には独話では用いられない[3]。

「よ」について，益岡隆志(1991)は，「ね」と対立したものとして論じている。「ね」は，話し手の知識や意向のあり方が「聞き手が持っていると想定される知識や意向のあり方」と一致する方向にあるとの判断を示し，「よ」は，対立する方向にあるとの判断を表現すると指摘している(p.102)。しかし，この説明では，「よね」を考えるときに，矛盾が生じてしまう。

このような矛盾を解決する方向として，金水敏(1993)，蓮沼昭子(1995)などがある。蓮沼(1995)では，「よ」の機能を，次のように示している。

(11) 「よ」は，認識上の何らかのギャップが存在する文脈で，認識能力の発動を促し，認識形成を誘導する標識である。 (p.391)

(11)のように，聞き手の存在を前提としない形で「よ」の基本的機能を設定しておいた方が，次の(12)のような独話を説明するのに，都合がいい。

(12) あれ，さっきここに置いたはずだよなあ。

そして，「よ」が単独では独話で用いられにくいのは，その文の内容を「認識すべきもの」として示すからだと考えられる。独話で，文の内容を「認識すべきだ」という示し方をするのは，(12)のように自分自身に問いかけて確認するような場合である。基本的には，「よ」は，聞き手に対して用いられ，「聞き手は文の内容を認識すべきだ」と話し手が考えていることが示される[4]。

また，「よ」は上昇イントネーションで発話されることが多いが，下降イントネーションの場合もある。井上優(1997)は，上昇イントネーションの「よ↑」は，「このような状況の中でどうするか」という問題を投げかけるのに対し，下降イントネーションの「よ↓」は，状況をとらえなおすよう強制することを表すと指摘している(pp.63-64)。

しかし，次の(13)では，「よ↑」を用いて，問題を投げかけているとは感じられない。文の内容を認識するよう，軽く促しているものと考えられる。

---

[3] 「あれっ，待てよ」のような例もあるが，例外的である。
[4] 白川博之(1993)も参照。

(13) 「君たちは友人同士なのか？」
「ああ，そうだ<u>よ</u>。幼なじみなんだ。なあ，ピース」

(宮部みゆき『模倣犯(上)』p.719)

(13)では，「そうです」という丁寧体であれば「よ↑」を用いない方が自然だが，普通体だと「よ↑」を用いた方が自然だと思われる。普通体だと聞き手への配慮が示されないので，「よ↑」を用いて，文の内容を認識するよう聞き手にもちかけることが，配慮につながっているのかもしれない。

以上の考察から，「よ」の機能・性質をまとめておく。

(14) 「よ」は，その文の内容が認識されるべきだと話し手が考えていることを表す。基本的に聞き手に対して用いられ，聞き手が文の内容を認識するべきだと，話し手が考えていることが表される。

3.2 「ぞ」

「ぞ」は，次の(15)で示すとおり，使用するのは主に男性である。とくに，聞き手が存在する場合は，女性は用いにくい。

(15)

	男女差	独話	雨です-	雨だ-	雨-	高い-	行く-	行け-	行って-	行こう-	だろう-	らしい-
ぞ	男	○	△	○	×	○	○	×	×	×	×	○

「ですぞ」という形はあるが，「ですよ」に比べると，使用者に偏りがある。

また，「ぞ」は，「よ」に比べて接続の制限が強く，命令形や意志形には接続しないし，名詞にも直接は接続しない。つまり，「雨だ」「高い」「行く」のような断定形にしか接続しない。

「ぞ」について，陳常好(1987)には，次のような指摘がある。

(16) 「ぞ」のつかわれるのは，あいてが，その認識によってなんらかの行為をすることを期待しての発言のばあいであって，あいてへのくいこみは「よ」よりつよい。　　　　　　　　　　(p.104)

陳(1987)の指摘するとおり,「ぞ」は,聞き手に行為の実行を促す文脈で用いられることが多い。次の(17)(18)のような例である。

(17) 一也(声)「絵美子ォ,酒ないぞ」

(旭井寧・井筒和幸「宇宙の法則」p.12)

(18) 「(略)俺が行くまで,隠れてろ。俺が呼ぶまで,誰に呼ばれたって出ていっちゃ駄目だぞ！　いいな！」

滋子は答えた。「うん！」　（宮部みゆき『模倣犯(下)』p.675)

(17)の話し手は,聞き手が酒を持ってくることを望んでおり,(18)の話し手は,聞き手が隠れている(=出ていかない)ことを望んでいる。

しかし,「ぞ」の文が常に聞き手の行為を期待して用いられるわけではない。次の(19)のように,聞き手が認識していないことを,しっかり認識させようとするだけの場面で用いられることも多い。

(19) 「大丈夫か,ユキ？　真っ青だぞ」

(田口ランディ『コンセント』p.124)

(17)から(19)の例を見ると,聞き手に対して用いられる「ぞ」は,聞き手が認識していないことをしっかり認識させるというのが基本的な性質であり,聞き手の行為を促すのは,二次的なことであると考えられる。

そうすると,「よ」との異なりが問題になる。「ぞ」は使用者が主に男性である点,目上の人に向かって用いにくいという点では,「よ」とは異なる。それに関連して,「ぞ」の方が「よ」より「強い」という指摘も多い。「ぞ」の出自が強調を表す係助詞であることも関係していると思われる[5]。

ここで,独話における「ぞ」にも注目したい。森山卓郎(1997b)は,「独り言」に現れる文末形式を対象とした考察の中で,次のように述べている。

(20) 「ぞ」は,新たに生起した情報内容を意識の中へリアルタイムで書き込んでいくというべき意味であり,例えば,競馬を見つつ独り言で「いいぞ,いいぞ」などと言うように,事態はまだ展開中であってもよい。特に,新たに何事かをみつけたようなニュアン

---

[5] 「ぞ」の歴史的変化については,飛田良文(1969)を参照。

スが強く,(略)。 (p. 左183)

　森山(1997b)のあげている,「いいぞ,いいぞ」という例は,「よ」でも「ぜ」でも「わ」でもなく,「ぞ」がもっともふさわしい例であり,「ぞ」独自の性質を考えるのに重要である。したがって,(20)の指摘は,独話における「ぞ」の性質を的確にとらえていると思われる。

　独話や,独話に近い場合は,女性が「ぞ」を用いることもある。(21)では,女性である内田が,自分の認識の変化を,「ぞ」を用いて表している。

(21)　養老　(略)つまり,そういう予期しない出来事というのは起こらないようにやっている。やろうと思えばできなくはないです。僕だって,実際にやったことあるんですよ。約束しておいて,やめたといって。えらい怒られたもの,あとで。
　　　内田　なるほどね(笑)。
　　　養老　世の中の人が全部そうやって暮らしているでしょう。
　　　内田　ああ,だんだんわかってきたぞ。
　　　　　　　　　　(内田春菊『口だって穴のうち』pp.37-38)

　そして,聞き手に対して「ぞ」が用いられる場合は,情報を聞き手の意識の中にリアルタイムで書き込んでいこうとすることが表されるために,「よ」よりも「強い」印象を与えるのだと考えられる。

　「よ」との対比も考え合わせ,「ぞ」の機能・性質をまとめておく。

(22)　「ぞ」は,その文の内容を新たに認識することで,既存の認識が変化することを表す。聞き手に対して用いると,文の内容を聞き手に認識させて,聞き手の認識を変えようとしていることが表されるため,「よ」よりも強く感じられる。

3.3 「ぜ」

　「ぜ」は,次の(22)に示すとおり,接続できる形に制限がある。「ぞえ」の変化したものと言われ[6],使用が基本的に男性に限られる点を見ても,

---

[6] 鈴木丹士郎(1969)参照。

「ぞ」と類似している。また，機能の面では，「よ」との異同も問題になる。
　(23)

	男女差	独話	雨です-	雨だ-	雨-	高い-	行く-	行け-	行って-	行こう-	だろう-	らしい-
ぜ	男	×	△	○	×	○	○	×	×	○	△	○

　益岡隆志・田窪行則(1992)は，「よ」「ぞ」「ぜ」を「知らせを表す」(p.52)終助詞とし，「ぜ」は「相手に対する一方的宣言を表す」(p.224)としている。
　では，「よ」「ぞ」と比較しながら，「ぜ」の性質を考察しよう。まず，「ぜ」は，名詞や命令形，テ形に接続しない点では「よ」と異なり，「ぞ」と同じである。
　しかし，「ぜ」の接続は，「ぞ」とも異なる点がある。次の(24)(25)のように，意志形や「だろう」には，「ぞ」は接続しないが，「ぜ」は接続する。
　　(24)　行こう{*ぞ／ぜ}。
　　(25)　行くだろう{*ぞ／ぜ}。
「だろうぜ」の形は多くはないが，意志形に「ぜ」が接続する例は多い。次の(26)のような，意志形「しよう」による勧誘の文である[7]。
　　(26)　三上　「座れよ，一緒に飲もうぜ」
　　　　　　(柴門ふみ(原作)・坂元裕二(脚本)『東京ラブストーリー』p.149)
「飲もうよ」に比べると，「飲もうぜ」の方が，誘いかければ聞き手はその行為を実行すると，決めつけているように感じられる[8]。
　勧誘以外の文の「ぜ」も見よう。
　　(27)　藤堂　「どこに住んでるんだ？　アパートまで送ってやるぜ」
　　　　　　　　　　(丸内敏治「われに撃つ用意あり」p.244)

---

[7] 勧誘については，詳しくは第1章の2.を参照。
[8] 松井(山森)良枝(1997)は，「ぞ」と「ぜ」の意味機能を考察する中で，「ぜ」は「先行状況との整合性」(p.58)に言及するとし，先行状況の継続を表す「ね」との共通性を指摘している。

(28) 黒崎「悩んでも意味のないことを悩むんじゃないよ。ハードボイルドの探偵らしくないぜ」
　　　　　　　　　　（荒井晴彦「ありふれた愛に関する調査」p.51）
(29) 山下「久し振りにイイ酒飲んだぜ」
　　　　　　　　　　（野沢尚「さらば愛しのやくざ」p.323）

(27)の話し手は，自分の申し出を聞き手が当然受けるものと考えているように思われる。(28)や(29)の話し手は，自分の判断に対する聞き手の反応には，あまり関心がないようである。(29)になると，かなり独話に近い。

つまり，(26)から(29)のいずれの例を見ても，「よ」や「ぞ」の文と比べると，聞き手の認識を変えようという意図は弱い。

以上の考察から，「ぜ」の機能・性質をまとめておく。

(30)「ぜ」は，その文の内容を一方的に聞き手に伝えるときに用いられる。聞き手の認識を変えさせようといった意図は強くない。

3.4 「わ」

ここで扱うのは，女性が用いる，上昇イントネーションの「わ」である。次の(31)で示すとおり，普通体，丁寧体の別を問わず，断定形に接続する。

(31)

	男女差	独話	雨です↑	雨だ↑	雨↑	高い↑	行く↑	行け↑	行って↑	行こう↑	だろう↑	らしい↑
わ	女	○	○	○	×	○	×	×	×	×	×	○

「わ」に関しては，女性語の「わよね」が，男性では「よね」にあたる，といった男女差があるが，「わ」を使う女性は減少しつつある[9]。

「わ」は，「軽い主張」（上野田鶴子(1972:p.69)）や「詠嘆」を表現すると言われる。また，益岡隆志・田窪行則(1992)は，「自分の感情や，ある事柄

---

[9] 現代の女性による「わ」の使用状況については，尾崎喜光(1997)が詳しい。

に対する自分の印象を独り言のようにして相手に伝える表現」(p.224)であると指摘している。

では，独話で用いられる「わ」と，対話で用いられる「わ」の例を見ていこう[10]。独話での「わ」は，次の(32)のように，話し手が事態を，強い感情や驚きなどを伴って認識したときに用いられる。

(32) それにしても，なんて無礼な男だろう。あんな男をのさばらしておいちゃあいけない<u>わ</u>，と桃子はまるで自分の家に侵入されたかのようにまだ憤慨していた。　(北杜夫『楡家の人びと』p.1954)

独話で用いられる「ぞ」が，新たな認識による，既存の認識の変化を表すのに比べると，「わ」は，認識の変化よりも，事態を認識したときの感情の動きに重きがある。したがって，次の(34)のように自分の感情をあらためて認識するような例では，「ぞ」は多少不自然だが，「わ」は自然である[11]。

(33) どう考えても，やっぱり，許せない{??ぞ／わ}。

対話でも，独話と同じような「わ」が見られる。次の(34)の例である。

(34) 「――どこか，引っ越したい<u>わ</u>」
　　　絢子の呟きが，静まり返った部屋に広がっていった。馬鹿な，そんなことが簡単にできると思うのか。
　　　　　　　　　　　　(乃南アサ『死んでも忘れない』p.218)

(34)は，聞き手は存在するが，独話の「わ」に近い。益岡・田窪(1992)の「独り言のようにして相手に伝える」(p.224)という記述に該当する。

しかし，対話における「わ」の文には，独話とは違ったものも見られる。次の(35)は，聞き手に対する主張であろう。

(35) モモ子「冗談じゃない<u>わ</u>。石が売れなかったら，どうすんのよ」
　　　　　　　　　　　　(丸内敏治「無能の人」p.249)

(35)のような「わ」の文では，話し手の強い感情を伴う認識だということを聞き手に示すことで，それを聞き手にわかってほしいという意図が示され

---

[10] 下降イントネーションの「わ」に関する服部匡(1992)の考察も参照。
[11] 森山卓郎(1997b)も参照。

る。ただし，強く主張しているようでも，あくまでも話し手自身の認識として示されている。したがって，何かを主張することで聞き手の認識に影響を与えようとする場合には，(36)のような「わよ」という形が適当である。

(36)　「そればっかりね。オバハン，オバハン，オバハン！　あたしにはちゃんと名前がある<u>わよ</u>！」　（宮部みゆき『R.P.G.』p.251）

また，「わ」は，(37)のように，質問に答える場合などにも用いられる。

(37)　清水　「高校生は知ってるのか」
　　　美希　「教えた<u>わ</u>。あんまりうるさいから」
　　　　　　　　　　　　　　　　　（荒井晴彦「リボルバー」p.397）

上の(36)や(37)では，独話と違って，「わ」の文で示されているのは，話し手がその場で認識したことではない。話し手は確実に認識しているが聞き手が認識していないことを，提示している。(37)では，強い感情も伴っていない。ただし，話し手個人の経験であるという性質は保っている。

以上の考察から，「わ」の機能・性質をまとめておく。

(38)　「わ」は，基本的に，その文の内容を，話し手自身が，強い感情や驚きを伴って認識したことを表す。聞き手に対して用いられる場合は，文の内容を，話し手個人の認識や経験として提示する。

3.5　「さ」

「さ」は，次の(39)に示すとおり，接続の面での制限が強い。

(39)

	男女差	独話	雨です	雨だ	雨	高い	行く	行け	行って	行こう	だろう	らしい
さ	男	×[12]	×	×	○	○	○	×	×	×	○	×

---

[12] 「さ」は基本的に独話では用いられにくいと思われるが，森山卓郎(1997b)では，「独り言」を表す終助詞の1つとして扱われている。

名詞に直接接続する終助詞は「さ」「よ」「ね」だが，「さ」と「ね」は，間投助詞として用いられるという共通性をもつ。「よ（お）」も間投助詞として用いられることがあるが，粗野な表現であり，一般的ではない。また，「よ」「ね」は「名詞＋だ」にも接続するが，「さ」だけは接続しない。

　「さ」の性質については，「話し手の判断した事柄の当然性を意味し，聞き手の前にそれを放り出すような効果を出す」（上野田鶴子（1972:p.72））といった指摘がある。「だ」に接続しないという性質も，「当然性」「放り出す」という意味合いと関係していると思われる。話し手が自分の責任において断定するのではないということである。

　「さ」の用例を見ると，(40)(41)のように従属節に「さ」がついて終わる文や，(42)(43)のように，伝聞の「って」に「さ」がつく文も多い。

(40) 　リカ　「そうそう，さっきお店あったよね，まさかシャンパンなんか無いだろうし，缶ビールか何か買ってくるよ」

　　　永尾　「お，おい──」

　　　リカ　「すぐ戻ってくるからさ」

　　　　　　（柴門ふみ（原作）・坂元裕二（脚本）『東京ラブストーリー』p.224）

(41) 　小夜子　「ホモだってハッキリ言えば？」

　　　剛　「でも，兄貴が恥掻くことになるしさ……」

　　　　　　　　　　　　　　（中島丈博「おこげ OKOGE」p.256）

(42) 　「奥さんに電話しといたよ」

　　　　手のなかの携帯電話をかかげて見せながら，栗原浩美は木村に告げた。

　　　「あんたのために千羽鶴を折るってさ」

　　　　　　　　　　　　　　（宮部みゆき『模倣犯（上）』p.716）

(43) 　社：夕刊見たかい，虎がね檻から逃げ出したんだってさ

　　　　　　　　　（山田洋次・朝間義隆『男はつらいよ・寅次郎春の夢』）

　従属節で終わる文に接続している「さ」は，間投助詞との区別が問題になる。(40)(41)の例では，主節を復元するのがむずかしく，文は完結してい

るものと思われる[13]。(42) (43)の伝聞の「って」も文を完結する形である。したがって、(40)から(43)のような「さ」は、一応、終助詞と考えたい。

(40)から(43)のような例では、途中のような形ではあるが、一応、文として提示する、という姿勢が「さ」によって表されているのだと考えられる。

また、陳常好(1987)は、「さ」が「いつも、聞き手または話し手のまえにのべたことを受けた文につく」(p.102)ことに注目し、「話し手が確認、確信していることを、聞き手に対する説明としてのべる文につける」(p.100)用法を「さ」の基本としている。次の(44)のような例がそれにあたるだろう。

(44) 探偵 「なんです？」
　　　黒崎 「青木のマンションの所有権登記書さ。奴の自宅じゃないぜ。財テクの方さ。」
　　　　　　　　　　　(荒井晴彦「ありふれた愛に関する調査」p.51)

(44)のような「さ」の用法も、その根底にあるのは、話し手が責任をもって断定しないということではないだろうか。事態全体を、話し手が文として構成しているのではなく、質問に対する答えとなる情報だけを提示している。

そして、次の(45)(46)のような、あきらめやひらきなおりを表す文では、事態の成り行きに、話し手(と聞き手)の力が及ばないことが表されている。

(45) はるみ 「ずっとうまくいくわ」
　　　外村 「いずれ破綻するさ」　　　(中島吾郎「誘惑者」p.293)
(46) 一也 「とにかく戻って来た以上、東京を忘れろ。そうすりゃ、
　　　　　何とかなるさ」(旭井寧・井筒和幸「宇宙の法則」p.19)

いずれにしても、「さ」を用いると、話し手が責任をもって断定しているのではないということが表される。

以上の考察から、「さ」の機能・性質をまとめておく。

---

[13] 従属節による言いさしや言い終わりについては、白川博之(1991,1996)が詳しい。

(47) 「さ」は,話し手が責任をもって断定せず,当然のこととして,あるいはとりあえずのこととして提示することを表す。

3.6 〈伝達〉の終助詞と「のだ」

以上,〈伝達〉を表す終助詞を考察してきた。ここでは,説明のモダリティを表す「のだ」との共起を参考にして,これらの終助詞の性質を確認する。説明のモダリティも,終助詞によって表されるモダリティも,テクスト・談話の中で問題となるものであり,深く関わっているからである。

「のだ」は,第7章で見たように,対人的な場合には,聞き手の認識していないことを提示して認識させようとする性質がある。これは,〈伝達〉を表す終助詞と通じる性質である。

では,「のだ」とこれらの終助詞の関係を見よう。まず,「のだ」が情報を提示する場合,その後,教示的な指示や命令の場合を見ていく。

(48) 今度,中国に行く{んだよ／んだぞ／んだぜ／＊んだわ／？のさ}。

(49) きっと,どうにもできないことな{んだわ／のさ}。

聞き手が認識していない情報を提示する場合には,(48)のように「んだよ」「んだぞ」「んだぜ」が自然である。「んだわ」「のさ」は,(49)の文脈では自然だが,(49)は,話し手が事態を把握する対事的な「のだ」である[14]。

したがって,対人的「のだ」に自然に接続するのは,「よ」「ぞ」「ぜ」である。「よ」「ぞ」は,文の内容を聞き手に認識させようとする性質をもっており,「のだ」と共通性がある。

「のだ」は,その事態は,聞き手が認識していないが,すでに定まってい

---

[14] 関連する問題として,「きっと,寝坊でもした{んだ／んだよ／＊の／のよ／＊んです／んですよ}」のような対事的な文の場合,「の」「んです」は不自然であり,「のよ」「んですよ」だと自然になるという現象がある。「の」や「んです」のように聞き手を意識した形は,対事的な文とは基本的に適合しないが,話し手が把握したことを「よ」によって聞き手に提示する形にすることで,自然な文になるのだと思われる。

ることだということを示すことによって、間接的に、認識してほしいという態度を表す。そこに「よ」「ぞ」が付加されると、認識することが望ましい、認識を変えてほしいという聞き手への態度が直接的に示される。

「ぜ」は、積極的に聞き手の認識に影響を与えようとはしないが、「わ」や「さ」とは異なり、断定したことを聞き手に対して提示するものなので、「のだ」とともに用いられうるのだと考えられる。

次に、教示的な指示や命令を表す「のだ」の文に、それぞれの終助詞が接続できるかどうかを見る。

 (50) がまんする{んだよ／んだぞ／？んだぜ／＊んだわ／？？のさ｝。

教示的な指示や命令の「のだ」に自然に接続するのは、「よ」と「ぞ」である。いずれも、聞き手の認識に影響を与えようとする終助詞である。

なお、「ぞ」は、命令形には接続しないが、「行くんだ」には接続する。命令の「のだ」は、行為の実行が望ましいことを聞き手も認識している場合に用いられる。「ぞ」は、話し手が断定したことを聞き手に認識させるときに用いられるため、「のだ」による命令には接続することができるのである。

以上、対人的「のだ」との共起を参考にして、〈伝達〉の終助詞の性質を確認した。

4. 〈同意〉〈確認〉の終助詞「ね(え)」「な(あ)」

この節では、〈同意〉〈確認〉などを表す「ね(え)」を4.1で、「な(あ)」を4.2で考察し、4.3で「よね」に触れる。その後、4.4で「のだ」との関係を見る。

4.1 「ね(え)」

「ね」は、次の(51)で示すとおり、命令形以外に幅広く接続する。

(51)

	男女差	独話	雨です―	雨だ―	雨―	高い―	行く―	行け―	行って―	行こう―	だろう―	らしい―
ね	—	×	○	○	○	○	○	×	○	○	○	○
ねえ	—	×	○	○	○	○	○	×	×	×	○	○

「ね」は，典型的には，次の(52)のように聞き手の方がよく知っていることを確認する場合[15]，その次の(53)Aのように聞き手に同意を求める場合や，(53)Bのように聞き手に同意する場合に用いられる。

(52) 「五十嵐さんです<u>ね</u>？」

(53) A 「暖かくなりました<u>ね</u>」

　　　B 「そうです<u>ね</u>」

しかし，「ね」は，次の(54)のように，聞き手が知らないことを提示するときにも用いられることがある。

(54) 「今，何時ですか」

　　　「ええっと，7時です<u>ね</u>」

そこで，金水敏(1993)では，「ね」の意味を，「当該の発話を，マッチする特定の文脈とリンクせよ」(p.120)ということだと規定している[16]。(54)のような「ね」は，時計を見るという過程を経て確認した情報と，「7時です」という表現を一致させて答えていることが，「ね」によって表されているというように説明される。

このような先行研究も参考にしながら，「ね」が基本的に聞き手に対して用いられる終助詞であることも重視して，機能を整理したい。

まず，「ね」の典型的な用法をもう一度見ておく。次の(55)のような〈確認要求〉の文では，文の内容と聞き手の知識が一致しているかどうかを確認

---

[15] 確認要求の「ね」については，詳しくは第6章の3.2を参照。確認の「ね」の必須性については，神尾昭雄(1990)の「情報のなわ張り」を参照。

[16] 蓮沼昭子(1988)も参照。

している。(56)のような〈同意要求〉,(57)のような〈同意表明〉の文では,文の内容と聞き手の意向との一致を,尋ねたり示したりしている。

(55) 「一九八三年生まれ。十八歳だね？」
(宮部みゆき『R.P.G.』p.104)

(56) 「日が伸びましたねえ」　（北村薫「覆面作家と謎の写真」p.24）

(57) 養老　（略）ようするに意識しているものしか存在しないと考えている人が多い。
内田　うんうん,そうですね。
(内田春菊『口だって穴のうち』p.30)

(55)のような文に対して「そうですね」と答えると不自然になるのは,話し手にとって明らかなことであり,知識と一致させる必要がないからである。

次の(58)のように,自分の行動を聞き手に宣言する〈行動宣言〉の文では,文の内容と聞き手の認識の一致を促しており,「よ」に接近している。

(58) 「あ,宅急便きたみたいだから切るね」
方便を言って私は一方的に電話を切った。
(山本文緒「どこかではないここ」p.148)

今まで見た(55)から(58)は,文の内容と聞き手の知識などとの一致を表すものであったが,次に見るのは,話し手自身の中での一致を表す例である。

次の(59)は,「そこまでは分かりません」という文と,思考の過程を経た結論を,「ね」で一致させながら示している。〈自己確認〉と呼んでおく。

(59) 「あの……尾島産業の名は出るかしら？」
「さあ。そこまでは分かりませんね。何しろ私の担当でもないから」　　　　(赤川次郎『女社長に乾杯！』p.245)

ただし,(59)のような「ね」も,聞き手が存在しない場合には用いられない。つまり,〈自己確認〉の「ね」は,その文の内容が,思考の過程を経た結論であることを,聞き手に示すという機能を果たしている。

次の(60)では，文の内容と話し手の記憶を一致させながら示す用法である。〈回想〉と呼んでおく。

(60) 尼口先生は，色の濃いベルギー産のビールをぐっと飲み干し，
「そこでぼくは電撃に撃たれた<u>ね</u>」
「クラゲでもいたんですか」（北村薫「覆面作家と謎の写真」p.27）

(60)のような「ね」も，聞き手が存在しない場合には用いられない。つまり，〈回想〉の「ね」は，話し手が記憶と一致させながら文を提示していることを，聞き手に示すという機能を果たしている。

次の(61)は，聞き手に対する〈拒絶表明〉の文である。文の内容と話し手の決心を，聞き手の前でわざわざ一致させて示すことで，強い拒絶を表すという，特殊な文である[17]。聞き手に問いかけたり反応を期待したりする文ではないのに，上昇イントネーションをとるという点にも，独自性がある。

(61) 「嫌だ<u>ね</u>」
「嫌だね，だってよ。おい，聞いたか。城戸は，まだ俺たちに逆らうつもりだぜ」　　（乃南アサ『死んでも忘れない』p.201）

各用法を，主なイントネーションとともに，もう一度見ておく[18]。

(62)

確認要求	ね↑		聞き手の知識との一致を問う	(55)
同意要求	ね↑	ね(え)↓	聞き手の意向との一致を問う	(56)
同意表明		ね(え)↓	聞き手の意向との一致を示す	(57)
行動宣言	ね↑		聞き手の認識との一致を促す	(58)
自己確認		ね(え)↓	自分の結論との一致を示す	(59)
回想		ね(え)↓	自分の記憶との一致を示す	(60)
拒絶表明	ね↑		自分の決心との一致を示す	(61)

以上の考察から，「ね」の機能・性質をまとめておく。

(63) 「ね」は，文の内容を，何かと一致させながら聞き手に示すときに用いられる。聞き手の知識や意向との一致を問う用法や，話し

---

[17] 蓮沼(1988)を参照。
[18] イントネーションについては，森山卓郎(2001)のように細かく分類する研究が進みつつあるが，ここでは，ごく大まかに，上昇と下降の2種類に分けている。

手自身の記憶や結論との一致を示す用法などがある。

4.2 「な(あ)」

「な(あ)」は、「ね(え)」との異同が問題になるので、接続などについても、「ね(え)」と並べて見ておく。

(64)

	男女差	独話	雨です―	雨だ―	雨―	高い―	行く―	行け―	行って―	行こう―	だろう―	らしい―
ね	―	×	○	○	○	○	○	×	○	○	○	○
ねえ	―	×	○	○	○	○	×	×	×	×	○	○
な	男	○	△	○	×	○	○	×	×	×	○	○
なあ	―	○	△	○	×	○	○	×	×	×	○	○

「な(あ)」の、「ね(え)」との大きな違いは、独話で用いられること、用法によっては、使用者の性別や年齢の偏りが大きいことである。

「なあ」は、基本的に、独話や独話に近い文で用いられ、「な」は、「なあ」と同じように用いられる場合と、「ね(え)」に近い場合がある。では、まず、独話や独話に近い文で用いられる「な(あ)」を見よう。基本的に下降イントネーションである。使用者の性別は問わない。

次の(65)は、心内発話の例である。

(65) 苦手なタイプだ{な／ナア}。僕は彼女の平凡な横顔を見ながらそう思った。　　　(山本文緒「いつも心に裁ちバサミ」p.46)

このような「な(あ)」は、詠嘆や回想を表すとも言われ、話し手が、感情などを自分自身であらためて確認する場合に用いられる。次の(66)では、「なあ」を用いた方が、「風が気持ちいい」ことを、時間をかけてじっくり味わっていることが表される。「なあ」の文で示される内容は、時間をかけて確認できるようなことであり、状態性の場合が多い。

(66) ああ、風が気持ちいい{φ／なあ}。

次の(67)のように、聞き手がいる場合でも、「な(あ)」を用いると、独

話的になる[19]。

(67)　「違う」
　　　「何が違うんだよ，変な奴だ<u>なあ</u>」
　　　　　　　　　　　　　　　　(田口ランディ『コンセント』p.47)

次の(68)(69)のような例は，下降イントネーションではないと思われるが，やはり独話的である。

(68)　伸びをしながら，江美ちゃんが言った。
　　　「免許取りたい<u>な</u>」　　　　(北村薫「六月の花嫁」p.120)
(69)　正ちゃんと一頻（ひとしき）りサークルの打ち合わせをしていた寺尾さんは，やがて，私の方を見て，
　　　「文学部か，いい<u>なあ</u>」　　(北村薫『六の宮の姫君』p.11)

下降しない「な(あ)」は，聞き手を意識しながら，半ば独話のような言い方をしているもので，擬似独話とでも言うべき発話である。

さらに，聞き手がいるときに用いられる「なあ」の中には，聞き手に対して不満を表明する例もある。次の(70)のような「なあ」である。

(70)　俺は彼女の二の腕をつかまえた。
　　　「痛い<u>なあ</u>。邪魔しないでよ。用事なの？」
　　　　　　　　　　　　　　　(山本文緒「あいあるあした」p.254)

(70)のような「なあ」は，明確な下降イントネーションであり，独話の形で述べながら，感情を聞き手に強く伝えている。「痛い」という，話し手自身は確認する必要のないことを，「なあ」を伴って提示することによって，間接的に，聞き手に認識させたいということが表されるのだろう。

次に，「ね」に近い機能をもつ「な」を見ていく。主に男性が用い，「ね」と同様の機能を担う。(71)は〈確認要求〉，(72)は〈同意要求〉と〈同意表明〉の「な」である。

---

[19] 森山卓郎(1989a)は，「なあ」は「話し手限りの発話であることを示す」(p.102としている。宮崎和人(1993)でも，「なあ」は，「聞き手がいたとしても，情報を聞き手に伝達しないという機能がある」(p.60)と述べられている。

(71) 「お母さん、再婚するんだって<u>な</u>」

(山本文緒「あいあるあした」p.248)

(72) 「おい、腹減った<u>な</u>」洋平がため息混じりに言った。

「ああ、減った<u>な</u>」裕輔もため息がでた。

(奥田英朗『邪魔』p.454)

次の(73)のように、丁寧体に接続する「な」を使用するのは、男性の高年齢層の一部である。地域差もあると思われる[20]。

(73) 「ははあ。そうすると内向きのことを仕切るわけです<u>な</u>」

(宮部みゆき『R.P.G.』p.198)

以上、「な(あ)」について見てきた。独話の「な(あ)」、対話の「な」のいずれも、話し手は、文の内容を確認したり何かと一致させたりするというステップを踏みながら述べている。

以上の考察から、「な(あ)」の機能・性質をまとめておく。

(74) 下降イントネーションの「な(あ)」は、独話で用いられ、感情などを、話し手自身があらためて確認することを表す。聞き手の存在する擬似独話では、イントネーションが下降しない場合もある。「ね」に近い「な」は、対話で用いられ、「ね」と同様、何かとの一致を示しながら述べるという性質をもつ。

4.3 「よね」

「よ」に「ね」が接続した「よね」は、次の(75)のように用いられる。

(75) 「チケット、知らないわ<u>よね</u>？」

唐突に言われて僕は我に返った。

「は？」

「私の机の引き出し、開けないわ<u>よね</u>？」

(山本文緒「いつも心に裁ちバサミ」pp.46-47)

---

[20] 「な」の用法と使用者の性別などとの関係については、伊豆原英子(1996)が詳しい。

上の(75)では，当然そうであるはずだという見込みをもって確認することが，「よね」によって示されている。3.1では，「よ」について，「その文の内容が認識されるべきだと話し手が考えていることを表す」と述べた。(75)のような「よね」の場合は，「よ」によって，「当然そうであるはずだ」という話し手の見込みが表され，「ね」によって，その見込みと聞き手の知識との一致が問いかけられている[21]。

次の(76)の「よね」は，聞き手に確認する必要のない事実を，確認するような形をとっている。後に続く話の前提として，聞き手に，既知の事実をあらためて認識しておいてほしいという意図で，「よね」が用いられている。

(76) 「シンちゃんは男の子よね」

　　　真一は「へ？」と言った。

　　「だけどあたしは今まで一度も男の子になったことないんだ，あいにく」滋子は力なく笑った。「だからね，身も蓋もない言い方をすればさ，やっぱりあたしには，女をさらって殺す生き方をせずにいられなかった男の気持ちって，わからないのよ。(略)」

　　　　　　　　　　　　　　(宮部みゆき『模倣犯(下)』p.282)

(76)のような例は，「よ」が単独で用いられたときの，「文の内容が認識されるべきだと話し手が考えていることを表す」という性質にも近い。しかし，やはり，「よね」には，「当然」という意味合いがある。「シンちゃんは男の子」だということが，当然の事実として示され，それと聞き手の認識の一致が促されている。

次の(77)のように，依頼の文に接続する「よね」の場合も，依頼の内容が，当然のこと，正当なこととして示され，それと聞き手の認識との一致が促されている。

---

[21] 蓮沼昭子(1995)は，「「よ」が「ね」と結びつくと，「よ」の意味は，「はずだ」に極めて接近する」(p.404)ことを指摘している。また，「よね」に固有の確認用法を，「相互了解の形成確認」と呼んでいる。本書第6章4.では，「よね」による確認要求について，「はずだ」に類する当然性判断を〈傾き〉とすると述べている。

(77) 　　　流麗な永井のクロール。
　　　　　　感心する部員達。
　　　　　ソノコ「わかった？　あれぐらいになってから言って<u>よね</u>。オリンピックに出るとかは」

(松岡錠司「バタアシ金魚」p.80)

なお，次の(78)のような「よね」は，〈確認要求〉というより，聞き手に対する〈同意表明〉のために用いられている。

(78) 　**小野田**　でも，日本の地方都市のなんとか銀座というのに比べれば，本家の銀座のほうが，やはり，あるよ。
　　　　向　田　それはあります{よね／ネ}。雰囲気はあります{よね／ネ}。　　　　(向田邦子『向田邦子全対談』p.23)

(78)でも，「よね」を用いることで，文の内容が当然のこと，正当なこととして示され，それと聞き手の認識との一致が表明されている。「よね」の代わりに「ね」を用いると，文の内容と聞き手の認識との一致を示すだけになってしまう。

　以上の考察から，「よね」の機能・性質をまとめておく。

(79) 　「よね」は，文の内容を，当然そうあるはずのこと，正当なこととして示したうえで，それと聞き手の知識との一致を問いかけるとき，聞き手の認識との一致を促すとき，聞き手の認識との一致を表明するときなどに用いられる。

4.4　同意・確認の終助詞と「のだ」

　〈同意〉〈確認〉の終助詞は，「のだ」の後に用いられることも多い。どういった用法の「のだ」に，どういった用法の「ね(え)」「な(あ)」が接続し，どういう機能をはたすのかを見ていく。

　まず，「のだ」に「ね」や，「ね」に近い「な」が接続した場合を見る。次の(80)(81)は，「のだ」に〈確認要求〉の「ね」「な」が接続している。

(80) 　わたしは，玄関前の泥落としマットに目を落とした。

「美也子さんは，まだなんですね」

(北村薫『スキップ』pp.101-102)

(81) 「ヒロミ……あの人を殺したのか？　それが最初だったのか？」さすがに動転した口調で，カズは問いただした。「見ず知らずの女ばっかりじゃなかったんだな？　あの明美さんがきっかけだったんだな？　そうなんだな？」(宮部みゆき『模倣犯(下)』p.59)

(80)では状況から，(81)では先行する聞き手の発話から，話し手が把握した〈事情〉や〈意味〉が，「のだ」によって示され，それと聞き手の知識の一致を問うことが「ね」「な」によって示されている。

また，「んですね」「のね」は，次の(82)のように，聞き手がまったく知らないことを提示する文で用いられることも多い。

(82) それから『処女地』という晩年の作品があります。

ネジダーノフという若者が主人公ですが，このネジダーノフがどういう人かというとですね，革命に憧れているんですが，何もできない人なんですね(笑)。

農家に入っていって農民に革命を説くんですが，まったく相手にされない。民衆を相手に演説をぶっても，民衆のおじさんに「まあ一杯飲め」とウォッカを飲まされて，たちまち酔っ払って昏倒(こんとう)してしまうという，何もできない人なんですね。

(三田誠広『深くておいしい小説の書き方』pp.57-58)

伊豆原英子(1992)は，(82)のような「ね」について，「聞き手を話の中に引き込み，聞き手との間に話題への一体化・共有化が図られる」(p.165)とし，「話し手が自分の話題に聞き手を引き込んでいこうとするときには」(p.167)，「んです」を使う必要があると指摘している。

聞き手の認識していないことを提示する対人的「のだ」に，一致を表す「ね」が加わることによって，「〜のだ」で示した内容を，聞き手にその場で認識させ，話を次に進めようとする話し手の意図が表されるのである。4.1で扱った「ね」の用法とは異なるが，共通性もある。たとえば，「電話，

切るね」のような〈行動宣言〉の「ね」も，聞き手の知らないことを示し，その場で聞き手の認識を促すものであり，基本的な性質は共通している。

　このほか，教示的な指示や命令を表す「のだ」に「ね」「な」が接続することもある。(83)のような例である。「ね」「な」によって聞き手の意向との一致が表されるため，決定を聞き手にゆだねることになり，忠告に近くなる。

(83)　藤堂　「こんな荒れた手をしてよ，安月給でコキ使われて，アホらしいだろう。いい仕事紹介してやるよ，楽してたっぷり稼げる仕事をな」

　　　メイラン　「……」

　　　藤堂　「明日，ボスの面接があるまでゆっくり考えておくんだな。逃げようなんて気おこすなよ。生きて故郷(くに)へ帰りたいだろう」　　　（丸内敏治「われに撃つ用意あり」p.244)

　次に，「のだ」に独話や独話的な「な(あ)」が接続した場合を見る。次の(84)のような例である。話し手が事態を把握したことを表す対事的な「のだ」に「な(あ)」が接続したものと考えればよい。

(84)　「俺もそう思う時あるね。昼間から，チャンバラ映画なんか見にいっていると，やっぱり映画見に来ている男をみて，あいつも失業者なんだなあ，と思うからね」　（曽野綾子『太郎物語』p.299)

　最後に，「のだ」に「よね」が接続した例を１つ見る。次の(85)の例は，〈確認要求〉の「よね」である。

(85)　「結婚，してるんですよね？」

　　　　突然彼女が僕にそう聞いた。どくんと心臓が嫌な音を打つ。

　　　「指輪」

　　　　そう彼女は呟く。僕は黙ったまま，脂肪に埋もれた銀色の指輪に目を落とす。

　　　「右手にしてるから，もしかしたら違うのかなって思ってたんです」　　　　　　（山本文緒「ドーナッツ・リング」p.106)

(85)では,聞き手が指輪をしているという状況の〈事情〉を「結婚している」と把握していることが「のだ」で,その把握が当然のことであるという見込みが「よ」で,その見込みと聞き手の知識の一致を問うことが「ね」で表されている。

5. 第8章のまとめ

　以上,終助詞の機能を考察してきた。個々の機能・性質については,個別にまとめを述べたので,繰り返さない。最後に,今後の終助詞研究において,さらに考察を進めるべきだと思われる点をあげておく。
1)独話や擬似独話における終助詞の機能
2)終助詞と間投助詞の異同
3)「のだ」「わけだ」と終助詞の関係
　終助詞の体系化は困難だが,こういった,一見,周辺的な問題にとりくんでいくことも,終助詞の全体をとらえるためには重要なのではないかと考えている。

あとがき

　モダリティは，日本語の文法研究の進展の中で常に注目を集める存在であり続けている。しかし，すでに豊富な研究の蓄積がありながら，立場によってこれほど違った捉え方をされる研究対象も珍しいのではないだろうか。これは，モダリティの多面性・多層性を反映しているものと思われる。

　このような性質をもつモダリティに対して，私たちはそれぞれ関心を異にする4人の共著という形で迫りたいと考えた。現在進行中の日本語記述文法プロジェクトにおいてこの4人が中心となってモダリティの記述を進めているところから，モダリティの基本的な理解を共有していると見込まれることもその理由であった。

　しかしながら，各々の論文を寄せ集めた論文集ではなく，あくまで「共著」という形を目指したために，乗り越えるべき問題が生じた。分析や記述といった内容に関わる本質的な事柄から用語・表記に至るまで，議論して突きあわせていかなければならなかったのである。そうして共同作業としての一貫性を保つ一方で，それぞれの個性や関心を犠牲にしてしまわないように留意した。

　その結果，異なる見解が共存したり，1つの形式や言語事実が複数の章で重複して記述されるといったケースを残したところがある。そもそも文法形式の意味・機能は単一の視点からの分析に収まるものではないし，とくに多角的な記述が必要となるモダリティでは，研究の現状をストレートに伝えるためにあえてそうする価値があると考えたからである。この当否は読者の判断・評価にゆだねるしかない。

　本書の出版にあたっては，くろしお出版の瀧上京子さんに大変お世話になった。4人がやりとりする大量のメールから的確に方針を打ち出し，迅速に対応してくれる瀧上さんの存在なくしては，本書がこのような姿になることはなかった。記して感謝したい。

　本書が，モダリティ研究の次なるステップへの礎になることが，著者一同の願いである。

2002年4月15日
宮崎和人・安達太郎
野田春美・高梨信乃

例文採集資料

『朝日新聞縮刷版』1987年10月号, 1988年12月号, 1989年7月号, 1994年1月号, 2001年7月号, 2001年10月号　朝日新聞社
『ＮＨＫ俳壇』2000年1月号　日本放送出版協会

青柳祐美子「いちばん大切な人」『ドラマ』215　映人社　1997
赤川次郎『女社長に乾杯！』(CD-ROM版新潮文庫の100冊)　新潮社　1995
旭井寧・井筒和幸「宇宙の法則」シナリオ作家協会(編)『'90年鑑代表シナリオ集』映人社　1991
阿刀田高「幻聴マンション」『過去を運ぶ足』(文春文庫)　文藝春秋　1982
安部公房『砂の女』(CD-ROM版新潮文庫の100冊)　新潮社　1995
荒井晴彦「リボルバー」シナリオ作家協会(編)『'88年鑑代表シナリオ集』映人社　1989
荒井晴彦「ありふれた愛に関する調査」シナリオ作家協会(編)『'92年鑑代表シナリオ集』映人社　1993
有島武郎「生れ出づる悩み」『小さき者へ・生れ出づる悩み』(CD-ROM版新潮文庫の100冊)　新潮社　1995
有栖川有栖「落とし穴」『ジュリエットの悲鳴』(角川文庫)　角川書店　2001
池田理代子『ベルサイユのばら(5)』(集英社文庫)　集英社　1994
池波正太郎『剣客商売』(CD-ROM版新潮文庫の100冊)　新潮社　1995
石川淳「マルスの歌」『焼跡のイエス・処女懐胎』(CD-ROM版新潮文庫の100冊)　新潮社　1995
石川達三『青春の蹉跌』(CD-ROM版新潮文庫の100冊)　新潮社　1995
伊集院静「皐月」『三年坂』(講談社文庫)　講談社　1992
磯山雅『モーツァルト＝二つの顔』(講談社選書メチエ)　講談社　2000
五木寛之『風に吹かれて』(CD-ROM版新潮文庫の100冊)　新潮社　1995
井上昌次郎『睡眠の不思議』(講談社現代新書)　講談社　1988
井上靖『あすなろ物語』(CD-ROM版新潮文庫の100冊)　新潮社　1995
井伏鱒二『黒い雨』(CD-ROM版新潮文庫の100冊)　新潮社　1995
内田春菊『口だって穴のうち』(角川文庫)　角川書店　1999
内館牧子『ひらり(1)』(講談社文庫)　講談社　1993
宇野功芳『名演奏のクラシック』(講談社現代新書)　講談社　1990
大江健三郎「死者の奢り」「他人の足」「戦いの今日」『死者の奢り・飼育』(CD-ROM

版新潮文庫の100冊）新潮社　1995
逢坂剛『カディスの赤い星（下）』（講談社文庫）講談社　1989
逢坂剛『百舌の叫ぶ夜』（集英社文庫）集英社　1990
大崎善生『聖の青春』講談社　2000
大崎善生『将棋の子』講談社　2001
大沢在昌『無間人形　新宿鮫Ⅳ』（カッパノベルス）光文社　1994
大沢在昌『屍蘭　新宿鮫Ⅲ』（光文社文庫）光文社　1999
大平健『豊かさの精神病理』（岩波新書）岩波書店　1990
岡嶋二人『焦茶色のパステル』（講談社文庫）講談社　1984
岡嶋二人『あした天気にしておくれ』（講談社文庫）講談社　1986
岡嶋二人『七年目の脅迫状』（講談社文庫）講談社　1986
岡嶋二人『99％の誘拐』（徳間文庫）徳間書店　1990
岡嶋二人『タイトルマッチ』（講談社文庫）講談社　1993
岡嶋二人『チョコレートゲーム』（双葉文庫）双葉社　2000
小川洋子「夕暮れの給食室と雨のプール」「妊娠カレンダー」『妊娠カレンダー』（文春文庫）文藝春秋　1994
奥田英朗『邪魔』講談社　2001
奥本大三郎『博物学の巨人　アンリ・ファーブル』（集英社新書）集英社　1999
開高健「パニック」「巨人と玩具」「裸の王様」『パニック・裸の王様』（CD-ROM版新潮文庫の100冊）新潮社　1995
風間茂子『なるほど家事の面白ブック』（知的生き方文庫）三笠書房　1993
梶井基次郎「Kの昇天」『檸檬』（CD-ROM版新潮文庫の100冊）新潮社　1995
梶山季之『黒の試走車』（角川文庫）角川書店　1973
桂千穂「ふたり」シナリオ作家協会（編）『'91年鑑代表シナリオ集』映人社　1992
加藤由子『雨の日のネコはとことん眠い――キャットおもしろ博物学』PHP研究所　1990
加納朋子「一万二千年後のヴェガ」『ななつのこ』（創元推理文庫）東京創元社　1999
加納朋子「クロス・ロード」『魔法飛行』（創元推理文庫）東京創元社　2000
加納朋子「お終いのネメゲトサウルス」『ガラスの麒麟』（講談社文庫）講談社　2000
河口俊彦『覇者の一手』（NHKライブラリー）NHK出版　1998
川端康成『雪国』（CD-ROM版新潮文庫の100冊）新潮社　1995
北杜夫『楡家の人びと』（CD-ROM版新潮文庫の100冊）新潮社　1995
北方謙三『逃れの街』（集英社文庫）集英社　1985
北川悦吏子「ロングバケーション」『ドラマ』252　映人社　2000
北川悦吏子『ビューティフルライフ　シナリオ』角川書店　2000

北野武「キッズ・リターン」『シナリオ』577　映人社　1996
北村薫「織部の霊」「赤頭巾」「胡桃の中の鳥」『空飛ぶ馬』（創元推理文庫）東京創元社　1994
北村薫「朧夜の底」「六月の花嫁」「夜の蝉」『夜の蝉』（創元推理文庫）東京創元社　1996
北村薫『秋の花』（創元推理文庫）東京創元社　1997
北村薫「覆面作家と謎の写真」『覆面作家の夢の家』（角川文庫）角川書店　1999
北村薫『六の宮の姫君』（創元推理文庫）東京創元社　1999
北村薫『スキップ』（新潮文庫）新潮社　1999
君塚良一「踊る大捜査線　歳末特別警戒スペシャル」『ドラマ』223　映人社　1998
桐野夏生『柔らかな頬』講談社　1999
黒木和雄・井上正子・竹内銃一郎「Tomorrow／明日」シナリオ作家協会（編）『'89年鑑代表シナリオ集』映人社　1990
黒柳徹子『窓ぎわのトットちゃん』講談社　1981
現代日本語研究会（編）『女性のことば・職場編（自然談話データフロッピィディスク）』ひつじ書房　1997
斉藤ひろし「秘密」『シナリオ』615　映人社　1999
柴門ふみ（原作）・坂元裕二（脚本）『東京ラブストーリー「ＴＶ版シナリオ集」』小学館　1991
鷺沢萠「帰れぬ人びと」『帰れぬ人びと』（文春文庫）文藝春秋　1992
鷺沢萠『ケナリも花，サクラも花』（新潮文庫）新潮社　1997
沢木耕太郎『一瞬の夏』（CD-ROM版新潮文庫の100冊）新潮社　1995
椎名誠『岳物語』（集英社文庫）集英社　1989
椎名誠『哀愁の街に霧が降るのだ（下）』（新潮文庫）新潮社　1991
椎名誠『新橋烏森口青春篇』（CD-ROM版新潮文庫の100冊）新潮社　1995
椎名誠『本の雑誌血風録』朝日新聞社　1997
信田さよ子『アダルト・チルドレンという物語』（文春文庫）文藝春秋　2001
篠田節子『女たちのジハード』（集英社文庫）集英社　2000
司馬遼太郎『国盗り物語』（CD-ROM版新潮文庫の100冊）新潮社　1995
司馬遼太郎・井上ひさし『国家・宗教・日本人』（講談社文庫）講談社　1999
島朗『純粋なるもの』（新潮文庫）新潮社　1998
志水辰夫『あした蜉蝣の旅』（新潮文庫）新潮社　1996
志水辰夫『散る花もあり』（講談社文庫）講談社　1987
志水辰夫「プレーオフ」『いつか浦島』（集英社文庫）集英社　1998
志水辰夫「きみ去りしのち」『きみ去りしのち』（光文社文庫）光文社　1999

志水辰夫『情事』（新潮文庫）新潮社　2000
清水義範「学力低下、そして日本は「階層社会」へ」『論争・学力崩壊』（中公新書ラクレ）中央公論新社　2001
城山三郎『官僚たちの夏』（新潮文庫）新潮社　1980
城山三郎『素直な戦士たち』（新潮文庫）新潮社　1982
城山三郎『賢人たちの世』（文春文庫）文藝春秋　1994
じんのひろあき「櫻の園」シナリオ作家協会（編）『'90年鑑代表シナリオ集』映人社　1991
真保裕一『ホワイトアウト』（新潮文庫）新潮社　1995
先崎学『フフフの歩』（講談社文庫）講談社　2001
曽野綾子『太郎物語』（CD-ROM版新潮文庫の100冊）新潮社　1995
高橋三千綱「九月の空」『芥川賞全集　第十二巻』文藝春秋　1983
高畑勲「おもひでぽろぽろ」シナリオ作家協会（編）『'91年鑑代表シナリオ集』映人社　1992
田口ランディ『コンセント』幻冬舎　2000
竹山道雄『ビルマの竪琴』（CD-ROM版新潮文庫の100冊）新潮社　1995
太宰治『人間失格』（CD-ROM版新潮文庫の100冊）新潮社　1995
立原正秋『冬の旅』（CD-ROM版新潮文庫の100冊）新潮社　1995
田中陽造「新・居酒屋ゆうれい」『シナリオ』580　映人社　1996
田辺聖子『新源氏物語』（CD-ROM版新潮文庫の100冊）新潮社　1995
谷崎潤一郎『痴人の愛』（CD-ROM版新潮文庫の100冊）新潮社　1995
俵万智『魔法の杖』河出書房新社　1989
筒井康隆『エディプスの恋人』（CD-ROM版新潮文庫の100冊）新潮社　1995
坪内祐三『靖国』（新潮文庫）新潮社　2001
中島吾郎「誘惑者」シナリオ作家協会（編）『'89年鑑代表シナリオ集』映人社　1990
中島丈博「おこげ OKOGE」シナリオ作家協会（編）『'92年鑑代表シナリオ集』映人社　1993
中島らも『中島らものもっと明るい悩み相談室』（朝日文芸文庫）朝日新聞社　1996
中野不二男『レーザー・メス　神の指先』（新潮文庫）新潮社　1992
中村紘子『ピアニストという蛮族がいる』（文春文庫）文藝春秋　1995
夏樹静子「女子大生が消えた」「死なれては困る」『死なれては困る』（新潮文庫）新潮社 1994
夏樹静子『家路の果て』（徳間文庫）徳間書店　2000
新田次郎『孤高の人』（CD-ROM版新潮文庫の100冊）新潮社　1995

野沢尚「さらば愛しのやくざ」シナリオ作家協会(編)『'90年鑑代表シナリオ集』映人社　1991
野沢尚『結婚前夜』読売新聞社　1998
乃南アサ『死んでも忘れない』(新潮文庫)新潮社　1999
林芙美子『放浪記』(CD-ROM版新潮文庫の100冊)新潮社　1995
林真理子「幻の男」「美食倶楽部」『美食倶楽部』(文春文庫)文藝春秋　1989
林真理子『満ちたりぬ月』(文春文庫)文藝春秋　1992
東野圭吾『白夜行』集英社　1999
東野圭吾『秘密』(文春文庫)文藝春秋　2001
福永武彦『草の花』(CD-ROM版新潮文庫の100冊)新潮社　1995
藤原正彦『若き数学者のアメリカ』(CD-ROM版新潮文庫の100冊)新潮社　1995
星新一『人民は弱し 官吏は強し』(CD-ROM版新潮文庫の100冊)新潮社　1995
堀辰雄「風立ちぬ」『風立ちぬ・美しい村』(CD-ROM版新潮文庫の100冊)新潮社　1995
松岡錠司「バタアシ金魚」シナリオ作家協会(編)『'90年鑑代表シナリオ集』映人社　1991
松原惇子『クロワッサン症候群』(文春文庫)文藝春秋　1991
松本清張「遭難」『黒い画集』(新潮文庫)新潮社　1971
松本清張『Dの複合』(新潮文庫)新潮社　1973
松本清張『ゼロの焦点』(新潮文庫)新潮社　1987
松本清張『砂の器(上)』(新潮文庫)新潮社　1990
松本清張『眼の壁』(新潮文庫)新潮社　1993
松本清張『点と線』(CD-ROM版新潮文庫の100冊)新潮社　1995
丸内敏治「われに撃つ用意あり」シナリオ作家協会(編)『'90年鑑代表シナリオ集』映人社　1991
丸内敏治「無能の人」シナリオ作家協会(編)『'91年鑑代表シナリオ集』映人社　1992
三浦綾子『続氷点(下)』(角川文庫)角川書店　1982
三浦綾子『広き迷路』(新潮文庫)新潮社　1987
三浦綾子『塩狩峠』(CD-ROM版新潮文庫の100冊)新潮社　1995
三田誠広『ワセダ大学小説教室　深くておいしい小説の書き方』(集英社文庫)集英社　2000
三谷幸喜『古畑任三郎(1)(2)』(扶桑社文庫)扶桑社　1996
宮部みゆき「この子誰の子」『我らが隣人の犯罪』(文春文庫)文藝春秋　1993
宮部みゆき『魔術はささやく』(新潮文庫)新潮社　1993

宮部みゆき『レベル7』(新潮文庫) 新潮社　1993
宮部みゆき「ドルシネアにようこそ」「聞こえていますか」「私はついてない」『返事はいらない』(新潮文庫) 新潮社　1994
宮部みゆき「とり残されて」「おたすけぶち」「私の死んだ後に」「居合わせた男」「たった一人」『とり残されて』(文春文庫) 文藝春秋　1995
宮部みゆき『龍は眠る』(新潮文庫) 新潮社　1995
宮部みゆき「六月は名ばかりの月」『淋しい狩人』(新潮文庫) 新潮社　1997
宮部みゆき『火車』(新潮文庫) 新潮社　1998
宮部みゆき『蒲生邸事件』(文春文庫) 文藝春秋　2000
宮部みゆき『パーフェクト・ブルー』(創元推理文庫) 東京創元社　2001
宮部みゆき「心とろかすような」『心とろかすような　マサの事件簿』(創元推理文庫) 東京創元社　2001
宮部みゆき「八月の雪」『人質カノン』(文春文庫) 文藝春秋　2001
宮部みゆき『模倣犯(上)(下)』小学館　2001
宮部みゆき『R.P.G.』(集英社文庫) 集英社　2001
宮本輝『春の夢』(文春文庫) 文藝春秋　1988
宮本輝『花の降る午後』(角川文庫) 角川書店　1991
宮本輝『異国の窓から』(角川文庫) 角川書店　1991
宮本輝『海岸列車(上)』(文春文庫) 文藝春秋　1992
宮本輝『ここに地終わり海始まる(上)』(講談社文庫) 講談社　1994
宮本輝『錦繡』(CD-ROM版新潮文庫の100冊) 新潮社　1995
宮本輝『朝の歓び(下)』(講談社文庫) 講談社　1997
宮本輝『彗星物語』(文春文庫) 文藝春秋　1998
宮本輝『焚火の終わり(上)(下)』(集英社文庫) 集英社　2000
宮本輝(原作)・山元清多(脚本)『TBSドラマ 青が散る シナリオ集』ひかり出版　1995
向田邦子「三角波」『男どき女どき』(新潮文庫) 新潮社　1982
向田邦子「はめ殺し窓」『思い出トランプ』(新潮文庫) 新潮社　1983
向田邦子『寺内貫太郎一家』(新潮文庫) 新潮社　1983
向田邦子『向田邦子全対談』(文春文庫) 文藝春秋　1985
向田邦子『冬の運動会』(新潮文庫) 新潮社　1985
武者小路実篤『友情』(CD-ROM版新潮文庫の100冊) 新潮社　1995
村上春樹『ノルウェイの森(上)(下)』(講談社文庫) 講談社　1991
村上春樹『世界の終りとハードボイルド・ワンダーランド』(CD-ROM版新潮文庫の100冊) 新潮社　1995

村上龍『すべての男は消耗品である』(角川文庫) 角川書店　1990
村上龍『龍言飛語』集英社　1992
村上龍『eメールの達人になる』(集英社新書) 集英社　2001
群ようこ他『群ようこ対談集　解体新書(たあへるあなとみあ)』新潮社　1995
本川達雄『ゾウの時間ネズミの時間――サイズの生物学――』(中公新書) 中央公論社　1992
山口瞳『酒呑みの自己弁護』(新潮文庫) 新潮社　1979
山田太一『飛ぶ夢をしばらく見ない』(新潮文庫) 新潮社　1988
山田太一『ふぞろいの林檎たち』(新潮文庫) 新潮社　1990
山田太一『ふぞろいの林檎たちⅡ』(新潮文庫) 新潮社　1990
山田太一『異人たちとの夏』(新潮文庫) 新潮社　1991
山田太一『丘の上の向日葵』(新潮文庫) 新潮社　1992
山田洋二・朝間義隆『男はつらいよ・寅次郎純情詩集』松竹株式会社　1976
　　(CASTEL/J CD-ROM V1.2　日本語教育支援システム研究会　1998)
山田洋二・朝間義隆『男はつらいよ・寅次郎春の夢』松竹株式会社　1979
　　(CASTEL/J CD-ROM V1.2　日本語教育支援システム研究会　1998)
山本周五郎『さぶ』(CD-ROM版新潮文庫の100冊) 新潮社　1995
山本文緒「いつも心に裁ちバサミ」「不完全自殺マニュアル」「ドーナッツ・リング」『みんないってしまう』(角川文庫) 角川書店　1999
山本文緒「どこかではないここ」「あいあるあした」『プラナリア』文藝春秋　2000
山村美紗『凶悪なスペア』『三十三間堂の矢殺人事件』(講談社文庫) 講談社　1987
吉田秀和『私の好きな曲』(新潮文庫) 新潮社　1985
吉村昭『海も暮れきる』(講談社文庫) 講談社　1985
吉行淳之介「砂の上の植物群」「樹々は緑か」『砂の上の植物群』(CD-ROM版新潮文庫の100冊) 新潮社　1995
渡辺淳一『花埋み』(CD-ROM版新潮文庫の100冊) 新潮社　1995
渡辺寿「ロード」『シナリオ』580　映人社　1996
渡辺満里奈『満里奈の旅ぶくれ――たわわ台湾――』新潮社　2000

参考文献

安達太郎（1991）「いわゆる「確認要求の疑問表現」について」『日本学報』10, pp.45-59, 大阪大学文学部日本学研究室．

安達太郎（1992）「「傾き」を持つ疑問文——情報要求文から情報提供文へ——」『日本語教育』77, pp.49-61, 日本語教育学会．

安達太郎（1995）「勧誘文——シナイカとショウとショウカ——」宮島達夫・仁田義雄（編）『日本語類義表現の文法（上）単文編』, pp.226-234, くろしお出版．

安達太郎（1997）「「だろう」の伝達的な側面」『日本語教育』95, pp.85-96, 日本語教育学会．

安達太郎（1998）「認識的意味とコト・モノの介在」『世界の日本語教育』8, pp.203-217, 国際交流基金日本語国際センター．

安達太郎（1999a）『日本語研究叢書11 日本語疑問文における判断の諸相』くろしお出版．

安達太郎（1999b）「意志のモダリティと周辺形式」『広島女子大国文』16, pp. 左1-16, 広島女子大学国文学会．

安達太郎（2001）「比較構文の全体像」『広島女子大学国際文化学部紀要』9, pp.1-19, 県立広島女子大学国際文化学部．

安達太郎（2002a）「疑問文とモダリティの関係」『日本語学』21-2, pp.58-66, 明治書院．

安達太郎（2002b）「現代日本語の感嘆文をめぐって」『広島女子大学国際文化学部紀要』10, pp.107-121, 県立広島女子大学国際文化学部．

雨宮雄一（1999）「現代日本語における義務論理的表現——「して（も）いい」「しなければならない」をめぐって——」『日本学報』18, pp.59-69, 大阪大学文学部日本学研究室．

伊豆原英子（1992）「「ね」のコミュニケーション機能」カッケンブッシュ寛子・尾崎明人・鹿島央・藤原雅憲・籾山洋介（編）『日本語研究と日本語教育』, pp.159-172, 名古屋大学出版会．

伊豆原英子（1996）「終助詞「な（なあ）」の一考察——聞き手に何を伝えているのか——」『名古屋大学日本語・日本文化論集』4, pp.65-82, 名古屋大学留学生センター．

井上優（1990）「「ダロウネ」否定疑問文について」『日本語学』9-12, pp.28-35, 明治書院．

井上優（1993）「発話における「タイミング考慮」と「矛盾考慮」——命令文, 依頼

文を中心に——」『国立国語研究所報告105　研究報告集14』, pp.333-360, 秀英出版.

井上優 (1994)「いわゆる非分析的な否定疑問文をめぐって」『国立国語研究所報告107　研究報告集15』, pp.207-249, 秀英出版.

井上優 (1997)「「もしもし, 切符を落とされましたよ」——終助詞「よ」を使うことの意味——」『月刊言語』26-2, pp.62-67, 大修館書店.

井上優・黄麗華 (1996)「日本語と中国語の真偽疑問文」『国語学』184, pp. 左15-28, 国語学会.

上野田鶴子 (1972)「終助詞とその周辺」『日本語教育』17, pp.62-77, 日本語教育学会.

大鹿薫久 (1993a)「「だろう」を述語にもつ文についての覚書き」『日本文藝研究』45-3, pp.20-34, 関西学院大学日本文学会.

大鹿薫久 (1993b)「推量と「かもしれない」「にちがいない」——叙法の体系化をめざして——」『ことばとことのは』10, pp.96-104, 和泉書院.

大鹿薫久 (1995)「本体把握——「らしい」の説——」宮地裕・敦子先生古稀記念論集刊行会 (編)『宮地裕・敦子先生古稀記念論集　日本語の研究』, pp.527-548, 明治書院.

大鹿薫久 (1999)「叙法小考」『日本文藝研究』50-4, pp.35-45, 関西学院大学日本文学会.

大曽美恵子 (1986)「語用分析1　「今日はいい天気ですね」——「はい, そうです。」」『日本語学』5-9, pp.91-94, 明治書院.

岡部寛 (1994)「説明のモダリティ——「わけだ」と「のだ」の用法とその意味の違いの比較の観点から——」『日本学報』13, pp.15-29, 大阪大学文学部日本学研究室.

奥田靖雄 (1984)「おしはかり (一)」『日本語学』3-12, pp.54-69, 明治書院.

奥田靖雄 (1985a)「おしはかり (二)」『日本語学』4-2, pp.48-62, 明治書院.

奥田靖雄 (1985b)「文のさまざま (1)　文のこと」『教育国語』80, pp.41-49, むぎ書房.

奥田靖雄 (1986)「文のさまざま (2)　まちのぞみ文 (上)」『教育国語』85, pp.21-32, むぎ書房.

奥田靖雄 (1988)「文の意味的なタイプ——その対象的な内容とモーダルな意味とのからみあい——」『教育国語』92, pp.14-28, むぎ書房.

奥田靖雄 (1992)「説明 (その2) ——わけだ——」言語学研究会 (編)『ことばの科学5』, pp.187-219, むぎ書房.

奥田靖雄 (1993)「説明 (その3) ——はずだ——」言語学研究会 (編)『ことばの科学

6』,pp.179-211,むぎ書房.
奥田靖雄（1996）「文のこと——その分類をめぐって——」『教育国語』2-22, pp.2-14, むぎ書房.
尾崎喜光（1997）「女性専用の文末形式のいま」現代日本語研究会（編）『女性のことば・職場編』, pp.33-58, ひつじ書房.
尾上圭介（1979）「「そこにすわる！」——表現の構造と文法——」『月刊言語』8-5, pp.20-24, 大修館書店.（『文法と意味Ⅰ』くろしお出版 2001 再録 pp.100-107）
尾上圭介（2001）『文法と意味Ⅰ』くろしお出版.
神尾昭雄（1990）『情報のなわ張り理論 言語の機能的分析』大修館書店.
川端善明（1979）『活用の研究Ⅱ』大修館書店.
菊地康人（2000a）「「ようだ」と「らしい」——「そうだ」「だろう」との比較も含めて——」『国語学』51-1(201), pp.46-60, 国語学会.
菊地康人（2000b）「いわゆる様態の「そうだ」の基本的意味——あわせて，その否定各形の意味の差について——」『日本語教育』107, pp.16-25, 日本語教育学会.
北川千里（1995）「「わけ」という「わけ」」『日本語学』14-9, pp.88-98, 明治書院.
金水敏（1989）「「報告」についての覚書」仁田義雄・益岡隆志（編）『日本語のモダリティ』, pp.121-129, くろしお出版.
金水敏（1992）「談話管理理論からみた「だろう」」『神戸大学文学部紀要』19, pp.41-59, 神戸大学文学部.
金水敏（1993）「終助詞ヨ・ネ」『月刊言語』22-4, pp.118-121, 大修館書店.
金水敏（1998）「談話管理理論に基づく「よ」「ね」「よね」の研究」『音声による人間と機械の対話』, pp.257-271, オーム社.
金田一春彦（1953a）「不変化助動詞の本質（上）——主観的表現と客観的表現の別について——」『国語国文』22-2, pp.1-18, 京都大学国語学国文学研究室.
金田一春彦（1953b）「不変化助動詞の本質（下）——主観的表現と客観的表現の別について——」『国語国文』22-3, pp.15-35, 京都大学国語学国文学研究室.
工藤浩（1982）「叙法副詞の意味と機能——その記述方法を求めて——」『国立国語研究所報告71 研究報告集』3, pp.45-92, 秀英出版.
工藤浩（1989）「現代日本語の文の叙法性 序章」『東京外国語大学論集』39, pp.13-33, 東京外国語大学.
工藤浩（2000）「副詞と文の陳述的なタイプ」森山卓郎・仁田義雄・工藤浩『日本語の文法3 モダリティ』, pp.163-234, 岩波書店.
工藤真由美（1995）『アスペクト・テンス体系とテクスト——現代日本語の時間の表現——』ひつじ書房.
工藤真由美（1997）「否定文とディスコース——「～ノデハナイ」と「～ワケデハナ

イ」──」言語学研究会(編)『ことばの科学8』, pp.65-101, むぎ書房.

熊取谷哲夫 (1995)「発話行為理論から見た依頼表現──発話行為から談話行動へ──」『日本語学』14-11, pp.12-21, 明治書院.

グループ・ジャマシイ (編著)(1998)『教師と学習者のための日本語文型辞典』くろしお出版.

郷丸静香 (1995)「現代日本語の当為表現──「なければならない」と「べきだ」──」『三重大学日本語学文学』6, pp.29-39, 三重大学日本語学文学会.

国立国語研究所 (1960)『話しことばの文型(1)──対話資料による研究──』秀英出版.

国立国語研究所 (1963)『話しことばの文型(2)──独話資料による研究──』秀英出版.

近藤泰弘 (1989)「ムード」『講座日本語と日本語教育4　日本語の文法・文体(上)』, pp.226-246, 明治書院.(『日本語記述文法の理論』ひつじ書房 2000 再録 pp.439-456)

近藤泰弘 (2000)『日本語記述文法の理論』ひつじ書房.

阪倉篤義 (1960)「文法史について──疑問表現の変遷を一例として──」『国語と国文学』37-10, pp.75-88, 東京大学国語国文学会.(『文章と表現』角川書店 1975 再録 pp.236-254)

佐治圭三 (1957)「終助詞の機能」『国語国文』26-7, pp.23-31, 京都大学国語学国文学研究室.(『日本語の文法の研究』ひつじ書房 1991 再録 pp.13-25)

佐治圭三 (1991)『日本語の文法の研究』ひつじ書房.

佐藤里美 (1992)「依頼文──してくれ, してください──」言語学研究会(編)『ことばの科学5』, pp.109-186, むぎ書房.

澤田治美 (1993)『視点と主観性──日英語助動詞の分析──』ひつじ書房.

渋谷勝己 (1993)「日本語可能表現の諸相と発展」『大阪大学文学部紀要』33-1, 大阪大学文学部.

白川博之 (1991)「「カラ」で言いさす文」『広島大学教育学部紀要　第2部』39, pp.249-255, 広島大学教育学部.

白川博之 (1993)「「働きかけ」「問いかけ」の文と終助詞「よ」の機能」『広島大学日本語教育学科紀要』3, pp.7-14, 広島大学教育学部日本語教育学科.

白川博之 (1996)「「ケド」で言い終わる文」『広島大学日本語教育学科紀要』6, pp.9-17, 広島大学教育学部日本語教育学科.

鈴木重幸 (1972)『日本語文法・形態論』むぎ書房.

鈴木丹士郎 (1969)「ぜ──終助詞〈現代語〉」松村明(編)『古典語現代語助詞助動詞詳説』, pp.670-672, 學燈社.

鈴木美加（2000）「ワケダとトイウワケダの意味機能の違いについて」『東京外国語大学留学生センター論集』26, pp.103-117, 東京外国語大学留学生センター．

高梨信乃（1995a）「条件接続形式による評価的複合表現——スルトイイ，スレバイイ，シタライイ——」『阪大日本語研究』7, pp.39-54, 大阪大学文学部日本学科（言語系）．

高梨信乃（1995b）「シテモイイとシテイイ——条件接続形式による評価的複合表現②——」宮島達夫・仁田義雄（編）『日本語類義表現の文法（上）単文編』, pp.244-252, くろしお出版．

高梨信乃（1996）「条件接続形式を用いた＜勧め＞表現——シタライイ，シタラ，シタラドウ——」『現代日本語研究』3, pp.1-15, 大阪大学現代日本語学講座．

高梨信乃（1999）「評価的複合表現スルホウガイイについて」『神戸商船大学紀要第一類文科論集』48, pp. 左 55-65, 神戸商船大学．

髙橋太郎（1984）「名詞述語文における主語と述語の意味的な関係」『日本語学』3-12, pp.18-39, 明治書院．

田窪行則（1992）「談話管理の標識について」文化言語学編集委員会（編）『文化言語学　その提言と建設』, pp. 左 1-14, 三省堂．

田窪行則・金水敏（1996）「複数の心的領域による談話管理」『認知科学』3-3, pp.59-74, 日本認知科学会．

田野村忠温（1988）「否定疑問文小考」『国語学』152, pp. 左 16-30, 国語学会．（『現代日本語の文法Ⅰ　「のだ」の意味と用法』和泉書院 1990 再録 pp.155-177）

田野村忠温（1990a）『現代日本語の文法Ⅰ　「のだ」の意味と用法』和泉書院．

田野村忠温（1990b）「文における判断をめぐって」崎山理・佐藤昭裕（編）『アジアの諸言語と一般言語学』, pp.785-795, 三省堂．

田野村忠温（1991）「「らしい」と「ようだ」の意味の相違について」『言語学研究』10, pp.62-78, 京都大学言語学研究室．

鄭相哲（1992）「いわゆる確認要求の「ネ」と「ダロウ」——情報伝達論的な観点から——」『日本学報』11, pp.105-120, 大阪大学文学部日本学研究室．

鄭相哲（1994）「所謂確認要求のジャナイカとダロウ——情報伝達・機能論的な観点から——」『現代日本語研究』1, pp.27-39, 大阪大学文学部日本学科現代日本語学講座．

陳常好（1987）「終助詞——話し手と聞き手の認識のギャップをうめるための文接辞——」『日本語学』6-10, pp.93-109, 明治書院．

寺村秀夫（1979）「ムードの形式と否定」『英語と日本語と　林栄一教授還暦記念論文集』, pp.191-222, くろしお出版．（『寺村秀夫論文集Ⅰ　日本語文法編』くろしお出版 1992 再録 pp.43-73）

寺村秀夫（1984）『日本語のシンタクスと意味Ⅱ』くろしお出版．

中右実（1979）「モダリティと命題」『英語と日本語と　林栄一教授還暦記念論文集』，pp.223-250, くろしお出版．

中右実（1980）「文副詞の比較」國廣哲彌（編）『日英語比較講座2　文法』, pp.157-219, 大修館書店．

中右実（1994）『認知意味論の原理』大修館書店．

中右実（1999）「モダリティをどう捉えるか」『月刊言語』28-6, pp.26-33, 大修館書店．

中畠孝幸（1990）「不確かな判断――ラシイとヨウダ――」『三重大学日本語学文学』1, pp.25-33, 三重大学日本語学文学会．

中畠孝幸（1998）「日本語の推量表現について――ダロウとマイ――」『甲南大学紀要　文学編』107, pp. 左 27-42, 甲南大学．

中畠孝幸（1999）「当然を表すモダリティ形式について――ハズダとベキダ――」『甲南大学紀要　文学編』111, pp. 左 15-28, 甲南大学．

仁田義雄（1981）「可能性・蓋然性を表す疑似ムード」『国語と国文学』58-5, pp.88-102, 東京大学国語国文学会．

仁田義雄（1987）「日本語疑問表現の諸相」小泉保教授還暦記念論文集編集委員会（編）『言語学の視界』, pp.179-202, 大学書林．（『日本語のモダリティと人称』ひつじ書房 1991 再録 pp.135-164）

仁田義雄（1989）「「行こうか戻ろうか」―意志表現の疑問化―をめぐって」『日本語学』8-8, pp.57-69, 明治書院．（『日本語のモダリティと人称』ひつじ書房 1991 再録 pp.165-183）

仁田義雄（1990）「働きかけの表現をめぐって」『国語論究2』, pp.369-406, 明治書院．（『日本語のモダリティと人称』ひつじ書房 1991 再録 pp.225-262）

仁田義雄（1991a）「意志の表現と聞き手存在」『国語学』165, pp. 左 1-13, 国語学会．（『日本語のモダリティと人称』ひつじ書房 1991 再録 pp.203-224）

仁田義雄（1991b）『日本語のモダリティと人称』ひつじ書房．

仁田義雄（1992）「判断から発話・伝達へ――伝聞・婉曲の表現を中心に――」『日本語教育』77, pp.1-13, 日本語教育学会．

仁田義雄（1994）「〈疑い〉を表す形式の問いかけ的使用――「カナ」を中心とした覚え書き――」『現代日本語研究』1, pp.6-14, 大阪大学文学部日本学科現代日本語学講座．

仁田義雄（1997a）「「伊達さん，結婚するだろうか」――〈問いかけ〉と〈疑いの表明〉」『月刊言語』26-2, pp.24-31, 大修館書店．

仁田義雄（1997b）「断定をめぐって」『阪大日本語研究』9, pp.95-119, 大阪大学文学

部日本語学大講座.

仁田義雄（1999a）「モダリティを求めて」『月刊言語』28-6, pp.34-44, 大修館書店.

仁田義雄（1999b）「事態めあてモダリティの体系化への覚え書」『ことばと文学と書 春日正三先生古稀記念論文集』, pp.65-82, 双文社出版.

仁田義雄（2000）「認識のモダリティとその周辺」森山卓郎・仁田義雄・工藤浩『日本語の文法3　モダリティ』, pp.81-159, 岩波書店.

仁田義雄・益岡隆志（編）（1989）『日本語のモダリティ』くろしお出版.

丹羽哲也（1991）「「べきだ」と「なければならない」」『大阪学院大学人文自然論叢』23・24, pp.53-72, 大阪学院大学.

野田春美（1992）「単純命題否定と推論命題否定——「のではない」と「わけではない」——」『梅花短大国語国文』5, pp.49-63, 梅花短期大学国語国文学会.

野田春美（1993）「「のだ」と終助詞「の」の境界をめぐって」『日本語学』12-11, pp.43-50, 明治書院.

野田春美（1995a）「モノダとコトダとノダ——名詞性の助動詞の当為的な用法——」宮島達夫・仁田義雄（編）『日本語類義表現の文法（上）単文編』, pp.253-262, くろしお出版.

野田春美（1995b）「ガとノダガ——前置きの表現——」宮島達夫・仁田義雄（編）『日本語類義表現の文法（下）複文・連文編』, pp.565-572, くろしお出版.

野田春美（1997）『日本語研究叢書9　「の(だ)」の機能』くろしお出版.

野田尚史（1984）「〜にちがいない／〜かもしれない／〜はずだ」『日本語学』3-10, pp.111-119, 明治書院.

野田尚史（1989）「真性モダリティをもたない文」仁田義雄・益岡隆志（編）『日本語のモダリティ』, pp.131-157, くろしお出版.

野田尚史（1994）「仮定条件のとりたて——「〜ても」「〜ては」「〜だけで」などの体系——」『日本語学』13-9, pp.34-41, 明治書院.

野林靖彦（1996）「「〜ベキダ」「〜ナケレバナラナイ」「〜ザルヲエナイ」——3形式が表す当為判断の連関——」『東北大学文学部日本語学科論集』6, pp. 左1-11, 東北大学文学部日本語学科.

芳賀綏（1954）「"陳述"とは何もの？」『国語国文』23-4, pp.47-61, 京都大学国語学国文学研究室.

蓮沼昭子（1987）「条件文における日常的推論——「テハ」と「バ」の選択要因をめぐって——」『国語学』150, pp.1-14, 国語学会.

蓮沼昭子（1988）「続・日本語ワンポイントレッスン　第2回」『月刊言語』17-6, pp.94-95, 大修館書店.

蓮沼昭子（1991）「ヨウダ・ラシイとダロウ——推量のムードの二類型——」吉田弥

寿夫先生還暦記念論集編集委員会 (編)『日本語教育論集――日本語教育の現場から――』,pp.209-221, 学習研究社.

蓮沼昭子 (1995)「対話における確認行為 「だろう」「じゃないか」「よね」の確認用法」仁田義雄 (編)『複文の研究(下)』,pp.389-419, くろしお出版.

服部匡 (1992)「汎性語の終助詞ワについて」『同志社女子大学学術研究年報』43, pp.1-15, 同志社女子大学.

花薗悟 (1998)「希望形式の過去――「～したかった」の文について――」『日本研究教育年報(1997年度版)』,pp. 左75-101, 東京外国語大学外国語学部日本課程.

花薗悟 (1999)「条件形複合用言形式の認定」『国語学』197, pp. 左39-53, 国語学会.

早津恵美子 (1988)「「らしい」と「ようだ」」『日本語学』7-4, pp.46-61, 明治書院.

樋口文彦 (1992)「勧誘文――しよう, しましょう――」言語学研究会 (編)『ことばの科学5』,pp.175-186, むぎ書房.

飛田良文 (1969)「ぞ――間投助詞〈現代語〉」松村明 (編)『古典語現代語助詞助動詞詳説』,pp.698-701, 學燈社.

藤田保幸 (1987)「「疑う」ということ――「引用」の視点から――」『日本語学』6-11, pp.93-106, 明治書院.(『国語引用構文の研究』和泉書院 2001 再録 pp.234-251)

藤田保幸 (2001)『国語引用構文の研究』和泉書院.

前田直子 (1993)「逆接条件文「～テモ」をめぐって」益岡隆志 (編)『日本語の条件表現』,pp.149-167, くろしお出版.

前田広幸 (1990)「「～て下さい」と「お～下さい」」『日本語学』9-5, pp.43-53, 明治書院.

牧原功 (1994)「間接的な質問文の意味と機能――ダロウカ, デショウカについて――」『筑波応用言語学研究』1, pp.73-86, 筑波大学大学院博士課程文芸言語研究科応用言語学コース.

益岡隆志 (1987)『命題の文法――日本語文法序説――』くろしお出版.

益岡隆志 (1991)『モダリティの文法』くろしお出版.

益岡隆志 (1992)「不定性のレベル」『日本語教育』77, pp.14-25, 日本語教育学会.

益岡隆志 (2000a)『日本語文法の諸相』くろしお出版.

益岡隆志 (2000b)「モダリティ」中村明 (編)『別冊國文學 No.53 現代日本語必携』, pp.140-143, 學燈社.

益岡隆志 (2001)「説明・判断のモダリティ」『神戸外大論叢』52-4, pp.3-28, 神戸市外国語大学研究会.

益岡隆志 (2002)「判断のモダリティ――現実と非現実の対立――」『日本語学』21-2, pp.6-16, 明治書院.

益岡隆志・田窪行則（1992）『基礎日本語文法――改訂版――』くろしお出版．

松井(山森)良枝（1997）「「ぞ」と「ぜ」について――新しいコミュニケーションの記述に向けて――」『神戸大学留学生センター紀要』4, pp.47-62, 神戸大学留学生センター．

松岡弘（1987）「「のだ」の文・「わけだ」の文に関する一考察」『言語文化』24, pp.3-19, 一橋大学語学研究室．

松岡弘（1993）「再説――「のだ」の文・「わけだ」の文――」『言語文化』30, pp.53-74, 一橋大学語学研究室．

松村明（編）（1969）『古典語現代語助詞助動詞詳説』學燈社．

三尾砂（1948）『國語法文章論』三省堂．

三上章（1953）『現代語法序説』刀江書院．（くろしお出版 1972 復刊）

三上章（1959）『新訂版　現代語法序説――主語は必要か――』刀江書院．（くろしお出版 1972 復刊『続・現代語法序説――主語廃止論――』）

南不二男（1985）「質問文の構造」『朝倉日本語新講座4　文法と意味 II』, pp.39-74, 朝倉書店．（『現代日本語研究』三省堂 1997 再録 pp.123-159）

三宅知宏（1992）「認識的モダリティにおける可能性判断について」『待兼山論叢　日本学篇』26, pp. 左 35-47, 大阪大学文学部．

三宅知宏（1993）「派生的意味について――日本語質問文の一側面――」『日本語教育』79, pp.64-75, 日本語教育学会．

三宅知宏（1994）「否定疑問文による確認要求的表現について」『現代日本語研究』1, pp.15-26, 大阪大学文学部日本学科現代日本語学講座．

三宅知宏（1995）「「推量」について」『国語学』183, pp. 左 1-11, 国語学会．

三宅知宏（1996）「日本語の確認要求的表現の諸相」『日本語教育』89, pp.111-122, 日本語教育学会．

三宅知宏（2000）「疑念表明の表現について――カナ，カシラを中心に――」『鶴見大学紀要　第1部国語・国文編』37, pp.8-21, 鶴見大学．

宮崎和人（1991）「判断のモダリティをめぐって」『新居浜工業高等専門学校紀要（人文科学編）』27, pp.35-53, 新居浜工業高等専門学校．

宮崎和人（1993）「「～ダロウ」の談話機能について」『国語学』175, pp. 左 40-53, 国語学会．

宮崎和人（1995）「「～ダロウ」をめぐって」『広島修大論集（人文編）』35-2, pp.17-50, 広島修道大学人文学会．

宮崎和人（1996）「確認要求表現と談話構造――「～ダロウ」と「～ジャナイカ」の比較――」『岡山大学文学部紀要』25, pp.107-120, 岡山大学文学部．

宮崎和人（1997a）「判断のモダリティの体系と疑問化」『岡山大学文学部紀要』27,

pp.125-141, 岡山大学文学部．
宮崎和人（1997b）「「モシカスルト」類について」『岡山大学言語学論叢』5, pp.1-33, 岡山大学言語学研究会．
宮崎和人（1998）「否定疑問文の述語形態と機能——「（ノ）デハナカッタカ」の位置づけの検討——」『国語学』194, pp. 左15-28, 国語学会．
宮崎和人（1999）「確認要求表現としての「ダロウネ」」国立国語研究所（編）『日本語科学』6, pp.71-90, 国書刊行会．
宮崎和人（2000a）「ムードとモダリティ」『日本語学』19-5（4月臨時増刊号），pp.50-61, 明治書院．
宮崎和人（2000b）「確認要求表現の体系性」『日本語教育』106, pp.7-16, 日本語教育学会．
宮崎和人（2001a）「動詞「思う」のモーダルな用法について」『現代日本語研究』8, pp.111-136, 大阪大学大学院文学研究科日本語学講座．
宮崎和人（2001b）「認識的モダリティとしての〈疑い〉——「ダロウカ」と「ノデハナイカ」——」『国語学』52-3(206), pp.15-29, 国語学会．
宮崎和人（2002）「終助辞「ネ」と「ナ」」『阪大日本語研究』14, pp.1-19, 大阪大学大学院文学研究科日本語学講座．
宮地裕（1979）『新版　文論』明治書院．
宮地裕（1995）「依頼表現の位置」『日本語学』14-11, pp.4-11, 明治書院．
宮島達夫・仁田義雄（編）（1995a）『日本語類義表現の文法（上）単文編』くろしお出版．
宮島達夫・仁田義雄（編）（1995b）『日本語類義表現の文法（下）複文・連文編』くろしお出版．
村上三寿（1993）「命令文——しろ，しなさい——」言語学研究会（編）『ことばの科学6』, pp.67-115, むぎ書房．
森田良行（1980）『基礎日本語（2）』角川書店．
森田良行（1985）『誤用文の分析と研究——日本語学への提言——』明治書院．
森田良行・松木正恵（1989）『日本語表現類型——用例中心・複合辞の意味と用法——』アルク．
森本順子（1994）『日本語研究叢書7　話し手の主観を表す副詞について』くろしお出版．
森山卓郎（1989a）「認識のムードとその周辺」仁田義雄・益岡隆志（編）『日本語のモダリティ』, pp.57-120, くろしお出版．
森山卓郎（1989b）「文の意味とイントネーション」宮地裕（編）『講座日本語と日本語教育1　日本語学要説』, pp.172-196, 明治書院．

森山卓郎（1990）「意志のモダリティについて」『阪大日本語研究』2, pp.1-19, 大阪大学文学部日本学科(言語系).

森山卓郎（1992a）「日本語における「推量」をめぐって」『言語研究』101, pp.64-83, 日本言語学会.

森山卓郎（1992b）「文末思考動詞「思う」をめぐって――文の意味としての主観性・客観性――」『日本語学』11-8, pp.105-116, 明治書院.

森山卓郎（1995）「「伝聞」考」『京都教育大学国文学会誌』26, pp.25-36, 京都教育大学国文学会.

森山卓郎（1997a）「日本語における事態選択形式――「義務」「必要」「許可」などのムード形式の意味構造――」『国語学』188, pp. 左12-25, 国語学会.

森山卓郎（1997b）「「独り言」をめぐって――思考の言語と伝達の言語――」川端善明・仁田義雄（編）『日本語文法 体系と方法』, pp. 左173-188, ひつじ書房.

森山卓郎（2000）「基本叙法と選択関係としてのモダリティ」森山卓郎・仁田義雄・工藤浩『日本語の文法3 モダリティ』, pp.3-78, 岩波書店.

森山卓郎（2001）「終助詞「ね」のイントネーション――修正イントネーション制約の試み――」『文法と音声Ⅲ』, pp.31-54, くろしお出版.

森山卓郎・安達太郎（1996）『日本語文法セルフマスターシリーズ6 文の述べ方』くろしお出版.

森山卓郎・仁田義雄・工藤浩『日本語の文法3 モダリティ』岩波書店.

山口堯二（1989）「疑問表現の推量語」『国語と国文学』66-7, pp.42-56, 東京大学国語国文学会.（『日本語疑問表現通史』明治書院1990再録 pp.85-105）

山口堯二（1990）『日本語疑問表現通史』明治書院.

山田小枝（1990）『モダリティ』同学社.

山田孝雄（1936）『日本文法学概論』宝文館.

山梨正明（1986）『新英文法選書12 発話行為』大修館書店.

劉向東（1996）「「わけだ」文に関する一考察」『日本語教育』88, pp.48-60, 日本語教育学会.

渡辺実（1971）『国語構文論』塙書房.

Aoki, Haruo (1986) "Evidentials in Japanese." in Chafe, W. and Nichols, J.(eds.) *Evidentiality: The Linguistic Coding of Epistemology*, pp.223-238, Ablex.

Ohso, Mieko (1985) "Invitation, polite order, personal requests and begging" *Papers in Japanese Linguistics* 9, pp.141-149.

Palmer, F. R. (2001) *Mood and Modality*(*Second edition*). Cambridge University Press.

索引

第2章 ⇒ 第2章全体　　　　　第2章3.1, 3.3 ⇒ 第2章の3.1と3.3
第2章3. ⇒ 第2章の3. 全体　　第2章の3.1-3.3 ⇒ 第2章の3.1から3.3
第2章3.0 ⇒ 第2章の3.1より前の部分

【あ】

アスペクチュアリティ　序章3.
アスペクト　序章2.3, 3., 第4章5.3
安達太郎　第1章1., 2.2, 第2章1., 第3章4.2, 第5章2.1, 3.2, 4.1, 第6章2.1, 3.1
「あるいは」　第4章4.2

【い】

言いさし　第2章4.3, 第8章3.5
「いいよ」　第2章2.
意外性の表明　第4章5.3
意志　序章4., 第1章
意志形　第1章1.-3., 第8章3.3
意志形の疑問化　第1章3.
意志性　第2章3.2
意志の宣言　第1章4.1
意志の表出　第1章2.1, 3.1
伊豆原英子　第8章4.2, 4.4
井上優　第2章3.3, 第6章4.1, 第8章3.1
井上優・黄麗華　第6章2.1
意味　第7章2.2, 2.5, 3.3, 4.1, 4.3, 5.1
意味の提示　第7章2.5, 4.1, 4.3
意味の把握　第7章2.5, 4.3
依頼　第2章2., 4.
イントネーション　第4章2.1, 3.1, 第6章3.1, 第8章3.1, 3.4, 4.1, 4.2
引用系の伝聞形式　第4章4.3
引用助詞　第4章4.3
引用文　第4章5.

【う】

上野田鶴子　第8章2.2, 3.4, 3.5
疑い　第4章2.1, 3.2, 第5章2.1, 3.
「疑いがある」　第4章4.2
促し　第1章2.2, 3.2
埋め込み　第1章3.1, 第5章2.2, 3.1, 3.2

【え】

詠嘆　第5章4.1
婉曲　第4章2.3, 2.4, 4.3, 5.1

【お】

応答　第4章3.2, 第6章4.2
応答文　第1章3.2, 第2章2.
応答を強制しない質問　第5章3.2
大鹿薫久　序章2.3, 第4章2.4
「お〜下さい」　第2章4.1
奥田靖雄　序章2.2, 第3章3.3, 第4章2.4, 第7章2.4, 3.1, 4.1
尾崎喜光　第8章3.4
「おそらく」　第4章2.3, 2.4, 3.2, 4.2
「恐れがある」　第4章4.2
尾上圭介　序章2.3, 第1章4., 第2章3.3
「(と)思う」　第4章2.3, 4.1, 5.1, 5.2
「(と)思った」　第4章5.3
「(と)思っていた」　第4章5.3
「(と)思っている」　第4章5.2
「(とは)思わなかった」　第4章5.3

【か】

「か」　第4章2.1, 3.1, 第5章2.
蓋然性　第4章4.1
回想　第8章4.1
確信　第4章4.2
確信的な判断　第4章2.3

確信度(確信の度合い)　第4章2.3，2.4，3.2，4.2，第6章2.1
確認　第4章2.1，3.1，第8章4．
確認要求　第4章3.2，4.2，第5章2.1，第6章，第8章4．
「かしら」　第4章3.2，第5章3.1
「かしれない」　第4章4.2
傾き　第5章2.3，3.2，第6章2.1，3.，4．
価値判断　第3章1．
仮定条件化　第4章4.2
仮定条件の帰結　第4章2.4，4.1
「かどうか」　第5章2.2
「かな」　第1章3.1，第2章4.2，第4章3.2，第5章2.1，3.1，3.2
「必ず」　第4章2.3
「かね」　第5章3.1
可能性　第3章4.7，第4章3.2，4.1，4.2，第6章2.1
「可能性がある」　第4章4.2
可能動詞　第2章3.2
神尾昭雄　第8章4.1
「かもしれない」　第4章4.1，4.2
軽い依頼　第2章4.2
含意　第2章2．
「(ということも)考えられないわけではない」　第4章4.2
「(とも)考えられる，(ということも)考えられる」　第4章4.2
「考える」　第1章3.1
関係づけ　第7章2.1，2.3，2.5，3.1，4.1，4.3，4.5，5.1
感嘆　第5章4.2
間投助詞　第8章3.5
願望　第3章3.2，4.1，4.2
勧誘　第1章2.2，3.2，第8章3.3

【き】

記憶(内容)　第4章4.2，5.1，第6章2.2，4.2
祈願　第2章3.1
聞き手への配慮を表す質問　第5章3.2
危惧　第3章4.5
菊地康人　第4章4.3

帰結　第7章1., 2.4, 2.5, 3.3, 4.1-4.3, 5.3
既実現　第3章3.2, 4.4, 4.5
擬似独話　第8章4.2
北川千里　第7章4.2
「きっと」　第4章2.3, 2.4, 3.2, 4.2
詰問　第7章5.1
疑念　第5章3.1
機能・意味的カテゴリー　序章3.
希望文　第2章4.3
基本叙法　序章4.
基本的意味　第3章2.1, 3.2, 4.
疑問　序章4.2, 第4章2.1, 2.4, 3.1
疑問系のモダリティ　第5章1.
疑問語　第5章4.1
疑問の焦点　第6章2.1
疑問の対象　第4章2.1, 4.3
疑問文　第2章4.2, 第4章2.1, 2.3, 3., 4.3, 第5章, 第6章2.1
客観性の付与　第7章2.5, 4.2, 5.2
客観的許容　第3章4.3
客観的必要性・許容性　第3章3.3, 4.
客観的非許容　第3章4.5
客観的必要　第3章4.6
客観的不必要　第3章4.4
強制　第3章4.6
共存関係　第4章4.2
共通認識の喚起　第6章3.1
共同的な行為　第1章2.2
許可　第2章4.1, 第3章4.3
虚性モダリティ　第5章3.3
拒絶表明　第8章4.1
許容　第3章4.3
許容系　第3章2.2
禁止　第2章2., 5.1-5.3, 第3章4.5
金水敏　第6章3.1, 第8章1., 3.1, 4.1

【く】

工藤浩　序章4.1
工藤真由美　第7章5.3
クレル系列　第2章4.2

【け】

警告　第3章4.2
形態論的カテゴリー　序章3., 4.
決意の確認　第1章4.2
結果　第7章2.4, 3.3, 4.1-4.3
決定の直前　第1章3.1
決定の表明　第1章2.1, 3.1
懸念　第6章4.2

【こ】

行為者　序章4.1, 第1章2.2, 3.2, 4.1
行為者の人称　第3章3.2, 4.
行為の未実現性　第2章3.2
行為の申し出　第1章2.1, 3.1
行為要求　第2章
後悔　第3章3.2, 4.
肯定疑問形式　第6章2.
肯定疑問文　第5章2.3, 第6章2.1
肯定評価　第3章2.2
行動宣言　第8章4.1, 4.4
郷丸静香　第3章5.
「こと」　第2章3.5, 第5章4.2
「ことだ」　第2章3.5, 第3章2.1
「ことだろう」　第4章2.4
「ことはない」　第2章5.2
「こともない」　第3章2.1
懇願　第2章4.1

【さ】

「さ」 第8章3.5, 3.6
「さあ」 第1章2.2
阪倉篤義 第4章3.1
佐治圭三 第7章2.2, 第8章2.2
「さては」 第6章4.1
「ざるを得ない」 第3章2.1

【し】

「し」 第4章4.2
「しかない」 第3章2.1
思考過程 第5章3.1
思考中 第1章3.1
思考動詞 第4章5.
思考内容化 第4章2.3, 4.1
自己確認 第6章3.2, 第8章4.1
指示 第2章4.1
事実性の傾き 第6章3.
事実の確認 第4章2.3
事情 第7章1., 2.2, 2.4, 4.1, 4.3, 4.5, 5.1, 5.2
事情・意味の提示 第7章2.3
事情・意味の把握 第7章2.3
事情の提示 第7章4.1, 4.3
事情の把握 第7章4.3
持続命令 第2章3.2
「した」 第2章3.4, 第6章2.2
実現状態 第3章3.2, 4.
実行 序章4.1
実行命令 第2章3.2
質問 第4章2.1, 3.1, 第5章2.1-2.3, 3.2
質問の条件 第5章2.1
質問文 第7章5.1
「して」 第2章4.1
「しなかったか」 第6章2.2

「しなさい」　第2章3.1，3.2
渋谷勝己　第2章5.3
自問　第4章3.1，3.2
従属節　第8章3.5
主観的な評価　第4章2.3，5.1
授受の補助動詞　第2章4.2
「しよう」　第1章
「しようか」　第1章3.1，3.2
状況不可能　第2章5.3
条件接続形式　第3章3.1，4.1，4.3，4.5
証拠　第4章4.3
証拠性　第4章4.1，4.3
承諾の確認　第2章4.2
譲歩　第4章4.2
情報源　第4章4.3
情報提供機能　第5章3.2
叙述　序章4.
叙述形　第2章3.4
白川博之　第8章3.1，3.5
「しろ」　第2章3.1-3.3
真偽疑問文（yes-no疑問文）　第4章3.2，第5章2.2，第6章2.1
心的態度　序章2.1

【す】

推定　第4章4.3
推量　序章4.2，第4章2.1，2.3，2.4，3.1，4.1，第6章3.1
推量判断の過程（性）　第4章3.1，3.2
推論　第4章4.2
推論の否定　第7章5.3
「～すぎる」　第4章2.3
スコープ　第4章2.3，第6章2.1，第7章2.3，4.1，5.3
鈴木美加　第7章4.1
勧め　第2章4.4，第3章3.2，4.1，4.2
「する」　第1章1.，2.1，4.1，4.2
「するな」　第2章5.1

【せ】

「ぜ」　第1章2.2，第8章3.3，3.6
制御可能　第3章3.2，4.
制御可能性　第3章3.2，4.
制御不可能　第3章3.2，4.
説得的なニュアンス　第2章3.5
説明のモダリティ　第4章4.2，5.3，第7章
「ぜひ」　第2章4.1
選択関係　第4章4.2
選択疑問文　第4章3.2，第5章2.2

【そ】

「ぞ」　第1章4.2，第2章3.5，第8章3.2，3.3，3.6
想起　第6章2.2
総記のガ格　第1章2.1
「(し)そうだ」　第4章4.1，4.3
「(する)そうだ」　第4章4.1，4.3
「そうにない，そうもない，そうではない」　第4章4.3
阻止的な禁止　第2章5.1
「それとも」　第4章4.2

【た】

対事的　第7章2.3，2.5，3.1，3.3，4.3-4.5
対人的　第7章2.3，2.5，3.1，3.3，4.1，4.2，4.5，5.2，第8章3.6，4.4
対話的文脈　第4章3.2，第6章3.2
高梨信乃　第2章4.4，第3章4.2，4.3
高橋太郎　第7章2.2
田窪行則　第8章3.3，3.4
「確か」　第6章4.2
「だって」　第4章4.3
田野村忠温　第2章3.5，第4章3.2，4.3，第6章2.1，2.2
「たぶん」　第4章2.3，2.4，3.2，4.2，第6章2.1
「たら」　第3章4.1

「たらいい」　第3章2., 4.1
「たらだめだ」　第2章5.2
「たら(どう)？」　第2章4.4
「だろう」　第4章2., 3., 4., 5.1, 第6章3., 4.1
「だろうか」　第2章4.2, 第4章2.1, 2.4, 3.1, 3.2, 4.2, 第5章2.1, 3., 4.2
「だろうね」　第6章4.
男女差　第8章2.3, 3.4
断定　第4章2.1, 2.4, 3.1
断定保留　第4章2.4
丹羽哲也　第3章3.3, 4.6, 5.

【ち】

兆候　第4章4.3
陳常好　第8章1., 2.2, 3.2, 3.5

【つ】

「って」　第4章4.3, 第8章3.5

【て】

提案　第1章2.2, 3.2
「ていただきたい」　第2章4.3
丁寧さ　第2章4.2, 第5章3.2
テイル形　第2章3.2
テクスト的機能　第4章4.2, 第5章3.3
テクストのタイプ　第4章2.2
「て下さい」　第2章4.1
「てくれ」　第2章4.1
「てくれないか」　第2章4.2
「てくれるか」　第2章4.2
「でしょうか」　第2章4.2, 第5章3.2
「てっきり」　第4章5.3
「ては」　第3章4.5, 4.6
「てはいけない」　第2章5.2, 第3章2., 4.5

「ではないか」 第4章4.2, 第6章2.1
「てほしい」 第2章4.3
「てみせる」 第1章4.2
「ても」 第3章3.1, 4.3
「てもいい」 第3章2., 4.3, 第4章4.2
「ても不思議ではない」 第4章4.2
「てもらいたい」 第2章4.3
「てもらえないか」 第2章4.2
「てもらえるか」 第2章4.2
「てやる」 第1章4.2
寺村秀夫 第4章1., 2.4, 4.3, 第7章2.2, 2.4, 2.5, 4.2
テンス 序章2.1, 2.3, 3., 4., 第4章2.3, 4.1, 5.3, 第6章2.2
伝達 第8章3.
伝達性 序章4.1, 第1章2.1
伝聞 第4章4.1, 4.3, 第8章3.5
テンポラリティ 序章3.

【と】

「と」 第3章4.1
「といい」 第2章4.4, 第3章2., 4.1
「という」 第4章4.3, 第7章5.1
「ということだ」 第4章4.3
「というのだ」 第7章4.1
「というわけだ」 第7章4.1
問いかけ性条件 第5章2.1
問いかけ性 第4章2.1, 3.2, 第6章3.1
同意 第8章4.
当為判断 第3章3.2, 4.
同意表明 第6章3.2, 第8章4.1, 4.3
同意要求 第6章3.2, 第8章4.1, 4.2
「どうか」 第2章4.1
当然性(判断) 第4章4.2, 第6章4.
当然性の傾き 第6章4.
「どうぞ」 第2章4.1
「どうやら」 第4章4.3

「どうりで」　第4章5.3
「とか」　第4章4.3
独立した行為　第1章2.2, 3.2
独話　第7章2.1, 第8章1., 2.3, 3.1, 4.2, 4.4
独話的文脈　第4章3.2, 5.1
「とのことだ」　第4章4.3
努力命令　第2章3.2

【な】

「な(あ)」　第8章4.2, 4.4
「ないといけない」　第3章2., 4.6
「ないわけにはいかない」　第3章2.1
中右実　序章2.1, 第4章5.1
中畠孝幸　第4章4.3
「なくてはいけない」　第3章2., 4.6
「なくてはならない」　第3章2., 4.6
「なくてもいい」　第3章2., 4.4
「なければいけない」　第3章2., 4.6
「なければならない」　第3章2., 4.6
「何と」　第5章4.2

【に】

「にきまっている」　第4章4.2
二次的意味　第3章2.1, 3.2, 4.
「に相違ない」　第4章4.2
「にちがいない」　第4章4.1, 4.2
仁田義雄　序章2.1, 4.1, 第1章1., 3.1, 4., 第2章2., 3., 5.1, 第3章4.5, 第4章1., 2.3, 3.2, 4.3, 5.1, 第5章3.2
認識形成の要請　第6章3.1
認識系の伝聞形式　第4章4.3
認識のムード　第4章1., 2., 3.
認識のモダリティ　第4章, 第5章2.1, 第6章2.1, 3.1
認識のモダリティの疑問化　第5章3.0
認識のモダリティの類型　第4章4.1
人称(1人称，2人称，3人称)　序章4.1, 第4章4.3, 5.2

【ね】

「ね」 第1章2.1, 第4章4.3, 第6章3.2, 4.1
「ね(え)」 第7章3.2, 第8章3.1, 3.5, 4.

【の】

能力の問いかけ 第2章2.
「のだ」 第2章3.5, 第4章2.3, 第5章4.2, 第6章2.1, 第7章1., 2.1-2.3, 3., 4., 5., 第8章2.1, 3.6, 4.4
「のだが」 第7章5.2
「のだった」 第6章2.2, 第7章4.5
野田春美 第2章3.5, 第7章2.2, 2.3, 3.1, 5.2, 5.3, 第8章2.1
野田尚史 第4章4.2, 第5章3.3
「のではない」 第2章3.6, 第7章2.3, 5.3
「のではないか」 第4章3.2, 第5章3.2, 第6章2., 3.1, 4.1
「のではないだろうか」 第4章3.2
「のではないだろうね」 第6章4.2
「のではなかったか」 第6章2.2, 4.2
野林靖彦 第3章4.6, 5.
野村剛史 序章2.3

【は】

「ば」 第3章4.1
「ばいい」 第3章2., 4.1
芳賀綏 序章2.1
「ばかり」 第4章5.3
「はずがない」 第4章4.2
「はずだ」 第4章4.1, 4.2, 5.3, 第6章4., 第7章2.5, 4.3
蓮沼昭子 第3章4.5, 4.6, 第6章1., 3.1, 第8章3.1, 4.1, 4.3
働きかけ 第3章3.2, 4.
発動命令 第2章3.2
服部匡 第8章3.4
話し手の認識の押しつけ 第4章4.2, 第6章2.1, 3.1
話し手の発話時の評価 第3章3.3, 4.
花薗悟 第3章3.1, 4.5

早津恵美子　第4章4.3
反語　第5章3.1
反事実的条件文　第4章2.3
判断の継起関係　第4章3.2
判断のモダリティ　第4章4.1
判断不明　第5章3.1

【ひ】

比較　第3章4.2
非関係づけ　第7章2.3, 3.1, 4.2, 4.4, 4.5, 5.1
引き込み　第1章2.2, 3.2
比況　第4章4.3
非許容系　第3章2.2, 5.
樋口文彦　第1章2.2
非実現　第3章3.2, 4.1, 4.2, 4.3, 4.6
必然性　第3章4.7, 第4章4.1, 4.2
必然的結果　第3章4.6
必然的な結果や帰結の提示　第7章2.5, 4.1
必然的な結果や帰結の把握　第7章2.5
「必要がある」　第3章2.1
「必要がない」　第3章2.1
必然性の納得　第7章2.5, 4.3
必要妥当系　第3章2.2, 5.
「必要はない」　第2章5.2
否定　序章4.2, 第7章2.3, 5.3
否定疑問形式　第4章3.2, 第6章2.
否定疑問文　第1章2.2, 第2章3.6, 第5章2.3, 第6章2.1
否定形式　第4章4.2, 4.3
非難　第2章3.2
評価　第3章1.
評価的複合形式　第3章2., 3., 4.
評価のモダリティ　第2章4.4, 5.2
「ひょっとしたら」　第4章4.2, 第5章3.2
「ひょっとして」　第4章4.2
「ひょっとすると」　第4章4.2

【ふ】

フォーカス(焦点)　第7章2.3, 4.1
不確定性条件　第5章2.1
不可能　第2章5.3
藤田保幸　第5章3.0
不信の表明　第5章3.2
不確かな応答　第5章3.2
不必要　第3章4.4
不必要系　第3章2.2
不満　第3章3.2, 4., 第8章4.2
文の伝達的なタイプ　序章2.1, 3.
文法化の度合い　第3章3.1, 4.6
文法カテゴリー　序章2.1, 3., 4.1

【へ】

「べきだ」　第3章2.1, 5., 第6章4.1
「べきではない」　第3章5.

【ほ】

「ほうがいい」　第2章4.4, 第3章2., 4.2
補充疑問文(wh疑問文)　第3章4.1, 第4章3.2, 第5章2.2, 第6章4.1

【ま】

前置き　第7章5.2
前置き的表現　第6章4.1
前田直子　第3章4.3
前田広幸　第2章4.1
牧原功　第5章3.2
「まさか」　第4章5.3, 第6章4.2
益岡隆志　序章2.1, 第2章3.3, 第4章2.4, 3.2, 第7章3.1, 3.2, 第8章3.1, 3.3, 3.4
「間違いなく」　第4章2.3
松井(山森)良枝　第8章3.3
松岡弘　第7章3.2

「まで」　第4章5.3
「までもない」　第3章2.1
迷い　第1章3.1
「迷う」　第1章3.1

【み】

三尾砂　第7章2.2
未実現　第3章3.2, 4.
「みたいだ」　第4章4.1, 4.3
みとめ方　序章2.1, 3., 4.
南不二男　第5章2.1
三宅知宏　第4章2.4, 第5章3.0, 3.2, 第6章1.
宮崎和人　第4章2.4, 3.2, 第5章3.2, 第6章1., 2., 3., 4.1, 第8章4.2

【む】

ムード　序章3., 4.
ムード体系　序章4.2
無助詞　第1章4.1
無標形式　第4章1., 2.3, 5.1

【め】

名詞化形式　第2章3.5
名詞文　第7章2.2,
命題　序章2.1
命令　序章4., 第2章2., 3.1-3.6, 第7章4.2, 第8章3.6, 4.4
命令文　第2章2., 3.1-3.3, 4.1
免除　第3章4.4

【も】

「も」　第1章3.2, 第3章3.1
モーダルな意味　序章2.2, 3., 4.2, 第4章5.3
「もしかしたら」　第4章2.3, 3.2, 4.2
「もしかして」　第4章2.3, 3.2, 4.2, 第6章4.2

「もしかすると」　第4章2.3，3.2，4.2
モダリティの下位類　序章2.1
モダリティの体系　序章5.
「もの」　第4章5.3
「ものだ」　第3章2.1
モラエル系列　第2章4.2
森田良行　第2章4.1，第4章2.4
森本順子　第2章4.1
森山卓郎　序章4.1，第1章1.，第2章4.4，第3章1，3.3，4.7，5.，第4章2.3，3.1，4.3，5.1，第5章3.0，3.2，第8章3.2，3.5，4.1，4.2
問題提起　第5章3.3

【や】

山口堯二　第4章3.1
山梨正明　第2章3.1

【ゆ】

有標形式　序章4.2，第4章1.，2.1，2.2
有標性　第4章2.3，第6章2.1

【よ】

「よ」　第1章2.1，2.2，第2章3.3，3.5，第7章3.2，第8章3.1-3.3，3.6，4.1，4.3，4.4
「ようだ」　第4章4.1，4.3
予想　第4章2.3，4.1，4.3
予定　第1章4.1，第4章2.3，4.2
「よね」　第6章4.，第8章3.1，4.3，4.4
予防的な禁止　第2章5.1

【ら】

「らしい」　第4章4.1，4.3

【り】

劉向東　第7章2.5

論理的必然(性)　第4章4.2, 第7章2.4, 2.5, 3.2, 4.1-4.3, 5.

【わ】

「わ」　第8章3.4, 3.6
「わかった」　第2章2.
「わけだ」　第4章5.3, 第7章1., 2.1, 2.4, 2.5, 3., 4., 5.
「わけだが」　第7章5.2
「わけではない」　第7章5.3
「わけなのだ」　第7章1., 3.2, 3.3, 4.2

【ん】

「んだって」　第4章4.3

新日本語文法選書4　モダリティ

シリーズ編者	仁田義雄・益岡隆志・田窪行則
著者	

宮崎和人（みやざき・かずひと）
略歴
　1960年　香川県高松市生まれ
　大阪大学文学研究科博士課程修了
　博士（文学）
　岡山大学社会文化科学研究科教授
著書・論文
　『現代日本語の疑問表現』
　（ひつじ書房 2005）
　「モダリティーの主観化について」
　（『場面と主体性・主観性』ひつじ書房 2019）

安達太郎（あだち・たろう）
略歴
　1964年　広島県広島市生まれ
　大阪大学文学研究科博士課程単位取得退学
　博士（文学）
　京都橘大学文学部教授
著書・論文
　『文の述べ方』（共著，くろしお出版 1996）
　『日本語疑問文における判断の諸相』
　（くろしお出版 1999）

野田春美（のだ・はるみ）
略歴
　1964年　福岡県筑紫野市生まれ
　大阪大学文学研究科博士課程単位取得退学
　博士（文学）
　神戸学院大学人文学部教授
著書・論文
　『「の（だ）」の機能』（くろしお出版 1997）
　『日本語を分析するレッスン』
　（共著，大修館書店　2017）

高梨信乃（たかなし・しの）
略歴
　1965年　大阪府東大阪市生まれ
　大阪大学文学研究科博士課程中退
　博士（言語文化学）
　関西大学外国語学部教授
著書・論文
　『初級を教える人のための日本語文法ハンドブック』（共著，スリーエーネットワーク 2000）
　『評価のモダリティ』（くろしお出版 2010）

編集担当	瀧上京子（くろしお出版）
編集補助	篠島麻理子（くろしお出版）
装　丁	小林はる代
印　刷	モリモト印刷
発　行	くろしお出版
	〒102-0084　東京都千代田区二番町4-3
	TEL：03-6261-2867　FAX：03-6261-2879
	URL：www.9640.jp

2002年 6月15日　第1刷発行
2020年 1月29日　第3刷発行

ISBN978-4-87424-255-1 C3081
©MIYAZAKI Kazuhito, ADACHI Taro, NODA Harumi, TAKANASHI Shino

くろしお出版

わかりやすい日本語
■野村雅昭/木村義之[編]／A5判／本体2,800円＋税

医療・福祉・放送などの現場の日本語、標識・看板や災害時の伝達手段としての日本語など、様々な日本語について、文の構造、語彙の選択、表記の揺れなどを「わかりやすさ」の観点から検証、日本語の今と今後のあるべき姿を考える。

ワークブック　日本語の歴史
■岡﨑友子/森勇太[著]／B5判／本体1,500円＋税

日本語の歴史について上代から現代まで学べる書き込み式ワークブック。全30講。各講見開き2ページで構成。基礎から応用まで含み、幅広い学習者に対応。用語解説や文献紹介も適宜補われている。解答・切り取って使える課題付き。

日本語学の教え方
教育の意義と実践
■福嶋健伸/小西いずみ[編]／A5判／本体2,200円＋税

今後の日本語学界の未来は「良い日本語学教育」にかかっている！　では「良い日本語学教育」とは何か。それを議論するきっかけとして、各執筆者が考える日本語学教育の意義、そしてそれを踏まえた授業実践を紹介。関係者必読の書。

日本語文法練習帳
■山田敏弘[著]／B5判／本体1,200円＋税

学校文法をもとに、現代日本語の文法を丁寧に解説。作文の誤りを直したり、古典文学や身近な作品を読み解いたり、多様な問題を解きながら、役立つ文法を楽しく学べる。『国語教師が知っておきたい日本語文法』のワークブック編。

国語教師が知っておきたい日本語音声・音声言語 改訂版
■山田敏弘[著]／A5判／本体1,600円＋税

平成24年度に施行された新学習指導要領に合わせて、初版より一部の内容を書き換えた改訂版。国語教師が、日本語の音声の特徴を正しく理解し、コミュニケーション方法の知識を得ることで、より児童に伝わる授業に。

国語教師が知っておきたい日本語文法
■山田敏弘[著]／A5判／本体1,600円＋税

学校の文法がつまらなく思えるのはなぜだろうか？　覚えなければならない性質の強すぎる文法を見直し、知識としてだけでなく考えるため土台としての文法を提案する日本語文法入門書。

Tel 03-6261-2867　　Fax 03-6261-2879　　Mail kurosio@9640.jp　　http://www.9640.jp

くろしお出版

24週日本語文法ツアー
■益岡隆志[著]／A5判／本体2,200円＋税

日本語文法全体を眺める作業をツアーに例え、著者自らがガイドになり、各名所を解説。学問的にも優れた日本語の啓蒙書。小社刊『基礎日本語文法』と併読することにより、より理解が深まる。

基礎日本語文法・改訂版
■益岡隆志／田窪行則[著]／A5判／本体2,200円＋税

説明文を簡潔に、見た目をすっきりとするよう心がけた日本語文法の教科書のベストセラー。「動詞」「形容詞」「助動詞」などの節をさらに「基本的性格」「分類」などに細分化。文法知識を体系的整理するのに便利。

はじめての人の日本語文法
■野田尚史[著]／A5判／本体2,200円＋税

日本語の文法について易しく述べた初心者向け教科書。各テーマの最後に付いた「復習」「発展」「研究」は必要に応じて利用でき、初心者向けでありながら、レポートや卒業論文のテーマの参考にもなる。

新日本語文法選書　1
「は」と「が」
■野田尚史[著]／A5判／本体3,000円＋税

「は」と「が」が文の主題を表すかという対立をポイントとして分析。「象は鼻が長い」構文「かき料理は広島が本場だ」構文「富士山が見えるよ」構文など、具体的な例文による分類がわかりやすいと好評を博している。

新日本語文法選書　2
複文
■益岡隆志[著]／A5判／本体3,000円＋税

複文全般にわたる簡潔ながら要を得た分析・記述を提供する。文の階層レベルという捉え方を一つの核として、様々な複文の問題に統一的な説明を与える。【目次】従属節の類型／従属節と文の概念レベル／従属節の従属度

新日本語文法選書　3
副詞的表現の諸相
■仁田義雄[著]／A5判／本体3,000円＋税

これまで文法的に扱いにくいとされてきた、命題（言表事態）の内部で働く修飾成分への分析・記述を試みる。特に、動詞文を中心に、副詞的修飾成分が様々に下分類化されることを示し、その意味や統語的な機能を説明。

Tel 03-6261-2867　Fax 03-6261-2879　Mail kurosio@9640.jp　http://www.9640.jp

くろしお出版

現代日本語文法1　第1部総論　第2部形態論

■日本語記述文法研究会[編]／A5判／本体2,800円＋税

【目次】『現代日本語文法』の立場と構成／（第1部）文法とは何か／文の基本構造／文法カテゴリー／文の成分／（第2部）形態論の概観／品詞／活用／語形成／（巻末）シリーズ総索引

現代日本語文法2　第3部格と構文　第4部ヴォイス

■日本語記述文法研究会[編]／A5判／本体2,800円＋税

【目次】（第3部）格と構文の概観／さまざまな格／名詞をつなぐ助詞／補助動詞構文／さまざまな構文／あり方の副詞的成分／（第4部）ヴォイスの概観／受身／使役／ヴォイスと関連する構文

現代日本語文法3　第5部アスペクト　第6部テンス　第7部肯否

■日本語記述文法研究会[編]／A5判／本体2,800円＋税

【目次】（第5部）アスペクトの概観／スル形とシテイル形／アスペクトに関わる形式／アスペクトに関わる副詞的成分／ほか（第6部）テンスの概観／主文末における非過去形・過去形／ほか（第7部）肯否の概観／否定の形式／ほか

現代日本語文法4　第8部モダリティ

■日本語記述文法研究会[編]／A5判／本体2,800円＋税

【目次】モダリティの概観／表現類型のモダリティ／評価のモダリティ／認識のモダリティ／説明のモダリティ／伝達のモダリティ

現代日本語文法5　第9部とりたて　第10部主題

■日本語記述文法研究会[編]／A5判／本体2,800円＋税

【目次】（第9部）とりたての概観／累加を表すとりたて助詞／対比を表すとりたて助詞／限定を表すとりたて助詞／極限を表すとりたて助詞／評価を表すとりたて助詞／ほか（第10部）主題を表す「は」／ほか

現代日本語文法6　第11部複文

■日本語記述文法研究会[編]／A5判／本体2,800円＋税

【目次】複文の概観／補足節／名詞修飾節／条件節／時間節／目的節／様態節／等位節・並列節

現代日本語文法7　第12部談話　第13部待遇表現

■日本語記述文法研究会[編]／A5判／本体2,800円＋税

【目次】（第12部）談話の概観／指示／接続表現／応答表現と間投表現／語順／談話における文法カテゴリー／文体とジャンル／（第13部）待遇表現の概観／敬語／丁寧体と普通体／待遇的意味をもつそのほかの表現／待遇表現の運用

Tel 03-6261-2867　Fax 03-6261-2879　Mail kurosio@9640.jp　http://www.9640.jp